Nicole Laudut

Französisch
Power-Grammatik PLUS

ZUM ÜBEN & NACHSCHLAGEN
PLUS INTERAKTIVE VERSION

Hueber Verlag

Cover: © Getty Images/iStock/GlobalP
Illustrationen: Martin Guhl, Stein am Rhein, Schweiz (www.cartoonexpress.ch)
Abbildungen: Seite 10 (Eiffelturm): © fotolia/mammitzsch;
Seite 27 (Würfel): © iStock/jangeltun

Die Online-Tests stehen unter
https://go.hueber.de/power-grammatik/franzoesisch
zur Verfügung.

Dieses Werk ersetzt die ISBN 978-3-19-513267-1
(Die neue Power-Grammatik Französisch).

4. 3. 2. | Die letzten Ziffern
2029 28 27 26 25 | bezeichnen Zahl und Jahr des Druckes.
Alle Drucke dieser Auflage können, da unverändert,
nebeneinander benutzt werden.
1. Auflage

Umschlaggestaltung: Sieveking Agentur, München
Layout und Satz: Sieveking Agentur, München
Redaktion: Stephanie Pfeiffer, Jürgen Frank, Hueber Verlag, München
GPSR-Kontakt: Hueber Verlag GmbH & Co. KG, Baubergerstraße 30,
80992 München, kundenservice@hueber.de
Druck und Bindung: Friedrich Pustet GmbH & Co. KG, Gutenbergstraße 8,
93051 Regensburg, technik@pustet.de
Printed in Germany
ISBN 978-3-19-523267-8

Art. 530_29588_001_02

Eine Grundgrammatik, klar und einfach formuliert

Die Power-Grammatik Französisch PLUS behandelt alle wichtigen Themen der französischen Grundgrammatik. Die Erklärungen sind in einer einfachen Sprache formuliert und werden von zahlreichen Beispielen begleitet.

Vielseitig einsetzbar

Die Power-Grammatik Französisch PLUS kann sowohl zum Selbststudium als auch kursbegleitend eingesetzt werden.

Klarer Aufbau: Entdecken → Verstehen → Anwenden

Jedes Kapitel umfasst zwei Seiten:

- Auf der linken Seite entdecken Sie zunächst das grammatische Thema mithilfe eines witzigen Cartoons.
- Es folgen auf derselben Seite Erklärungen mit übersichtlichen Tabellen und Beispielen mit deutscher Übersetzung.
- Auf der rechten Seite haben Sie dann Gelegenheit, das bereits Gelernte anhand von abwechslungsreichen Übungen anzuwenden und zu festigen.

Eine Progression in kleinen Schritten

Die Progression (unterteilt in fünf farbig unterschiedliche Abschnitte) folgt dem Aufbau eines Französisch-Unterrichts: vom einfachen zum komplexen Satz.
Am Ende eines jeden Abschnitts haben Sie die Möglichkeit, in einem Multiple-Choice-Test Ihre Lernfortschritte selbst zu evaluieren. Weitere Tests stehen Ihnen online zur Verfügung.

Im **Anhang** finden Sie:

- den Lösungsschlüssel zu allen Übungen
- Verbtabellen
- ein Stichwortregister zur schnelleren Orientierung
- ein zweisprachiges Glossar (Französisch-Deutsch) des Übungswortschatzes

Unterrichten und Lernen – wie und wo Sie wollen

Ob im Kurs, von zu Hause oder unterwegs per Tablet oder Laptop: Wir stellen Ihnen das vorliegende Buch auch digital als **interaktive Version** zur Verfügung und bieten außerdem zu jedem Kapitel eine weitere interaktive Übung (den Verweis finden Sie jeweils auf der rechten Übungsseite unten rechts). Mit der **Hueber interaktiv App** können Sie die interaktive Version auch offline nutzen und per Smartphone darauf zugreifen.

Übrigens: Ihren Startcode zur Aktivierung der interaktiven Version finden Sie auf der vorderen Umschlagseite innen.

Inhalt

1 Camille / étudiant – Camille / étudiante

Camille / Student – Camille / Studentin

Substantiv: maskulin oder feminin?

REGEL Französische Substantive sind entweder maskulin (männlich) oder feminin (weiblich).
Bei **Personen** bestimmt das Geschlecht das Genus (maskulin oder feminin). Die feminine Form wird oft durch Anhängen von -e an die maskuline Form gebildet:

♂		♀	
étudiant	*Student*	étudiant**e**	*Studentin*
collègue	*Kollege*	collègue	*Kollegin*

! Endet das maskuline Substantiv bereits auf -e, wird kein zweites mehr angehängt.

Es gibt typische maskuline und typische feminine Endungen:

♂		♀	♂		♀	
-er	→	-ère	boulanger	*Bäcker*	boulang**ère**	*Bäckerin*
-eur	→	-euse	serveur	*Kellner*	serv**euse**	*Kellnerin*
-teur	→	-trice	directeur	*Leiter*	direc**trice**	*Leiterin*
	→	-teuse	menteur	*Lügner*	men**teuse**	*Lügnerin*
-(i)en	→	-(i)enne	Italien	*Italiener*	Ital**ienne**	*Italienerin*
-on	→	-onne	patron	*Chef*	patr**onne**	*Chefin*

REGEL Bei **allen anderen Substantiven** ist das Genus in der Regel nur am Artikel erkennbar. Aus diesem Grund sollten Sie ein Substantiv immer mit seinem Artikel zusammen lernen:

♂		♀	
un livre	*ein Buch*	une table	*ein Tisch*
un poisson	*ein Fisch*	une maison	*ein Haus*

Einige Endungen geben jedoch Auskunft über das Genus des Substantivs:

♂			♀		
-age	voy**age**	*Reise*	-ade	promen**ade**	*Spaziergang*
-al	journ**al**	*Zeitung*	-ance/-ence	ch**ance**	*Glück*
-eau	chât**eau**	*Schloss*		différ**ence**	*Unterschied*
-eil	sol**eil**	*Sonne*	-ée	journ**ée**	*Tag*
-et	bill**et**	*Ticket*	-elle	chap**elle**	*Kapelle*
-euil	faut**euil**	*Sessel*	-ette	bagu**ette**	*Baguette*
-in	maga**sin**	*Geschäft*	-(r)ie	mai**rie**	*Rathaus*
-ment	apparte**ment**	*Wohnung*	-té	liber**té**	*Freiheit*
-oir	tir**oir**	*Schublade*	-ude	habit**ude**	*Gewohnheit*
			-ure	voit**ure**	*Auto*

Ausnahmen: Page *Seite*, plage *Strand*, eau *Wasser*, peau *Haut* sind **feminin**.
Lycée *Gymnasium*, musée *Museum*, silence *Stille* sind **maskulin**.

1. Welches Wort passt nicht in die Reihe? Streichen Sie es durch.

a. Allemande – Français – cousine – voisine – amie
b. journaliste – mathématicien – touriste – collègue – architecte
c. boulanger – opticien – boulangère – serveur – Italien
d. étudiante – Anglais – retraité – étudiant – patron

2. Finden Sie in der Wortschlange 7 Berufsbezeichnungen und ergänzen Sie die feminine Form (falls vorhanden).

TORVENDEURBOBOULANGERIN~~ACTEUR~~NBRAPINFORMATICIENI
TARCHITECTERONAJOURNALISTEAEFRETRAITÉNT

a. Schauspieler	acteur	
b. Architekt		
c. Journalist		
d. Verkäufer		
e. Informatiker		
f. Rentner		
g. Bäcker		

3. Ergänzen Sie die Wörter mit der passenden Endung und fügen Sie dann le (maskulin) oder la (feminin) vor dem Substantiv hinzu.

-age -eau -té -in -elle -ée

a. le voyage *(Reise)*
b. ___ gât___ *(Kuchen)*
c. ___ liber___ *(Freiheit)*
d. ___ magas___ *(Geschäft)*
e. ___ gar___ *(Garage)*
f. ___ journ___ *(Tag)*
g. ___ randonn___ *(Wanderung)*
h. ___ jard___ *(Garten)*
i. ___ mant___ *(Mantel)*
j. ___ soir___ *(Abend)*
k. ___ chap___ *(Kapelle)*
l. ___ bur___ *(Büro)*

4. Unterstreichen Sie die Endungen, die auf feminine Wörter hinweisen und kreuzen Sie alle Wörter an, die dieser Regel entsprechen. Passen Sie auf Ausnahmen auf!

-ure -age -eil -ence -al -rie -ée -ade -ment

☐ voiture	☐ voyage	☐ ceinture	☐ année	☐ mairie	☐ peau
☐ soleil	☐ chapeau	☐ concurrence	☐ promenade	☐ salade	☐ silence
☐ musée	☐ boulangerie	☐ plage	☐ prudence	☐ idée	☐ soirée

2 Deux cafés, S.V.P. ! – Un instant, nous avons un problème avec une machine.

Zwei Kaffee, bitte! – Einen Moment, wir haben ein Problem mit einer Maschine.

Substantiv: Singular und Plural

Im Plural erhält das Substantiv ein -s:

Singular		Plural	
homme	*Mann*	hommes	*Männer*
femme	*Frau*	femmes	*Frauen*

Substantive, die im Singular auf -s, -x oder -z enden, ändern ihre Form im Plural nicht: pays *Land/Länder* – prix *Preis/Preise* – nez *Nase/Nasen*

Substantive auf -au, -eau und -eu erhalten im Plural ein -x:

Singular		Plural	
noyau	*Kern*	noyau**x**	*Kerne*
manteau	*Mantel*	manteau**x**	*Mäntel*
cheveu	*Haar*	cheveu**x**	*Haare*

! **Ausnahmen:**
landau *Kinderwagen* → land**aus** *Kinderwägen*
pneu *Reifen* → pn**eus** *Reifen*

! Nur sieben Substantive auf -ou erhalten im Plural ein -x: bijou *Juwel* → bijoux *Juwelen*, caillou *Stein* → cailloux *Steine*, chou *Kohl(kopf)* → choux *Kohl(köpfe)*, genou *Knie* → genoux *Knie*, hibou *Kauz* → hiboux *Käuze*, joujou *Spielzeug* → joujoux *Spielzeuge* und pou *Laus* → poux *Läuse*.

Substantive auf -al bilden den Plural auf -aux

Singular		Plural	
cheval	*Pferd*	chev**aux**	*Pferde*
journal	*Zeitung*	journ**aux**	*Zeitungen*

! Es gibt nur wenige Ausnahmen: bal *Tanzball*, festival *Festival*, récital *Liederabend* bilden den Plural auf -als.

Substantive auf -ail bilden den Plural entweder auf -s oder auf -aux:

Singular		Plural	
portail	*Tor*	portail**s**	*Tore*
travail	*Arbeit*	trav**aux**	*Arbeiten*

Sehr wenige Substantive bilden den Plural unregelmäßig:

Singular		Plural	
ciel	*Himmel*	cieux	*Himmel*
œil	*Auge*	yeux	*Augen*

! Merken Sie sich ebenfalls: monsieur *Herr* → messieurs *Herren*, madame *Dame* → mesdames *Damen*, mademoiselle *Fräulein* → mesdemoiselles *Fräulein*

Die folgenden Substantive gibt es mit dieser Bedeutung nur im Plural:
vacances *Ferien* – lunettes *Brille* – toilettes *WC* – ciseaux *Schere* – gens *Leute*

1. Singular oder Plural? Ordnen Sie die folgenden Substantive der passenden Wortsonne zu. Zwei Substantive können beiden Sonnen zugeordnet werden.

tables Français Allemande prix maisons livre villes auto vélos professeurs

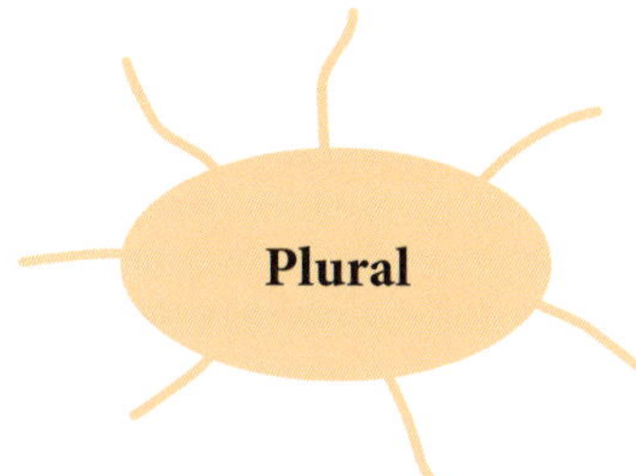

2. Vervollständigen Sie die Tabelle mit der fehlenden Singular- bzw. Pluralform.

Singular	Plural	Singular	Plural
a. voisin	______	f. ______	portes
b. ______	bus	g. gaz	______
c. dos	______	h. voiture	______
d. voix	______	i. tapis	______
e. ______	châteaux	j. ______	trous

3. Wie bilden die folgenden Substantive den Plural? Verbinden Sie sie jeweils mit der passenden Endung.

promenade cadeau croix bijou radio travail

-s -x -aux –

Anglais journal bureau pneu bisou tuyau

4. Vervollständigen Sie die Reihen jeweils mit dem passenden Substantiv aus dem Kasten. Setzen Sie alle Substantive anschließend (sofern möglich) in den Plural.

monsieur bus milieu gens hôpital

Singular	Plural
a. cheveu – vœu – jeu – ______	cheveux
b. travail – cheval – canal – ______	______
c. vacances – toilettes – ciseaux – ______	______
d. souris – tapis – bras – ______	______
e. ciel – madame – œil – ______	______

3 D'abord l'entrée, ensuite la soupe et après ... – Oh, non ! Le poulet !

Erst die Vorspeise, dann die Suppe und dann ... – Oh, nein! Das Hähnchen!

Bestimmter Artikel

REGEL Der bestimmte Artikel (der, die, das) hat im Französischen folgende Formen: le (l') – la (l') – les.

	maskulin	feminin
Singular	**le** frère ***der*** *Bruder*	**la** sœur ***die*** *Schwester*
Plural	**les** frères ***die*** *Brüder*	**les** sœurs ***die*** *Schwestern*

! L' steht anstelle von le oder la vor Vokalen (a, e, i, o, u) oder vor dem „stummen h" („h muet"):

l'ami *der Freund* — l'amie *die Freundin* — **aber**: le hall *die Halle*
l'hôtel *das Hotel* — l'histoire *die Geschichte* — la hauteur *die Höhe*

REGEL Die Formen le und les verschmelzen mit der Präposition à zu au bzw. aux:

à + le → **au** restaurant *ins/im Restaurant*
à + les → **aux** USA *in die/in den USA*

Die Formen le und les verschmelzen mit der Präposition de zu du bzw. des:

de + le → **du** cinéma *vom/aus dem Kino*
de + les → **des** USA *von den/aus den USA*

REGEL Anders als im Deutschen wird der bestimmte Artikel verwendet

- bei Regionen, Ländern und Kontinenten:
  la Bavière *Bayern* – **la** France *Frankreich* – **l'**Europe *Europa*
- bei Wochentagen nur zur Angabe einer Regelmäßigkeit:
  fermé **le** lundi *montags geschlossen*
  (**Aber:** Elle vient lundi. *Sie kommt am Montag.*)
- nach aimer *lieben*, préférer *bevorzugen*, détester *hassen*:
  J'aime **le** jazz, je déteste **la** techno. *Ich liebe Jazz, ich hasse Techno.*
- bei Beschreibungen von Körperteilen:
  Marie a **les** yeux verts. *Marie hat grüne Augen.*
- bei Titeln, z. B. in einer Anrede:
  Madame **la** Directrice *Frau Direktorin*

1. Ordnen Sie folgende Wörter nach ihrem Artikel:

journal musique hôtel nature amies rue cassette fleurs gens
culture vacances poulet travail enfants voyage histoire
appartement ami frère école

le	la	l'	les

2. Ergänzen Sie die Artikel und verbinden Sie jeweils zwei Wörter, die zusammengehören.

a. ____ liberté	1. ____ appartement
b. ____ voitures	2. ____ manteau
c. ____ bicyclette	3. ____ autos
d. ____ routine	4. ____ hamac
e. ____ maison	5. ____ égalité
f. ____ vacances	6. ____ lecture
g. ____ élégance	7. ____ vélo
h. ____ livre	8. ____ habitude

3. Streichen Sie die falschen Formen durch.

a. Je vais au / à la / aux piscine aujourd'hui.
b. Le / Les / L' enfants sont à la / à l' / aux école.
c. Pierre rentre de la / du / des travail à six heures.
d. J'aime beaucoup la / l' / le nature.
e. Ils habitent au / à l' / aux Antilles.
f. Nous mangeons au / à la / aux restaurant, ce soir.
g. Nous allons aux / à l' / au marché pour acheter le / l' / les fruits.
h. Le chien de les / de / des voisins aboie sans arrêt.

4. Ergänzen Sie die Sätze (wenn nötig) mit dem passenden bestimmten Artikel.

a. Préférez-vous ____ chats ou ____ chiens ?
b. Nous partons ____ samedi en vacances.
c. En Autriche, ____ magasins sont fermés ____ dimanche.
d. Anne a ____ yeux bleus et ____ cheveux blonds.
e. Monsieur ____ Ministre est absent aujourd'hui.
f. ____ Allemagne est un pays riche.

4 Une eau minérale, s'il vous plait ! – Ah... Un client !

Ein Mineralwasser, bitte! – Ah ... Ein Kunde!

Unbestimmter Artikel

REGEL Der unbestimmte Artikel (ein, eine) hat im Französischen folgende Formen: un – une – des.

	maskulin		feminin	
Singular	**un** verre	*ein Glas*	**une** bouteille	*eine Flasche*
Plural	**des** verres	*Gläser*	**des** bouteilles	*Flaschen*

REGEL Wie im Deutschen führt der unbestimmte Artikel ein neues Element ein:

Voilà **un** client. *Da kommt ein Kunde.*

Il y a **un** problème. *Es gibt ein Problem.*

Anders als im Deutschen hat der unbestimmte Artikel eine Pluralform (des). Des gibt eine ungenaue Menge/Anzahl an und bleibt im Deutschen in der Regel unübersetzt:

Je voudrais **des** pommes, s'il vous plait. *Ich möchte Äpfel, bitte.*

Vous avez **des** enfants ? *Haben Sie Kinder?*

In einem verneinten Satz wird die Form des durch de/d' ersetzt:

positiv		**negativ**	
Mangez **des** fruits.	*Essen Sie Obst.*	Ne mangez **pas de** fruits.	*Essen Sie **kein** Obst.*
J'ai **des** enfants.	*Ich habe Kinder.*	Je n'ai **pas d'**enfants.	*Ich habe **keine** Kinder.*

! Pas de/d' entspricht dem deutschen Negativartikel „kein/keine" (→ Kapitel 27).

1. Finden Sie die Wörter in der Wortschlange, ergänzen Sie die Vokale der Wörter in der Liste und fügen Sie un, une oder des hinzu.

ACLIENTERUN~~MAGASIN~~TAMIESTERJOURNALSOBICHÂTEAUXAUCLIENTSI
VOITURELIBOUTEILLENTSŒURSOLASERVEURTEVBAGUETTECIPPORLIVRENI

a. un MAGASIN e. ____ L_VR_ i. ____ B_G_ _TT_
b. ____ S_RV_ _R f. ____ CL_ _NT_ j. ____ _M_ _S
c. ____ J_ _RN_L g. ____ B_T_ _LL_ k. ____ CL_ _NTS
d. ____ CH_T_ _ _X h. ____ V_ _T_R_ l. ____ S_ _ _RS

2. Ergänzen Sie die unbestimmten Artikel und streichen Sie dann das Wort durch, das nicht in die Reihe passt.

a. ____ mère / ____ fille / ____ tante / ____ parents / ____ amie
b. ____ café / ____ bière / ____ thé / ____ verre / ____ jus d'orange
c. ____ cahier / ____ stylo / ____ crayon / ____ voiture / ____ livre
d. ____ rue / ____ ville / ____ région / ____ continent / ____ maison
e. ____ cousin / ____ bouteilles / ____ verre / ____ table / ____ chaise
f. ____ pays / ____ prix / ____ nez / ____ tapis / ____ hommes

3. Finden Sie in dieser Zeichnung drei maskuline Wörter, drei feminine Wörter und drei Wörter im Plural. Tragen Sie sie mit dem passenden Artikel in die richtige Spalte ein.

maskulin	feminin	Plural
________	________	________
________	________	________
________	________	________

4. Übersetzen Sie die Sätze zu Ende.

a. *Ich habe Bananen gekauft.* → J'ai acheté ________________ .
b. *Ich habe ein Fahrrad, aber kein Auto.* → J'ai ________ , mais ________________ .
c. *Auf dem Tisch sind ein Glas, eine Flasche, aber keine Tassen.*
→ Sur la table, il y a ________ , ________ mais ________ .
d. *Ah, da kommt ein Kunde.* → Ah, voilà ________________ .
e. *Das ist eine französische Kollegin.* → C'est ________________ .
f. *Haben Sie französische Freunde?* → Vous avez ________________ ?

5 Pour moi, du Champagne et pour mon mari… de l'eau.

Für mich Champagner und für meinen Mann … Wasser.

Teilungsartikel

REGEL Der Teilungsartikel wird verwendet, wenn die Menge/Anzahl nicht präzisiert wird. Er hat im Deutschen keine Entsprechung und bleibt deshalb unübersetzt:
du Champagne pour moi *Champagner für mich*

Der Teilungsartikel hat folgende Formen: du (de l') – de la (de l') – des.

	maskulin		feminin	
Singular	**du** fromage	*Käse*	**de la** viande	*Fleisch*
	de l'alcool	*Alkohol*	**de l'**eau	*Wasser*
Plural	**des** légumes	*Gemüse*	**des** vacances	*Ferien*

! Vor einem Vokal oder einem „stummen h" werden die Formen du und de la zu de l'.

REGEL Der Teilungsartikel wird verwendet

- bei nicht bestimmter Menge/Anzahl:
  Je voudrais **du** pain. *Ich möchte Brot.*
- bei Stoffnamen und unzählbaren Substantiven:
  Il a **du** courage et **de la** chance. *Er hat Mut und Glück.*
  Elle a **de l'**humour. *Sie hat Humor.*
  Il y a **des** gens qui aiment ça. *Es gibt Leute, die das lieben.*
- nach dem Verb faire bei Freizeitaktivitäten:
  Je fais **du** vélo et **de la** danse. *Ich fahre Rad und tanze.*

REGEL Nach Mengen- und Maßangaben (→ Kapitel 6) steht kein Teilungsartikel, sondern nur de/d':
beaucoup d'argent *viel Geld*
un kilo de pommes *ein Kilo Äpfel*
un paquet de café *ein Päckchen Kaffee*

1. Ordnen Sie den Wörtern den passenden Teilungsartikel zu. Das Genus des Substantivs ist mit (m) für maskulin und (f) für feminin angegeben.

pain (m) fruits (m) eau (f) légumes (m) travail (m) bière (f)
chance (f) vin (m) viande (f) patience (f) vacances (f)
amour (m) gens (m) huile (f) thé (m) argent (m)

du	de l’	de la	des
______	______	______	______
______	______	______	______
______	______	______	______
______	______	______	______

2. Kreuzen Sie die passende(n) Aussage(n) an.

a. Je voudrais ☐ un kilo de tomates / ☐ un kilo des tomates / ☐ des tomates.
b. Vous prenez ☐ de sucre / ☐ du sucre dans votre café ?
c. Achète ☐ un paquet de café / ☐ un paquet du café et ☐ légumes / ☐ des légumes.
d. Je n’ai pas assez ☐ d’argent / ☐ de l’argent.
e. Je fais ☐ la musique / ☐ musique / ☐ de la musique le week-end avec des amis.
f. Nous faisons ☐ camping / ☐ du camping / ☐ de camping dans les Alpes.

3. Vervollständigen Sie die Tabelle mit der jeweils fehlenden Variante.

ohne Mengenangabe	mit Mengenangabe
a. *des oranges*	un kilo d’oranges
b. ______	une livre de champignons
c. du vin	______
d. ______	un litre d’eau minérale
e. ______	une semaine de vacances
f. de l’amour	beaucoup ______
g. ______	un peu de courage
h. du chocolat	trop ______

4. Teilungsartikel oder nicht? Ergänzen Sie (wo nötig).

a. Au marché, on trouve ______ légumes, ______ fruits, ______ fleurs et beaucoup ______ gens.
b. En vacances, je fais ______ natation, ______ promenades sur la plage et ______ photos.
c. Tu manges trop ______ viande et pas assez ______ légumes.
d. Je voudrais un paquet ______ café et une bouteille ______ huile, s’il vous plait.
e. Prenez-vous ______ café ou ______ thé le matin ?
f. Tu veux ______ confiture ? – Non, je prends juste un peu ______ miel.

6 Vous désirez ? – Un kilo de pommes, s'il vous plait.

Sie wünschen? – Ein Kilo Äpfel, bitte.

Mengenangaben

REGEL Nach Mengenangaben wird das Substantiv mit de angeschlossen. Der Artikel fällt weg. Das Substantiv steht bei zählbaren Dingen im Plural und bei nicht zählbaren Dingen im Singular:

Je voudrais un kilo **de** pommes.
Ich möchte ein Kilo Äpfel.
Donnez-moi aussi un litre **de** lait.
Geben Sie mir auch einen Liter Milch.

! De wird vor Vokal oder „stummem h" zu d':
Je n'ai pas assez **d'**argent. *Ich habe nicht genug Geld.*
Elle a beaucoup **d'**amis. *Sie hat viele Freunde.*

REGEL Mengenangaben werden mit Mengenadverbien oder einem Substantiv angegeben. Merken Sie sich die folgenden sehr gebräuchlichen Wendungen, die Sie gut brauchen können, wenn Sie in Frankreich einkaufen wollen.

Mengenadverbien			**Substantive**		
un peu	de	*ein wenig*	un litre	de	*ein Liter*
beaucoup		*viel*	une bouteille		*eine Flasche*
assez		*genug*	un kilo		*ein Kilo*
trop		*zu viel*	un morceau		*ein Stück*
plus		*mehr*	un paquet		*ein Päckchen*
moins		*weniger*	une tranche		*eine Scheibe*

! Plus und moins werden bei Vergleichen verwendet (→ Kapitel 51, 52).

Bei der Angabe einer Nullmenge verwendet man pas de/d' (ohne Artikel). Es entspricht dem deutschen „kein/keine":

Tu veux un verre de vin ? – Non merci, je ne bois **pas de** vin.
Möchtest du ein Glas Wein? – Nein danke, ich trinke keinen Wein.
Vous avez des enfants ? – Non, je n'ai **pas d'**enfants.
Haben Sie Kinder? – Nein, ich habe keine Kinder.

1. Schreiben Sie die Einkaufsliste, indem Sie jeweils eine Mengenangabe mit einem passenden Lebensmittel verbinden und die Wendungen aufschreiben.

a. *un litre d'eau minérale*
b. ______
c. ______
d. ______
e. ______
f. ______
g. ______
h. ______

2. Ratschläge für die Gesundheit: Teilungsartikel oder nur de? Ergänzen Sie.

a. Faites ______ sport, mais pas trop ______ sport.
b. Mangez ______ fruits, beaucoup ______ fruits et ______ légumes, beaucoup ______ légumes.
c. Buvez ______ lait, un verre ______ lait par jour.
d. Une tasse ______ café par jour, cela suffit.
e. Et bien sûr, pas ______ cigarettes, pas ______ alcool ou alors seulement un petit verre ______ vin rouge par jour.
f. Mangez plus ______ produits bio et moins ______ produits industriels.

3. Teilungsartikel oder nicht? Ergänzen Sie.

a. Je voudrais…	______ fromage.	______ champignons.	______ confiture.
b. Faites-vous…	______ sport ?	______ musique ?	______ danse ?
c. Je prends…	______ oranges.	un kilo ______ tomates.	100 gr. ______ champignons.
d. Vous avez…	______ pommes ?	______ abricots ?	un pot ______ confiture ?
e. Il faut…	______ patience.	beaucoup ______ courage.	un peu ______ chance.
f. Tu manges…	trop ______ chocolat.	pas assez ______ fruits.	beaucoup ______ œufs.

4. Ergänzen Sie die gegensätzlichen „Portraits". Mengenangabe mit de oder Artikel?

	Léo-Paul…	Mélanie…
a.	a de la chance.	*n'a pas de chance.*
b.	n'a pas de problèmes.	______
c.	______	ne fait pas de sport.
d.	a beaucoup d'amis.	______
e.	______	n'a pas d'argent.
f.	n'a pas d'enfants.	______

7 Je suis un chasseur. – Je suis un ours et j'ai faim.

Ich bin ein Jäger. – Ich bin ein Bär und ich habe Hunger.

Être und *avoir* im Präsens / Subjektpronomen

REGEL Wie im Deutschen sind avoir (*haben*) und être (*sein*) die meistverwendeten Verben.

Je **suis** un chasseur. *Ich bin ein Jäger.*
J'**ai** faim. *Ich habe Hunger.*

! Als Hilfsverben dienen sie zur Bildung anderer Zeiten, z. B. des Perfekts (→ Kapitel 29):
J'**ai** compris. *Ich habe verstanden.*

	être			**avoir**	
je	suis	*ich bin*	j'	ai	*ich habe*
tu	es	*du bist*	tu	as	*du hast*
il/elle	est	*er/sie ist*	il/elle	a	*er/sie hat*
on	est	*wir sind*	on	a	*wir haben*
nous	sommes	*wir sind*	nous	avons	*wir haben*
vous	êtes	*ihr seid / Sie sind*	vous	avez	*ihr habt / Sie haben*
ils/elles	sont	*sie sind*	ils/elles	ont	*sie haben*

REGEL Mit *être* können Sie
- sich vorstellen. Je suis Paul Maillard. *Ich bin Paul Maillard.*
- Ihre Nationalität angeben. Je suis allemand. *Ich bin Deutscher.*
- Ihre Herkunft angeben. Je suis de Berlin. *Ich bin aus Berlin.*
- eine Eigenschaft nennen. Il est sympathique. *Er ist sympathisch.*

REGEL Mit avoir können Sie
- einen Besitz angeben. Il a une voiture. *Er hat ein Auto.*
- Ihr Alter angeben. J'ai vingt-huit ans. *Ich bin 28 Jahre alt.*

REGEL Achten Sie **bei den Subjektpronomen** (je, tu, il …) auf folgende Besonderheiten:
- **Je** *(ich)* wird zu **j'** vor einem Vokal oder einem „stummen h":
  J'ai une soeur. J'habite à Nantes. *Ich habe eine Schwester. Ich wohne in Nantes.*
- **Nous** wird in der Umgangssprache sehr oft durch **on** ersetzt:
  Nous avons faim. = On a faim. *Wir haben Hunger.*
- **Vous** bedeutet *ihr* (Anrede an mehrere Personen) oder *Sie* (höfliche Anrede):
  Vous êtes prêts, les enfants ? *Seid ihr bereit, Kinder?*
  Vous êtes prêt, Monsieur Triblet ? *Sind Sie fertig, Herr Triblet?*
- **Elles** vertritt ausschließlich feminine Substantive im Plural:
  Où sont tes sœurs ? Elles sont au café. *Wo sind deine Schwestern? Sie sind im Café.*

1. Kreuzen Sie die passende Verbform an.

a. Je ☐ suis / ☐ sont architecte.
b. Vous ☐ est / ☐ êtes en France.
c. Tu ☐ es / ☐ est allemand.
d. Elles ☐ est / ☐ sont françaises.
e. Nous ☐ sommes / ☐ sont au restaurant.
f. On ☐ est / ☐ sommes de Paris.
g. Il ☐ est / ☐ sont de Lyon.

2. Verbinden Sie in beiden Spalten jeweils die Elemente, die zusammenpassen.

a. J' →	sommes à Paris.	h. Nous	ont deux enfants.
b. Tu	ont des amis français.	i. Elles	est architecte.
c. On	→ ai un vélo bleu.	j. Tu	avez un chien ?
d. Nous	a un rendez-vous important.	k. Vous	es allemand ?
e. Vous	est malade.	l. Il	sont sympathiques.
f. Ils	as quel âge ?	m. Je	avons un problème.
g. Elle	êtes de Nice.	n. Ils	suis optimiste.

3. Ergänzen Sie die Pronomen.

a. ________ avez des enfants ? – Oui, ________ avons deux fils.
b. ________ sont allemands ? – Non, ________ sont autrichiens.
c. ________ est serveuse. Et Paul ? – ________ est boulanger.
d. ________ as quel âge ? – ________ ai trente-deux ans.
e. ________ a le temps ? – Oui, ________ avons encore une heure.
f. ________ sommes de Paris. Et vous ? – ________ suis de Bordeaux.
g. ________ êtes Madame Martin ? – Non, ________ suis Madame Meunier.

4. Ergänzen Sie **être** oder **avoir** in den folgenden Wendungen. Verbinden Sie die Sätze dann mit der jeweiligen deutschen Übersetzung.

a. Il ________ quelle heure ?	1. *Hast du Hunger?*
b. Elle ________ l'air sympa.	2. *Sie sind zu früh.*
c. Nous n' ________ pas le temps.	3. *Haben Sie einen Termin?*
d. Ils ________ peur.	4. *Wir haben keine Zeit.*
e. Tu ________ faim ?	5. *Sie sieht nett aus.*
f. Nous ________ huit.	6. *Wie spät ist es?*
g. Vous ________ rendez-vous ?	7. *Wir sind zu acht.*
h. Ils ________ en avance.	8. *Sie haben Angst.*

8 Tu parles français ? – Euh … – Moi, je parle français.

Sprichst du Französisch? – Äh … – Ich, ich spreche Französisch.

Regelmäßige Verben auf *-er* im Präsens

REGEL Die meisten französischen Verben enden im Infinitiv auf -er und werden regelmäßig konjugiert. (Einzige Ausnahme ist das Verb aller *gehen / fahren* → Kapitel 10.) Diese regelmäßigen Verben werden wie parler konjugiert.

	parler	*sprechen*			
je	parle	*ich spreche*	nous	parl**ons**	*wir sprechen*
tu	parle**s**	*du sprichst*	vous	parl**ez**	*ihr sprecht / Sie sprechen*
il/elle	parle	*er/sie spricht*	ils/elles	parl**ent**	*sie sprechen*

Nur die Endungen der ersten und zweiten Person Plural (-ons und -ez) sind hörbar.

Beachten Sie folgende Besonderheiten:

- Bei den Verben auf -cer und -ger wird vor der Endung -ons das c mit einer cédille (ç) bzw. ein e hinter das g geschrieben, damit die Aussprache [s] bzw. [ʒ] erhalten bleibt:
  commencer *beginnen* → nous commen**ç**ons *wir beginnen*
  manger *essen* → nous mang**e**ons *wir essen*
- Bei den Verben auf -oyer und -uyer wird bei allen Personen (außer bei nous und vous) das y durch i ersetzt. Bei den Verben auf -ayer kann das y bei allen Personen beibehalten werden.

	env**oyer** *schicken*	app**uyer** *drücken*	ess**ayer** *versuchen*
j'	envoie	appuie	essaie / essaye
tu	envoies	appuies	essaies / essayes
il/elle	envoie	appuie	essaie / essaye
nous	envoyons	appuyons	essayons
vous	envoyez	appuyez	essayez
ils/elles	envoient	appuient	essaient / essayent

- Verben mit einem stummen -e oder mit -é vor der Grundformendung (vorletzte Silbe) ändern ihren Stamm bei den unbetonten (unausgesprochenen) Endungen -e, -es, -e, -ent.

	acheter *kaufen*	appeler *rufen*	préférer *bevorzugen*
j'/je	ach**è**te	appe**ll**e	préf**è**re
tu	ach**è**tes	appe**ll**es	préf**è**res
il/elle	ach**è**te	appe**ll**e	préf**è**re
nous	achetons	appelons	préférons
vous	achetez	appelez	préférez
ils/elles	ach**è**tent	appe**ll**ent	préf**è**rent

1. Was passt zusammen? Verwenden Sie jedes Pronomen einmal. Eine Verbform kann mehreren Pronomen zugeordnet werden.

a. *vous* *habitez*
b. ______ ______
c. ______ ______
d. ______ ______
e. ______ ______
f. ______ ______

Pronomen	Verbform
~~vous~~	parle
tu	regardons
il	travailles
je	~~habitez~~
nous	aiment
ils	

2. Ergänzen Sie mit den passenden Verbformen.

a. Vous ______ anglais ? *(parler)*
b. Claire et Léonie ______ le jazz et le rap. *(adorer)*
c. Nous ______ ici depuis deux ans. *(habiter)*
d. Ils ______ souvent la télé. *(regarder)*
e. Qu'est-ce que tu ______ ? – Je ______ mon livre. *(chercher)*
f. Vous ______ où ? – Je ______ dans une banque. *(travailler)*

3. Verben auf -yer. Ergänzen Sie die Tabelle mit den passenden Formen.

	Infinitiv	1. Person Singular	2. Person Plural
a.	payer	je ______	vous ______
b.	______	j' ______	vous *envoyez*
c.	appuyer	j' ______	vous ______
d.	______	j'*essaie / j'essaye*	vous ______
e.	employer	j' ______	vous ______
f.	essuyer	j' ______	vous ______

4. Bilden Sie Sätze mit den angegebenen Verben und je einem Element aus dem Kasten.

~~un sandwich~~	à 9 heures	des légumes	rester à la maison	la police

a. manger — Tu *manges un sandwich.*
Nous ______ *un sandwich.*
b. acheter — J' ______
Vous ______
c. commencer — Il ______
Nous ______
d. appeler — Tu ______
Nous ______
e. préférer — Je ______
Vous ______

9 Tu dors ? – Je ne dors pas, je réfléchis.

Schläfst du? – Ich schlafe nicht, ich denke nach.

Verben auf *-ir* und *-dre* im Präsens

REGEL Man unterscheidet zwei Gruppen von Verben auf -ir: Verben vom Typ réfléchir (mit Stammerweiterung) und die Verben vom Typ dormir (mit Stammverkürzung).

REGEL Die meisten Verben auf -ir werden wie das Verb réfléchir konjugiert: Der Stamm wird im Plural mit der Silbe -iss erweitert.

	réfléchir *nachdenken*
je	réfléchis
tu	réfléchis
il/elle	réfléchit
nous	réfléch**issons**
vous	réfléch**issez**
ils/elles	réfléch**issent**

Nach diesem Muster werden ebenfalls konjugiert:

finir *beenden* → je finis … nous fin**iss**ons …
grandir *wachsen* → je grandis … nous grand**iss**ons …
réagir *reagieren* → je réagis … nous réag**iss**ons …
obéir *gehorchen* → j'obéis … nous obé**iss**ons …

Bei wenigen Verben auf -ir wird der Stamm im Singular kürzer: Der Konsonant entfällt.

	dormir *schlafen*
je	dors
tu	dors
il/elle	dort
nous	dormons
vous	dormez
ils/elles	dorment

Nach diesem Muster werden ebenfalls konjugiert: mentir *lügen*, partir *weggehen*, sentir *riechen/fühlen*, servir *(be)dienen*, sortir *ausgehen*.

Ausnahmen: Die Verben couvrir *bedecken*, découvrir *entdecken*, ouvrir öffnen, offrir *schenken* werden im Präsens wie Verben auf -er konjugiert: ouvrir → j'ouvre, tu ouvres, il ouvre … (→ Kapitel 8).

REGEL Die regelmäßigen Verben auf -dre werden wie folgt konjugiert:

	répondre *antworten*
je	réponds
tu	réponds
il/elle	répond
nous	répondons
vous	répondez
ils/elles	répondent

Zu dieser Gruppe gehören ebenfalls attendre *warten*, défendre *verteidigen*, descendre *hinunter- /aussteigen*, rendre *zurückgeben*, vendre *verkaufen*, perdre *verlieren*.

Viele Verben mit der Endung -dre sind jedoch unregelmäßig, wie z. B. prendre *nehmen* (→ Kapitel 10), peindre *malen*, craindre *fürchten*, éteindre *ausschalten* (→ Verbtabellen ab Seite 164).

1. Ergänzen Sie die Tabelle mit den fehlenden Formen.

	Infinitiv	Präsens	
a.	finir	tu ___	vous ___
b.	___	il ___	ils partent
c.	servir	elle ___	nous ___
d.	___	je réfléchis	elles ___
e.	réagir	je ___	vous ___
f.	___	tu mens	ils ___
g.	___	il ___	nous obéissons

2. Ergänzen Sie die Sätze mit der jeweils entsprechenden Präsens-Form eines Verbs aus dem Kasten. Die Augenzahl des Würfels gibt die Person an, in die das Verb gesetzt werden soll. (1 Auge = *je*, 2 Augen = *tu* usw.)

dormir réfléchir sortir partir finir mentir réagir

 a. Vous ___ à l'hôtel.
 b. ___ souvent avec des amis.
 c. ___ ne ___ pas assez. ___ trop vite.
 d. ___ demain en vacances.
 e. ___ mon travail à 16 heures.
 f. ___ souvent à ses parents.

3. Regelmäßige Verben auf -dre. Finden Sie in den Wortschlangen 7 Verbformen im Präsens und ergänzen Sie die Sätze.

a. Vous perdez votre temps.
b. Elles ___ une réponse pour demain.
c. Je ___ à quelle station ?
d. Elle ___ toujours à ses mails.
e. Nous ___ le bus depuis une heure.
f. Tu ___ souvent tes clés.
g. Ils ___ des fruits et des légumes au marché.

RRÉPONDOBATTENDONSTI
ERDESCENDSVEVENDENTI
EAU~~PERDEZ~~CHE
RUATTENDENTSPUPRU
ROPERDSON

4. Welches Verb passt nicht in die Reihe? Ersetzen Sie es durch ein Verb aus dem Kasten.

a. finir – réagir – grandir – servir → ___
b. attendre – prendre – répondre – vendre → ___
c. sentir – grandir – sortir – partir → ___
d. ouvrir – découvrir – couvrir – mentir → ___

offrir
dormir
perdre
réfléchir

10 Qu'est-ce que vous faites ? – Je fais du sport.

Was machen Sie? – Ich mache Sport.

Wichtige unregelmäßige Verben im Präsens

REGEL Viele sehr gebräuchliche Verben – wie z. B. faire *(machen)* → je fais *(ich mache)*, vous faites *(ihr macht/Sie machen)* – sind unregelmäßige Verben.

In der folgenden Tabelle sind einige der wichtigsten Verben aufgelistet. Da hilft nur eins: Auswendig lernen! ☺

aller *(hin)gehen*		dire *sagen*		écrire *schreiben*	
je	vais	je	dis	j'	écris
tu	vas	tu	dis	tu	écris
il/elle	va	il/elle	dit	il/elle	écrit
nous	allons	nous	disons	nous	écrivons
vous	allez	vous	dites	vous	écrivez
ils/elles	vont	ils/elles	disent	ils/elles	écrivent

faire *machen*		lire *lesen*		mettre *reintun/hinstellen …*	
je	fais	je	lis	je	mets
tu	fais	tu	lis	tu	mets
il/elle	fait	il/elle	lit	il/elle	met
nous	faisons	nous	lisons	nous	mettons
vous	faites	vous	lisez	vous	mettez
ils/elles	font	ils/elles	lisent	ils/elles	mettent

prendre *nehmen*		venir *kommen*		voir *sehen*	
je	prends	je	viens	je	vois
tu	prends	tu	viens	tu	vois
il/elle	prend	il/elle	vient	il/elle	voit
nous	prenons	nous	venons	nous	voyons
vous	prenez	vous	venez	vous	voyez
ils/elles	prennent	ils/elles	viennent	ils/elles	voient

1. Finden Sie die im Wortgitter versteckten unregelmäßigen Verbformen (waagrecht und senkrecht) und tragen Sie sie an der richtigen Stelle ein.

V	A	S	P	R	E	N	D	F	A
I	L	O	R	E	V	A	I	S	E
E	L	M	E	T	O	N	T	V	I
N	O	E	N	V	N	U	E	E	D
T	N	T	E	A	T	D	S	N	I
V	S	S	Z	F	A	I	T	E	S
F	A	I	S	O	N	S	A	Z	E
V	I	E	N	N	E	N	T	E	N
O	M	E	T	T	E	Z	D	I	T

a. faire → vous ______ nous ______ elles ______
b. prendre → il ______ vous ______
c. aller → je ______ tu ______ elle ______
nous ______ ils ______
d. venir → elle ______ ils ______ vous ______
e. dire → je/tu ______ il ______ vous ______
ils ______
f. mettre → je/tu ______ elle ______ vous ______

2. Bilden Sie Sätze, indem Sie die Elemente rechts und links verbinden und das passende Verb einsetzen.

a. Je ______ mal
b. Elle ______ très bien
c. Nous ______ l'avion
d. ______-vous un journal
e. À qui ______-tu
f. Nos enfants ______
g. Tu ______ le lait

1. cette carte postale ?
2. pour Noël.
3. dans une heure.
4. régulièrement ?
5. dans le réfrigérateur.
6. sans lunettes.
7. le couscous.

prendre écrire voir mettre venir faire lire

3. Ergänzen Sie das oder die fehlende(n) Pronomen.

a. ______ écrivent
b. ______ disons
c. ______ prenons
d. ______ écrivez
e. ______ écris
f. ______ dites
g. ______ lisons
h. ______ mets
i. ______ dit
j. ______ mettent
k. ______ écrit
l. ______ mettez
m. ______ viens
n. ______ lisez
o. ______ disent

4. Redewendungen: Setzen Sie das in Klammern stehende Verb ein und verbinden Sie die Sätze mit der passenden Übersetzung.

a. *(aller)* On y ______ .
b. *(faire)* Ça ______ longtemps.
c. *(mettre)* Je ______ la table.
d. *(dire)* Qu'est-ce que vous en ______ ?
e. *(prendre)* Ils ______ des risques.

1. *Was halten Sie davon?*
2. *Sie gehen Risiken ein.*
3. *Los, gehen wir!*
4. *Es ist schon lange her.*
5. *Ich decke den Tisch.*

11 Un, deux, trois... quatre-vingt-dix-neuf ... – Cent !

Eins, zwei, drei ... neunundneunzig ... – Hundert!

Grundzahlen

REGEL Die Grundzahlen sind – außer un(e) *ein(e)* unveränderlich:

les **quatre** saisons *die vier Jahreszeiten*

Die Zahlen von 0 bis 19 bilden die Grundlage für alle weiteren Zahlen. Sie sollten sie also unbedingt können. ☺

0	zéro	4	quatre	8	huit	12	douze	16	seize
1	un	5	cinq	9	neuf	13	treize	17	dix-sept
2	deux	6	six	10	dix	14	quatorze	18	dix-huit
3	trois	7	sept	11	onze	15	quinze	19	dix-neuf

Die Zahlen von 20 bis 69 werden regelmäßig gebildet: Die Einerzahl wird mit einem Bindestrich an die Zehnerzahl angeschlossen.

20	**vingt**	**30**	**trente**	**40**	**quarante**	**50**	**cinquante**	**60**	**soixante**
21	vingt-et-un	31	trente-et-un	41	quarante-et-un	51	cinquante-et-un	61	soixante-et-un
22	vingt-deux	32	trente-deux	42	quarante-deux	52	cinquante-deux	62	soixante-deux
…	…	…	…	…	…	…	…	…	…
29	vingt-neuf	39	trente-neuf	49	quarante-neuf	59	cinquante-neuf	69	soixante-neuf

Die Zahlen von 70 bis 99: Nach soixante-dix (70) und quatre-vingt-dix (90) wird jeweils bis 19 weitergezählt. Vingt wird bei quatre-vingts (80) mit -s geschrieben. Folgt eine weitere Zahl, so fällt dieses -s weg: quatre-vingt-trois (83).

70	**soixante-dix**	**80**	**quatre-vingts**	**90**	**quatre-vingt-dix**
71	soixante-et-onze	81	quatre-vingt-un	91	quatre-vingt-onze
72	soixante-douze	82	quatre-vingt-deux	92	quatre-vingt-douze
…	…	…	…	…	…
79	soixante-dix-neuf	89	quatre-vingt-neuf	99	quatre-vingt-dix-neuf

Die Zahlen von 100 bis 1000: Achten Sie auf das -s, das ab deux cents (200) nur auf die „glatten Hunderter" folgt. Mille (1000) ist immer unveränderlich.

100	cent	200	deux-cents	1000	mille
102	cent-deux	201	deux-cent-un	2000	deux-mille
130	cent-trente	252	deux-cent-cinquante-deux	3400	trois-mille-quatre-cents
168	cent-soixante-huit	300	trois-cents	5203	cinq-mille-deux-cent-trois

1. Ergänzen Sie, wie im Beispiel, die jeweils fehlende Zahl in Ziffern und Buchstaben.

a. Il y a cinq continents. → 5
b. Une semaine a ________ jours. → ____
c. Il y a ________ joueurs dans une équipe de foot. → ____
d. Une année, c'est ________ mois et ________ saisons. → ____ et ____
e. En Allemagne, il y a ________ lands. → ____
f. J'adore *Les* ________ *Saisons* de Vivaldi. → ____
g. Avez-vous peur du vendredi ________ ? → ____
h. Pour danser la valse, il faut être ________ . → ____
i. Un semestre, c'est ________ mois. → ____
j. Les ________ doigts des ________ mains. → ____ et ____

2. Schreiben Sie die folgenden Zahlen aus.

a. 23 vingt-trois
b. 45 ________
c. 60 ________
d. 56 ________
e. 37 ________
f. 31 ________
g. 68 ________
h. 41 ________
i. 61 ________
j. 29 ________
k. 33 ________
l. 50 ________

3. Zählen Sie laut von 70 bis 81 und schreiben Sie folgende Zahlen aus.

70	________	74	________	78	________
71	________	75	________	79	________
72	________	76	________	80	________
73	________	77	________	81	________

4. Kreuzen Sie jeweils die richtige Schreibweise an und schreiben Sie die Zahl in Ziffern dahinter.

a.	☐ quatre-vingts-deux	☒ quatre-vingt-deux	82
b.	☐ soixante-douze	☐ soixante-et-douze	____
c.	☐ quatre-vingt et onze	☐ quatre-vingt-onze	____
d.	☐ un cent	☐ cent	____
e.	☐ un-cent-trente-neuf	☐ cent-trente-neuf	____
f.	☐ cinq-cents	☐ cinq-cent	____
g.	☐ huit-cents-cinquante-six	☐ huit-cent-cinquante-six	____
h.	☐ mille-trois-cents-un	☐ mille-trois-cent-un	____
i.	☐ huit-mille	☐ huit-milles	____
j.	☐ neuf-mille-huit-cent	☐ neuf-mille-huit-cents	____

12 Ma première valise est à Londres, la deuxième à New York, …

Mein erster Koffer ist in London, der zweite in New York, …

Ordnungszahlen

REGEL Ordnungszahlen ordnen ein Element in eine Reihe ein. Sie werden gebildet, indem man an die Grundzahl die Endung **-ième** hängt:
trois → troisième *drei → dritter, -e, -es*

! **Ausnahme:** premier / première *(erster, -e, -es)*

Ordnungszahlen werden im Französischen ohne Punkt geschrieben:

1er/ère	premier/-ière	7e	septième	20e	vingtième	100e	centième
2e	deuxième	8e	huitième	21e	vingt-et-unième	101e	cent-unième
3e	troisième	9e	neuvième	22e	vingt-deuxième	1000e	millième
4e	quatrième	10e	dixième	23e	vingt-troisième …	1000 000e	millionième
5e	cinquième	11e	onzième …	30e	trentième		
6e	sixième	19e	dix-neuvième …	31e	trente-et-unième		

Ordnungszahlen werden wie Adjektive angeglichen (→ Kapitel 14):
le premier jour / les premiers jours *der erste Tag / die ersten Tage*
la première fois / les premières fois *das erste Mal / die ersten Male*

Der Grundzahl deux entsprechen zwei Ordnungszahlen: deuxième und second(e):
la Seconde Guerre mondiale / la Deuxième Guerre mondiale *der 2. Weltkrieg*

Die von der Zahl un abgeleitete Grundzahl unième tritt nur bei zusammengesetzten Zahlen auf:
le vingt-et-unième jour de l'année *der 21. Tag des Jahres*

REGEL Anders als im Deutschen verwendet man **keine Ordnungszahl** bei
- der Angabe des Datums (außer für den Ersten des Monats):
  le **vingt-quatre** (24) décembre *der 24. Dezember,* le **quinze** (15) mai *der 15. Mai*
  Aber: le **premier** (1er) janvier *der erste Januar*
- Dynastien/Monarchen (außer für den Ersten in der Reihe):
  Louis XIV (Quatorze) *Ludwig XIV.,* Henri IV (Quatre) *Heinrich IV.*
  Aber: François 1er (Premier) *Franz I.*

1. Bilden Sie die entsprechende Ordnungszahl und ergänzen Sie. Verbinden Sie die Wendungen dann mit der passenden Übersetzung.

a. deux	→ la ______	rue à droite	1. *das zwanzigste Jahrhundert*
b. un	→ en ______	classe	2. *die dritte Dimension*
c. cinq	→ le ______	roman	3. *der siebte Tag*
d. sept	→ le ______	jour	4. *die zweite Straße rechts*
e. treize	→ le ______	mois	5. *in erster Klasse*
f. trois	→ la ______	dimension	6. *das zweite Mal*
g. vingt	→ le ______	siècle	7. *der fünfte Roman*
h. deux	→ la ______	fois	8. *das dreizehnte Monatsgehalt*

2. Vervollständigen Sie die Tabelle.

	Grundzahl	Ordnungszahl
a.	un	______
b.	deux	______
c.	______	quatrième
d.	trente et un	______
e.	cinq	______
f.	______	septième

	Grundzahl	Ordnungszahl
g.	neuf	______
h.	______	onzième
i.	quatorze	______
j.	six	______
k.	cent	______
l.	______	second(e)

3. Fügen Sie die fehlende Ordnungszahl ein und schreiben Sie die passende Antwort dazu.

le Nouvel An Victor Hugo novembre centime cinéma Bordeaux jeudi Z

a. le ______ (11) mois de l'année → ______
b. le ______ (4) jour de la semaine → ______
c. la ______ (1) fête de l'année → ______
d. la ______ (5) ville française → ______
e. la ______ (100) partie de l'euro → ______
f. la ______ (26) lettre de l'alphabet → ______
g. le ______ (7) art → ______
h. un écrivain du ______ (19) siècle → ______

4. Passt hier die Grund- oder die Ordnungszahl? Ergänzen Sie.

a. le ______ mars	*der 21. März*
b. la ______ rue à gauche	*die 1. Straße links*
c. mon ______ anniversaire	*mein 30. Geburtstag*
d. le ______ janvier	*der 1. Januar*
e. Napoléon ______	*Napoleon III.*

13 Il est cinq heures, on ferme.

Es ist fünf Uhr, wir schließen.

Uhrzeit

Nach der Uhrzeit fragen Sie mit Quelle heure est-il ? *(Wie viel Uhr ist es?)* oder Vous avez l'heure ? (wörtlich: *Haben Sie die Uhrzeit?*).

REGEL Bei der **offiziellen Zeitangabe** (z. B. im Radio) werden – genau wie im Deutschen – die Stunden von 0 bis 24 und die Minuten von 1 bis 59 gezählt.

14h30 Il est quatorze heures trente. *Es ist vierzehn Uhr dreißig.*

00h45 Il est zéro heure quarante-cinq. *Es ist null Uhr fünfundvierzig.*

REGEL **Im Alltag** zählt man nur von 1 bis 11. Steht der große Zeiger auf 12, so heißt es midi *(Mittag)* oder minuit *(Mitternacht)*. *Viertel nach* heißt et quart, *halb* et demie und *Viertel vor* moins le quart:

15h	trois heures	15h35	quatre heures moins vingt-cinq
15h05	trois heures cinq	15h40	quatre heures moins vingt
15h10	trois heures dix	15h45	quatre heures moins le quart
15h15	trois heures et quart	15h50	quatre heures moins dix
15h20	trois heures vingt	15h55	quatre heures moins cinq
15h25	trois heures vingt-cinq	16h	quatre heures
15h30	trois heures et demie		

! Sagen Sie zuerst die Stunden und danach die Minuten.

! Die Tageszeit können Sie mit du matin *(am Vormittag)* oder de l'après-midi *(am Nachmittag)* oder du soir *(am Abend)* präzisieren: de huit à dix heures du soir *von acht bis zehn Uhr abends*

! Anders als im Deutschen nennt man bei „halb" die angebrochene Stunde:
Il est **six heures et demie**. *Es ist **halb sieben.*** (wörtlich: *sechs Uhr und halb*)

Mit À quelle heure… ? *(Um wie viel Uhr…?)* erfahren Sie, wann etwas stattfindet. Die Uhrzeit wird dann mit à eingeführt:
Le concert commence **à** quelle heure ? *Um wie viel Uhr fängt das Konzert an?*
À dix-neuf heures trente. *Um neunzehn Uhr dreißig.*

1. Notieren Sie die Uhrzeit. Verwenden Sie die offizielle Variante. Il est …

a. 10h15 ______

b. 12h30 ______

c. 23h10 ______

d. 21h35 ______

e. 22h25 ______

f. 16h45 ______

g. 13h55 ______

h. 12h00 ______

2. Offizielle und alltägliche Uhrzeitangaben. Verbinden Sie jeweils die Uhrzeiten mit der Uhr.

quatre heures et quart douze heures onze heures moins le quart seize heures quinze

a.
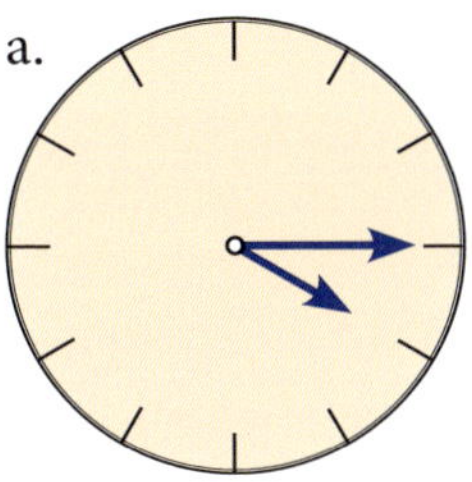

b.
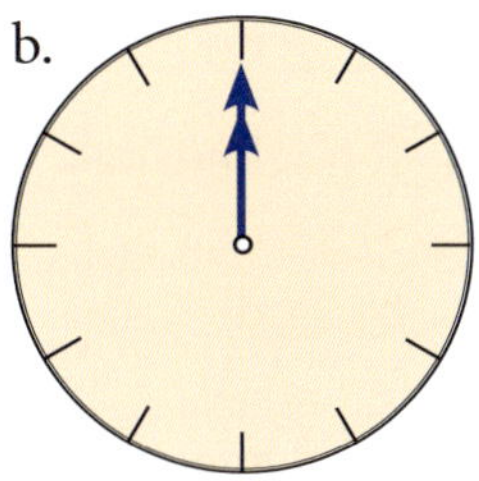

c.
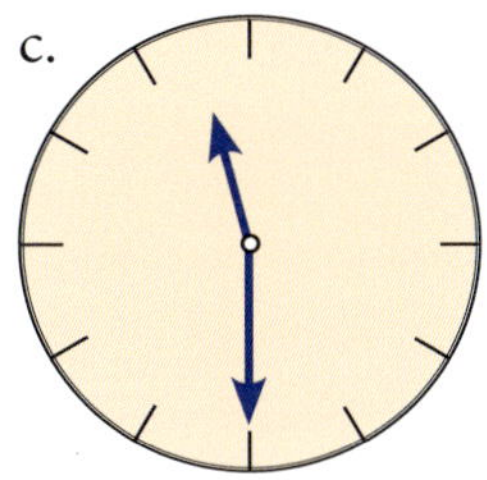

d.
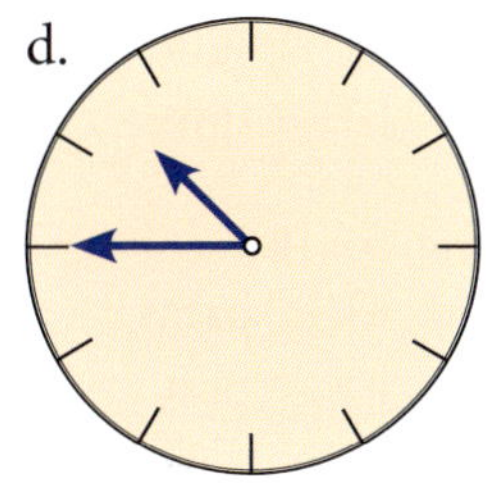

vingt-trois heures trente onze heures et demie dix heures quarante-cinq midi

3. Ergänzen Sie die jeweils fehlende Form.

	offiziell	in Zahlen	informell
a.	treize heures	13h00	une heure (de l'après-midi)
b.	dix-heures quinze	______	______
c.	douze heures trente	______	______
d.	______	______	huit heures moins dix
e.	______	17h40	______
f.	vingt-quatre heures	______	______
g.	quinze heures quarante-cinq	______	______
h.	______	______	cinq heures et demie (de l'après-midi)

4. In die Übersetzungen haben sich Fehler eingeschlichen. Verbessern Sie und schreiben Sie den Satz richtig auf.

a. *Wie spät ist es?* À quelle heure est-il ? → ______

b. *Es ist Viertel nach zehn.* C'est dix heures et quart. → ______

c. *Um wie viel Uhr kommst du?* Tu viens quelle heure ? → ______

d. *Er beginnt um 18 Uhr 30.* Il commence à sept heures et demie. → ______

e. *Es ist 10 Uhr abends.* Il est dix heures du matin. → ______

f. *Wir essen um Mittag.* Nous mangeons à minuit. → ______

g. *Haben Sie die Uhrzeit, bitte?* Vous avez une heure, S.V.P. ? → ______

h. *Es ist sechzehn Uhr fünfzehn.* Il est seize heures et quart. → ______

Wählen Sie die richtige Antwort.

Substantive

1. directeur / direc___
   a) -teuse
   b) -trice

2. voiture
   a) feminin
   b) maskulin

3. un cheval / deux chev___
   a) -als
   b) -aux

4. un prix / deux ___
   a) prixs
   b) prix

Artikel

5. ___ amie
   a) l'
   b) la

6. ___ journaux
   a) le
   b) les

7. manger ___ restaurant
   a) à le
   b) au

8. Fermé ___ lundi
   a) le
   b) Ø

9. Vous avez ___ enfants ?
   a) Ø
   b) des

10. ___ garage
    a) un
    b) une

11. J'achète ___ pain.
    a) Ø
    b) du

12. Je fais ___ ski.
    a) du
    b) de

13. Je voudrais un litre ___ lait.
    a) de
    b) du

14. Il n'achète pas ___ eau.
    a) de l'
    b) d'

Être und avoir

15. Je ___ professeur.
    a) suis
    b) sommes

16. Il ___ deux ans.
    a) est
    b) a

Regelmäßige Verben

17. Tu ___ anglais ?
    a) parle
    b) parles

18. Nous ___ le théâtre.
    a) aimons
    b) aimez

19. Il ___ le serveur.
    a) appèle
    b) appelle

20. Nous ___ à huit heures.
    a) mangons
    b) mangeons

21. Vous ____ ?
a) ☐ dormez
b) ☐ dormissez

22. Elle ____ le bus.
a) ☐ attend
b) ☐ attent

Unregelmäßige Verben

23. Vous ____ du sport ?
a) ☐ faisez
b) ☐ faites

24. Nous ____ le train.
a) ☐ prenons
b) ☐ prendons

25. Je ____ au cinéma.
a) ☐ vas
b) ☐ vais

Zahlen, Uhrzeit und Datum

26. 71
a) ☐ soixante-onze
b) ☐ soixante-et-onze

27. 304
a) ☐ trois-cent-quatre
b) ☐ trois-cents-quatre

28. le ____ mars
a) ☐ vingt-et-unième
b) ☐ vingt-et-un

29. 10h30
a) ☐ dix heures et demie
b) ☐ onze heures de demie

30. ____ quelle heure ?
a) ☐ De
b) ☐ À

Vergleichen Sie nun Ihre Antworten mit den Lösungen auf Seite 150. Dieser Tabelle können Sie entnehmen, auf welches Kapitel sich jede Aufgabe bezieht. Wenn Sie eine Aufgabe nicht richtig gelöst haben, können Sie das entsprechende Kapitel wiederholen.

Aufgabe	Kapitel	Aufgabe	Kapitel	Aufgabe	Kapitel	Aufgabe	Kapitel	Aufgabe	Kapitel
1	1	7	3	13	6	19	8	25	10
2	1	8	3	14	6	20	8	26	11
3	2	9	4	15	7	21	9	27	11
4	2	10	4	16	7	22	9	28	12
5	3	11	5	17	8	23	10	29	13
6	3	12	5	18	8	24	10	30	13

Comme la nuit est belle ! – Trous noirs, géantes rouges, naines blanches …

Wie schön die Nacht ist! – Schwarze Löcher, rote Riesen, weiße Zwerge …

Adjektiv: Angleichung

REGEL Das französische Adjektiv wird dem Substantiv immer angeglichen.

Die **feminine Form** wird in der Regel durch Anhängen von -e an die maskuline Form gebildet.

! Endet das Adjektiv auf -e, wird kein weiteres -e hinzugefügt:
un verre vide – une bouteille vide *ein leeres Glas – eine leere Flasche*

Wie bei den Substantiven (→ Kapitel 1) ändert sich bei einigen Adjektiven die Endung:

♂		♀		♂		♀	
lé**ger**	→	lé**gère**	*leicht*	acti**f**	→	acti**ve**	*aktiv*
discr**et**	→	discr**ète**	*diskret*	cultur**el**	→	cultur**elle**	*kulturell*
itali**en**	→	itali**enne**	*italienisch*	heur**eux**	→	heur**euse**	*glücklich*

Folgende – sehr gebräuchliche – Adjektive sind unregelmäßig:

♂		♀		♂		♀	
blanc	→	blanche	*weiß*	doux	→	douce	*sanft*
frais	→	fraiche	*frisch*	beau	→	belle	*schön*
long	→	longue	*lang*	nouveau	→	nouvelle	*neu*
faux	→	fausse	*falsch*	vieux	→	vieille	*alt*

! Vor Vokal oder einem „stummen h" werden beau, nouveau und vieux zu bel, nouvel und vieil:
un **bel** homme *ein schöner Mann*, un **nouvel** ami *ein neuer Freund*, un **vieil** hôtel *ein altes Hotel*

REGEL Bei der Pluralbildung gelten dieselben Regeln wie beim Substantiv (→ Kapitel 2):

Singular	Plural	
vert	des pulls verts	*grüne Pullis*
doux	des vins doux	*süße Weine*
beau	les beaux films	*die schönen Filme*
norm**al**	des gens norm**aux**	*normale Leute*

! Zusammengesetzte Farbadjektive und Farbadjektive, die einem Substantiv entsprechen sind unveränderlich: des yeux bleu clair *hellblaue Augen*, un pull orange → des pulls orange *ein oranger Pulli → orange Pullis*

1. Verbinden Sie je einen Artikel, ein Substantiv und ein Adjektiv miteinander.

	~~veste~~	géniales
	montre	méchant
un	pull	~~courte~~
une	films	suisse
des	table	basse
	idées	bleu
	chien	intéressants

a. *une veste courte*
b. ______
c. ______
d. ______
e. ______
f. ______
g. ______

2. Gesucht wird das Gegenteil. Ergänzen Sie die Sätze mithilfe der im Kasten stehenden Adjektive. Gleichen Sie sie wenn nötig an.

léger
blanc
frais
indiscret
vieux
long
bon
ancien

a. un pull noir ≠ une robe ______
b. un jeune homme ≠ une ______ femme
c. une mauvaise soirée ≠ une ______ journée
d. un chocolat chaud ≠ une bière ______
e. une couleur discrète ≠ un voisin ______
f. un canapé moderne ≠ une table ______
g. une robe courte ≠ une jupe ______
h. un sac lourd ≠ une alimentation ______

3. Je drei Adjektive aus dem Kasten passen zu einem der Substantive. Notieren Sie sie.

chère originales ~~longs~~ fausses gris bleue allemands rapide
fidèles grand précieux clair nouvelles courts cher

a. des cheveux → *longs* ______ ______
b. une voiture → ______ ______ ______
c. des amis → ______ ______ ______
d. un appartement → ______ ______ ______
e. des idées → ______ ______ ______

4. Ergänzen Sie die fehlende Singular- oder Pluralform.

a. un vélo gris → des ______
b. un ______ ← deux beaux manteaux
c. un pantalon kaki → des ______
d. un enfant nerveux → des ______
e. un projet génial → des ______
f. un ______ ← trois vieux hommes
g. un nouvel hôtel → deux ______

15 Vous allez passer une soirée tranquille. Ce sont de vrais petits anges …

Sie werden einen ruhigen Abend verbringen. Sie sind wahre kleine Engel …

Adjektiv: Stellung

REGEL Anders als im Deutschen steht das Adjektiv in der Regel nach dem Substantiv:
une cuisine **moderne** *eine moderne Küche*

Diese Regel gilt für alle Nationalitäts- und Farbadjektive sowie alle längeren Adjektive:
un journal français *eine französische Zeitung*
une voiture rouge *ein rotes Auto*
une nuit romantique *eine romantische Nacht*

! Einige (meist einsilbige) Adjektive stehen vor dem Substantiv. Lernen Sie sie am besten in vollständigen Wendungen, wie z. B.:
un bon ≠ mauvais film *ein guter ≠ schlechter Film*
une petite ≠ grande cuisine *eine kleine ≠ große Küche*
un joli/beau village *ein hübsches/schönes Dorf*
une grosse voiture *ein dickes Auto*
un vieux monsieur *ein alter Herr*

REGEL Einige Adjektive können vor oder nach dem Substantiv stehen: Sie ändern meist mit der Stellung auch ihre Bedeutung. Die folgenden Adjektive haben, wenn sie vorangestellt werden eine wertende (emotionale) Bedeutung:
un grand homme … ist nicht unbedingt groß, sondern ein bedeutender Mann.
un petit garçon … ist nicht unbedingt klein, aber jung.
un vieil ami … ist nicht unbedingt ein alter, aber ein zuverlässiger Freund.
un curieux voisin … ist nicht unbedingt ein neugieriger, aber ein merkwürdiger Nachbar.
une triste histoire … ist nicht unbedingt eine traurige, aber eine schlimme Geschichte.

1. Was ist richtig? Kreuzen Sie an und markieren Sie anschließend das Adjektiv.

a.	☐ un pull blanc	☐ un blanc pull
b.	☐ des chocolats belges	☐ des belges chocolats
c.	☐ un pull gros	☐ un gros pull
d.	☐ un livre bon	☐ un bon livre
e.	☐ un été chaud	☐ un chaud été
f.	☐ un journal anglais	☐ un anglais journal
g.	☐ une voiture rapide	☐ une rapide voiture
h.	☐ une écharpe orange	☐ une orange écharpe
i.	☐ un film mauvais	☐ un mauvais film

2. Finden Sie in der Wortschlange 8 Adjektive, die in der Regel vor dem Substantiv stehen und ergänzen Sie anschließend damit die Satzteile. Gleichen Sie die Adjektive an.

ABINBLEUPETITVTUFRANÇAISTIAGROSENBONTROSYMPATHIQUESUIPBEAU
RUGRANDASOMAUVAISTIJOLIVOIVIEUXBER

a. un ____________ jardin *ein kleiner Garten*
b. une ____________ chanson *ein altes Lied*
c. un ____________ homme *ein schöner Mann*
d. une ____________ idée *eine schlechte Idee*
e. un ____________ pull *ein hübscher Pulli*
f. un ____________ chien *ein dicker Hund*
g. un ____________ arbre *ein großer Baum*
h. une ____________ amie *eine gute Freundin*

3. Steht das Adjektiv vor oder nach dem Substantiv? Ergänzen Sie.

a. *eine merkwürdige Geschichte* → *(curieux)* une ____________ affaire ____________
b. *ein armes Land* → *(pauvre)* un ____________ pays ____________
c. *ein ehemaliger Minister* → *(ancien)* un ____________ ministre ____________
d. *ein starker Esser* → *(gros)* un ____________ mangeur ____________
e. *eine einzige Frau* → *(seul)* une ____________ femme ____________

4. Bringen Sie Ordnung in die Sätze und unterstreichen Sie alle Adjektive.

a. un / nous avons / très sympathique / voisin / nouveau

____

b. âgées / est / la marche / un sport / nordique / pour les personnes / idéal

____

c. la rue / décorent / des guirlandes / principale / rouges

____

d. et chaud / la météo / sec / un été / prévoit

____

e. verte / elle porte / une robe / plates / et des chaussures

____

16 Ma femme et mes enfants passent le week-end dans notre maison de campagne

Meine Frau und meine Kinder verbringen das Wochenende in unserem Landhaus.

Possesivbegleiter

REGEL Der Possessivbegleiter gibt einen Besitz oder eine Zugehörigkeit an:
la femme de Vincent → **sa** femme
*die Frau von Vincent → **seine** Frau*

Der Possessivbegleiter wird durch die Person des Besitzers bestimmt:
il a un chien → c'est **son** chien
***er** hat einen Hund → das ist **sein** Hund*
nous avons un jardin → c'est **notre** jardin
***wir** haben einen Garten → das ist **unser** Garten*

Die Form (Geschlecht und Zahl) des Possessivbegleiters wird an das Besitzobjekt angeglichen:
Il aime **sa** femme. *Er liebt seine Frau.*
Elle aime **son** mari. *Sie liebt ihren Mann.*

Der Possessivbegleiter hat folgende Formen:

Substantiv im Singular						Substantiv im Plural		
maskulin			**feminin**			**maskulin und feminin**		
mon ton son	frère	*mein …* *dein …* *sein/ihr …*	ma ta sa	sœur	*meine …* *deine …* *seine/ihre …*	mes tes ses	frères/ sœurs	*meine …* *deine …* *seine/ihre …*
notre votre leur	frère	*unser …* *euer/Ihr …* *ihr …*	notre votre leur	sœur	*unsere …* *eure/Ihre …* *ihre …*	nos vos leurs	frères/ sœurs	*unsere …* *eure/Ihre …* *ihre …*

! Anders als im Deutschen spielt das Geschlecht des Besitzers keine Rolle bei der Wahl des Possessivbegleiters der dritten Person: son, sa, ses bedeutet sowohl *sein(e)* als auch *ihr(e)*.
Ses amis bedeutet *seine Freunde* oder *ihre Freunde*.
Nur der Kontext informiert Sie, ob son fils *sein Sohn* oder *ihr Sohn* ist.

! Die Formen ma, ta, sa werden, weil es sich so leichter aussprechen lässt, vor einem femininen Substantiv, das mit Vokal oder „stummem h" beginnt, durch mon, ton, son ersetzt:
une histoire → **mon** histoire *meine Geschichte*
une adresse → **ton** adresse *deine Adresse*
une amie → **son** amie *seine/ihre Freundin*

1. Verbinden Sie die Elemente rechts und links zu sinnvollen Sätzen. Unterstreichen Sie dann die Person (den Besitzer) und den Possessivbegleiter.

a. Les voisins promènent	1. chez vos parents ?
b. J'ai des problèmes	2. de ses projets à ses parents.
c. Vous habitez	3. son anniversaire au restaurant.
d. Tu vois	4. avec ma voiture.
e. Elle fête	5. leurs clés.
f. Arnaud a parlé	6. leur chien.
g. Anne et Paul ne trouvent pas	7. tes frères et sœurs souvent ?

2. Sagen Sie dasselbe mit einem Possessivbegleiter.

a. C'est le livre de Pierre. → C'est *son livre.*
b. Ce sont les enfants de ma sœur. → Ce sont ______
c. C'est la voiture de mes parents. → C'est ______
d. Tu as des lunettes. → Ce sont ______
e. Ce sont les amis de mes parents. → Ce sont ______
f. J'ai un pull. → C'est ______
g. C'est la femme de mon frère. → C'est ______
h. C'est le fils de ma sœur. → C'est ______
i. Vous avez un problème. → C'est ______
j. Nous avons une idée. → C'est ______

3. Welches Wort/Welche Wörter passen zum Possessivbegleiter? Kreuzen Sie sie an.

a. ma	☐ mère	☐ filles	☐ vélo
b. leur	☐ fille	☐ enfants	☐ fils
c. mon	☐ ami	☐ amie	☐ amis
d. sa	☐ famille	☐ amie	☐ cousine
e. leurs	☐ voisines	☐ problèmes	☐ livre
f. ton	☐ adresse	☐ nom	☐ numéro de téléphone
g. vos	☐ clé	☐ lunettes	☐ collègues
h. son	☐ habitude	☐ collègue	☐ parents

4. Redewendungen: Ergänzen Sie die Possessivbegleiter.

a. *meiner Meinung nach* → à ______ avis
b. *an eurer/Ihrer Stelle* → à ______ place
c. *zum Wohl/auf deine Gesundheit* → à ______ santé
d. *es ist seine Schuld* → c'est de ______ faute
e. *es ist nicht meine Art* → ce n'est pas ______ genre
f. *meine lieben Freunde* → ______ chers amis
g. *sie sind an der Reihe* → c'est ______ tour

17 Ce pull est magnifique. – Euh ... Comment trouves-tu ces robes ?

Dieser Pulli ist wunderschön. – Äh ... Wie findest du diese Kleider?

Demonstrativbegleiter

Der Demonstrativbegleiter lenkt die Aufmerksamkeit auf etwas oder jemanden Bestimmtes:

Ce pull est magnifique.
__Dieser__ Pullover ist wunderschön.

REGEL Der Demonstrativbegleiter richtet sich in Genus und Numerus nach dem Substantiv, das er begleitet:

le pull → **ce** pull *der Pulli → __dieser__ Pulli*
la veste → **cette** veste *die Jacke → __diese__ Jacke*

REGEL Der Demonstrativbegleiter hat folgende Formen:

	maskulin	feminin
Singular	**ce** jardin *__dieser__ Garten* **cet** ami *__dieser__ Freund* **cet** hôtel *__dieses__ Hotel*	**cette** fleur *__diese__ Blume*
Plural	**ces** jardins *__diese__ Gärten* **ces** amis *__diese__ Freunde* **ces** hôtels *__diese__ Hotels*	**ces** fleurs *__diese__ Blumen*

! Vor einem maskulinen Substantiv im Singular, das mit einem Vokal oder einem „stummen h" beginnt, steht cet statt ce. Die Aussprache ist somit flüssiger.

REGEL Bei Tageszeitangaben wird der Demonstrativbegleiter in der Bedeutung von *heute* verwendet:

On arrive **ce soir**. *Wir kommen __heute Abend__ an.*
Qu'est-ce que tu fais **cet après-midi** ? *Was machst du __heute Nachmittag__?*

REGEL Der Demonstrativbegleiter kann mit -ci oder -là ergänzt werden. Diese Ergänzungen heben das Substantiv noch stärker hervor:

Prends **cette** chaise-**là**, elle est plus confortable. *Nimm __diesen__ Stuhl (__da__), er ist bequemer.*

1. Ce, cet, cette oder ces? Ergänzen Sie.

a. la rue → cette rue
b. les enfants → ______
c. la maison → ______
d. l'amie → ______
e. le professeur → ______
f. l'ordinateur → ______
g. l'hiver → ______
h. le hamac → ______
i. les gens → ______
j. le parking → ______
k. l'acteur → ______
l. l'hôpital → ______

2. Ergänzen Sie die Sätze.

a. Comment trouves-tu ce pull ?
______ livre ?
______ robes ?
b. Je ne connais pas ______ fille.
______ café.
______ homme.
c. Nous prenons ______ train
______ bus
______ avion
d. Je vous recommande ______ restaurant.
______ hôtel.
______ vin.
e. Je prends ______ chaussures.
______ modèle.
______ fleurs.
f. J'adore ______ couleur.
______ actrice.
______ animaux.

3. Ergänzen Sie den Demonstrativbegleiter und ordnen Sie den Definitionen jeweils die richtige Antwort aus dem Kasten zu.

boulangerie ~~médicaments~~ bananes pastis éléphant robe vacances Paris Provence

a. On achète ______ produits dans une pharmacie. médicaments
b. Pendant ______ période, on ne travaille pas. ______
c. ______ ville est la capitale de la France. ______
d. Les hommes portent rarement ______ vêtement. ______
e. ______ apéritif a gout d'anis. ______
f. ______ région se trouve dans le sud de la France. ______
g. ______ animal est énorme. ______
h. ______ fruits ne poussent pas en France. ______
i. On achète le pain dans ______ magasin. ______

4. Vervollständigen Sie die Übersetzungen.

a. *Was machst du heute Abend?* → Qu'est-ce que tu fais ______ ?
b. *Ist dieser Platz frei?* → Est-ce que ______ est libre ?
c. *Heute Morgen bleibe ich im Bett.* → ______, je reste au lit.
d. *Es hat viel geschneit diesen Winter.* → Il a beaucoup neigé ______ .

18 À chaque fois, c'est la même chose … Tu as encore mangé tous mes cadeaux !

Jedes Mal dasselbe … Du hast schon wieder alle meine Geschenke gegessen!

Indefinitbegleiter

REGEL Indefinitbegleiter bezeichnen meist eine nicht genau definierte Menge oder Anzahl. Wie alle Begleiter stehen sie immer vor einem Substantiv.

In der folgenden Tabelle finden Sie die gebräuchlichsten Indefinitbegleiter.

aucun(e)	Nous n'avons eu **aucun** problème. *Wir habe **gar keine** Probleme gehabt.* Il n'a **aucune** expérience. *Er hat **gar keine** Erfahrung.*
chaque	Il a plu **chaque** jour. *Es hat **jeden** Tag geregnet.*
plusieurs	Je lui ai déjà dit **plusieurs** fois. *Ich habe es ihm **mehrere** Male gesagt.*
quelques	J'ai trouvé **quelques** champignons. *Ich habe **einige** Pilze gefunden.*
tout(e), tous/toutes	Elle rit **tout le** temps. *Sie lacht **die ganze** Zeit.* J'ai perdu **tous mes** papiers. *Ich habe **alle meine** Papiere verloren.*

! **Aucun** steht im Singular und ist nur im Genus (maskulin/feminin) veränderlich. Es wird in Verbindung mit der Verneinungspartikel ne verwendet.

! **Chaque** ist unveränderlich, das Substantiv steht immer im Singular.

! **Tout** ist komplett veränderlich und wird meist mit einem anderen Begleiter (un/le/mon/ce …) verwendet. Im Singular hat **tout(e)** die Bedeutung *ganz*, im Plural hat **tous (toutes)** die Bedeutung *alle*:

Singular	Plural
tout le gâteau *der ganze Kuchen* **toute la** tarte *die ganze Torte*	**tous les** gâteaux *alle Kekse* **toutes les** tartes *alle Torten*

1. Unterstreichen Sie in jedem Satz die Gruppe „Indefinitbegleiter + Substantiv" und übersetzen Sie sie.

a. Les enfants ont mangé tous mes bonbons. alle meine Bonbons
b. Je n'aime aucun film de ce réalisateur. ______
c. Il y a un cadeau pour chaque enfant. ______
d. Je n'ai aucune envie de sortir ce soir. ______
e. Il a téléphoné plusieurs fois. ______
f. La voisine fait le ménage toute la journée. ______
g. J'ai invité quelques amis à mon anniversaire. ______
h. J'ai écrit toutes mes cartes postales. ______

2. Diese Sätze sind fehlerhaft übersetzt. Korrigieren Sie sie.

a. *Ich habe es ihm mehrere Male gesagt.* Je le lui ai dit quelques fois.
______
b. *Wir haben einige Probleme gehabt.* Nous avons eu plusieurs problèmes.
______
c. *Ich habe das ganze Wochenende gearbeitet.* J'ai travaillé toute le week-end.
______
d. *Ich kenne keinen einzigen Nachbarn.* Je ne connais aucuns voisins.
______
e. *Sie besucht mich jeden Tag.* Elle vient me voir toute la journée.
______
f. *Ich verkaufe alle meine Bücher.* Je vends plusieurs livres.
______

3. Welche Form von tout passt hier? Ergänzen Sie die Sätze.

a. J'ai dormi ______ la matinée.
b. Je mange au restaurant ______ les dimanches.
c. Nous passons ______ nos vacances en France.
d. J'invite ______ ma famille et ______ mes amis à mon anniversaire.
e. Il a perdu ______ son argent au jeu.
f. J'ai travaillé ______ la nuit.

4. Vervollständigen Sie die Übersetzungen.

a. *Es gibt mehrere Möglichkeiten.* → Il y a ______ possibilités.
b. *Ich habe keinerlei Probleme damit.* → Cela ne me pose ______ problème.
c. *Er hat den ganzen Kuchen gegessen.* → Il a mangé ______ gâteau.
d. *Mehrere Kunden haben angerufen.* → ______ clients ont téléphoné.
e. *Ich habe einige DVDs gekauft.* → J'ai acheté ______ DVD.

19 C'est charmant ici ! – Il fait froid et il y a du vent …

Es ist reizend hier! – Es ist kalt und windig …

Neutrale Pronomen

REGEL Das deutsche Neutrum *es* hat im Französischen mehrere Entsprechungen:
C'est charmant ici. ***Es** ist reizend hier.*
Il fait froid. ***Es** ist kalt.*

REGEL **Ce / C'** (vor Vokal) wird mit dem Verb être verwendet. Mit C'est … werden Personen oder Sachen eingeführt oder bewertet:
Qui est-**ce** ? – **C'**est Madame Lemoine. *Wer ist **das**? – **Das** ist Frau Lemoine.*
C'est très intéressant. ***Es** ist sehr interessant.*

! Vor einem Plural sollte ce sont statt c'est stehen. Diese Regel wird jedoch in der Umgangssprache nicht immer befolgt:
Ce sont des amis à nous. = C'est des amis à nous. *Es sind Freunde von uns.*

! InVerbindung mit c'est wird die betonte Form des Pronomens verwendet (→ Kapitel 24):
Qui est-ce ? – C'est moi. *Wer ist es? – Ich bin's.*

REGEL **Ça** (Kurzform von cela) wird außer bei être bei allen Verben verwendet.
Cela / Ça te plait ? *Gefällt **es** dir?*

! Steht vor être ein Objektpronomen, wird ça statt c'est verwendet.
Ça m'est égal. *Es ist mir egal.*

REGEL **Il** wird in folgenden Fällen in der Bedeutung von *es* verwendet:

- Bei der Angabe des Wetters, der Temperatur und der Uhrzeit.
  Il pleut et il fait froid. ***Es** regnet und **es** ist kalt.*
  Quelle heure est-il ? – Il est trois heures. *Wie spät ist **es**? – **Es** ist drei Uhr.*

- In der Wendung **il y a** *(es gibt / es ist …)*, oft in Verbindung mit einer Ortsangabe.
  Il y a un banc vert dans le jardin. *Im Garten steht eine grüne Bank.*
  Ici, il n'y a pas de gare. *Hier gibt es keinen Bahnhof.*

! In Verbindung mit einer Zeitangabe hat il y a die Bedeutung *vor*.
J'ai déménagé **il y a** trois ans. *Ich bin **vor** drei Jahren umgezogen.*

- Bei vielen unpersönlichen Wendungen wie il est possible que *(es ist möglich, dass)*, il est temps … *(es ist Zeit …)*, il est interdit de *(es ist verboten)*, il est normal que … *(es ist normal, dass …)*.
  Il est temps de partir. *Es ist Zeit zu gehen.*

1. C'est oder ce sont? Ergänzen Sie die Sätze.

a. ____________ le chien du voisin.
b. ____________ Marine, la fille de ma sœur.
c. ____________ des artistes très connus.
d. ____________ les amis de notre fils.
e. ____________ un vrai problème.
f. ____________ des touristes italiens.
g. ____________ impossible.

2. Ça oder Ce/C'? Ergänzen Sie und verbinden Sie die Sätze mit der passenden Übersetzung.

a. _____ est bon ?
b. _____ va mieux ?
c. _____ n'est pas loin d'ici.
d. _____ ne me dérange pas du tout.
e. _____ peut arriver.
f. _____ n'est pas grave.
g. _____ est vrai.
h. _____ m'étonne un peu.

1. *Es ist nicht schlimm.*
2. *Es stimmt.*
3. *Es wundert mich ein bisschen.*
4. *Es stört mich überhaupt nicht.*
5. *Schmeckt es?*
6. *Es ist nicht weit von hier.*
7. *Geht es besser?*
8. *Es kann passieren.*

3. C'est/Ce sont oder il y a? Ergänzen Sie die Sätze.

a. ____________ encore des places pour le concert.
b. ____________ des chiens très intelligents.
c. ____________ une douche dans la chambre.
d. ____________ un hôtel près d'ici ?
e. ____________ un camping très confortable et bon marché.
f. ____________ un restaurant bon marché dans le quartier ?
g. ____________ des gens très gentils.
h. ____________ un accident sur l'autoroute A36.

4. Übersetzen Sie ins Französische.

a. *Wie spät ist es?* → ____________________
b. *Wer ist es?* → ____________________
c. *Gibt es eine Bank in der Nähe?* → ____________________
d. *Es ist nicht schwer.* → ____________________
e. *Hallo, wie geht's?* → ____________________
f. *Heute gibt es Croissants.* → ____________________
g. *Es regnet oft in dieser Region.* → ____________________
h. *Es ist verboten, hier zu rauchen.* → ____________________

20 Tu sais jouer au poker ? – Oui, mais je ne peux pas. Je dois m'occuper du diner.

Kannst du Poker spielen? – Ja, aber ich kann nicht. Ich muss mich um das Abendessen kümmern.

Modalverben

REGEL Die Verben devoir *(müssen/sollen)*, vouloir *(wollen)*, pouvoir *(können/dürfen)* und savoir *(können)* sind Modalverben, wenn sie mit einem anderen Verb verwendet werden. Sie sind alle vier unregelmäßig.

devoir *(müssen)*		**vouloir** *(wollen)*		**pouvoir** *(können)*		**savoir** *(können)*	
je	dois	je	veux	je	peux	je	sais
tu	dois	tu	veux	tu	peux	tu	sais
il/elle	doit	il/elle	veut	il/elle	peut	il/elle	sait
nous	devons	nous	voulons	nous	pouvons	nous	savons
vous	devez	vous	voulez	vous	pouvez	vous	savez
ils/elles	doivent	ils/elles	veulent	ils/elles	peuvent	ils/elles	savent

Modalverben modifizieren die Bedeutung eines anderen Verbs und haben folgende Bedeutungen:

- **devoir** = ***müssen*** Je dois rentrer. *Ich muss nach Hause.*
  = ***sollen*** Vous devez ranger votre chambre. *Ihr sollt euer Zimmer aufräumen.*
- **vouloir** = ***wollen*** Tu veux partir quel jour ? *An welchem Tag willst du abreisen?*
- **pouvoir** = ***können*** Il ne peut plus marcher. *Er kann nicht mehr laufen.*
  = ***dürfen*** Tu peux sortir ce soir ? *Darfst du heute Abend ausgehen?*
- **savoir** = ***können*** À cinq ans, il sait déjà lire. *Mit 5 Jahren kann er schon lesen.*

! Dem deutschen Verb *können* entsprechen – je nach Situation – die Verben pouvoir oder savoir. Pouvoir hat die Bedeutung *fähig sein* und savoir die Bedeutung *wissen/gelernt haben*.
So sagt der Mann in dem Cartoon oben, dass er weiß, wie man Poker spielt (il sait jouer), aber nicht kann (il ne peut pas), weil er keine Zeit hat.

1. Ergänzen Sie die fehlenden Formen.

a. devoir	je *dois*	il ______	nous ______	ils ______
b. vouloir	tu ______	nous ______	vous ______	elles ______
c. pouvoir	je ______	tu ______	vous ______	ils ______
d. savoir	tu ______	elle ______	nous ______	vous ______

2. Streichen Sie die falsche Möglichkeit durch.

a. Je ne peux / sais pas venir ce soir, j'ai du travail.
b. Tu peux / dois m'aider, s'il te plait ?
c. Je peux / sais vous demander quelque chose ?
d. Pouvez-vous / Devez-vous ouvrir la fenêtre, s'il vous plait ?
e. Il est tard, je dois / peux rentrer.
f. À 30 ans, elle ne sait / veut pas conduire.

3. Was kann man alles tun? Verbinden Sie die Tätigkeiten mit dem passenden Modalverb.

a. jouer au bridge.
b. venir demain.
c. faire l'exercice.
d. regarder le match à la télé.
e. répéter, s'il vous plait ?
f. annuler un rendez-vous.

Vous pouvez …

Vous savez …

g. installer un ordinateur.
h. dormir sur le canapé.
i. fumer sur la terrasse.
j. nager.
k. télécharger de la musique.
l. parler le chinois.

4. Bringen Sie die Elemente in die richtige Reihenfolge, passen Sie das Verb an und formulieren Sie sinnvolle Sätze.

a. vouloir / mes parents / une maison / acheter *Mes parents veulent acheter une maison.*
b. pouvoir / la voiture / je / demain / prendre
______ ?
c. pouvoir / rester / ici / ne … pas / vous
______
d. savoir / depuis une semaine / elle / nager
______
e. vouloir / aller / je / ne … pas / au cinéma
______
f. vouloir / cet été / nous / en Autriche / aller
______
g. devoir / téléphoner / je / à mes parents
______
h. savoir / vous / conduire / une moto
______ ?

21 Léo ? Luc ? Il s'appelle comment ? Je ne me souviens plus ... – Jérôme.

Léo? Luc? Wie heißt er? Ich erinnere mich nicht mehr ... – Jérôme.

Reflexive Verben

REGEL Ein reflexives Verb wie se souvenir *(sich erinnern)* wird mit einem Reflexivpronomen (me, te, se … *mich, dich, sich* …) verwendet.

Bei einem reflexiven Verb beziehen sich Subjekt und Objekt (Reflexivpronomen) auf dieselbe Person oder Sache.

Reflexiv: **Je me** lave. ***Ich*** *wasche* ***mich.***

Nicht reflexiv: Je lave la voiture. *Ich wasche das Auto.*

REGEL Anders als im Deutschen steht das Reflexivpronomen vor dem Verb. Vor Vokal oder „stummem h" werden die Reflexivpronomen me, te und se zu m', t' und s' verkürzt.

se reposer *(sich ausruhen)*		**s'excuser** *(sich entschuldigen)*	
je	**me** repose	je	**m'**excuse
tu	**te** reposes	tu	**t'**excuses
il/elle	**se** repose	il/elle	**s'**excuse
on	**se** repose	on	**s'**excuse
nous	**nous** reposons	nous	**nous** excusons
vous	**vous** reposez	vous	**vous** excusez
ils/elles	**se** reposent	ils/elles	**s'**excusent

! Im bejahten Imperativ werden in der 1. und 2. Person statt me und te die betonten Formen des Pronomens moi und toi verwendet. Das Reflexivpronomen steht in diesem Fall nach dem Verb und wird mit Bindestrich angeschlossen (→ Kapitel 40):

Repose-**toi**. *Ruhe dich aus.* Excusez-**moi**. *Entschuldigen Sie mich.*

Aber: Ne **te** couche pas tard. *Gehe nicht zu spät ins Bett.* (wörtlich: *sich hinlegen*)

In verneinten Sätzen rahmen die Verneinungswörter das Reflexivpronomen + Verb ein:

Je **ne** me souviens **pas**. *Ich erinnere mich nicht.*

Alle reflexiven Verben bilden das *passé composé* mit être (→ Kapitel 31):

Ils se **sont** bien amusés hier soir. *Sie haben sich gestern Abend gut amüsiert.*

REGEL Die meisten Verben, die im Französischen reflexiv sind, sind es auch im Deutschen. Es gibt jedoch einige Ausnahmen. Verben, die nur im Französischen reflexiv sind, sind z. B. s'appeler *(heißen)*, se baigner *(baden)*, se marier *(heiraten)*, se promener *(spazieren gehen)*, se lever *(aufstehen)*.

Je me marie bientôt. *Ich heirate bald.*

1. Fügen Sie die Reflexivpronomen aus dem Kasten an passender Stelle ein.

me te se (2x) nous vous m' s'

a. nous ________ reposons
b. je ________ appelle Léonie
c. elle ________ promène
d. on ________ baigne
e. vous ________ souvenez
f. tu ________ lèves
g. je ________ marie
h. ils ________ excusent

2. Ergänzen Sie das passende Reflexivpronomen und verbinden Sie die Elemente rechts und links zu sinnvollen Sätzen. Schreiben Sie anschließend die verneinten Verbformen daneben.

a. Je ______ repose	1. dans le lac.	*je ne ______ repose pas*
b. Nous ______ excusons	2. tard.	________
c. Tu ______ souviens	3. de son prénom.	________
d. Elle ______ ennuie	4. dans ma chambre.	________
e. Vous ______ levez	5. le mois prochain.	________
f. Ils ______ baignent	6. au travail.	________
g. On ______ marie	7. pour notre retard.	________

3. Erzählen Sie die folgenden Minigeschichten im Präsens. Die Reihenfolge der Verben stimmt.

a. (se rencontrer – se marier – avoir trois enfants)
→ Ils se rencontrent, ils ________
b. (se lever – se doucher – se raser)
→ Il ________
c. (s'ennuyer à la fête – rentrer à la maison – se coucher)
→ Elle ________
d. (oublier un rendez-vous – se souvenir – téléphoner – s'excuser)
→ Elle ________

4. Übersetzen Sie.

a. ▲ *Wie heißen Sie?* ▲ ________
● *Ich heiße Marie Plantin.* ● ________
b. ▲ *Amüsierst du dich gut?* ▲ ________
● *Nein, ich langweile mich.* ● ________
c. ▲ *Wann steht ihr morgens auf?* ▲ ________
● *Wir stehen um 8 Uhr auf.* ● ________
d. ▲ *Wann heiratet er?* ▲ ________
● *Ich erinnere mich nicht.* ● ________

22 Tu la connais, cette femme ? Je ne l'aime pas du tout. – C'est ma sœur.

Diese Frau ... kennst du sie? Ich mag sie gar nicht. – Das ist meine Schwester.

Direkte Objektpronomen

REGEL Ein direktes Objektpronomen steht für ein direktes Objekt (Frage „Wen oder Was?").

Singular			Plural		
me/m'	il **me** connait	*er kennt **mich***	**nous**	il **nous** connait	*er kennt **uns***
te/t'	il **te** connait	*er kennt **dich***	**vous**	il **vous** connait	*er kennt **euch/Sie***
le/l'	il **le** connait	*er kennt **ihn***	**les**	il **les** connait	*er kennt **sie***
la/l'	il **la** connait	*er kennt **sie***			

! Vor Vokal oder „stummem h" werden me, te, le und la zu m', t', l':
Je **l'aime** mais il ne **m'aime** pas. *Ich liebe ihn, aber er liebt mich nicht.*

! Das direkte Pronomen der 3. Person ist mit dem bestimmten Artikel identisch:
Le vélo ? Je **le** prends tous les jours. *Das Fahrrad? Ich benutze es jeden Tag.*

REGEL Wie alle Pronomen steht das direkte Objektpronomen in der Regel vor dem konjugierten Verb.
Je **t'**appelle demain. *Ich rufe dich morgen an.*
Ça **m'**énerve ! *Es regt mich auf.*

! Bei Infinitivkonstruktionen steht das direkte Objektpronomen – wie im Deutschen – vor dem Infinitiv: Il veut **te** voir. *Er will **dich** sehen.*

REGEL Die Verneinungswörter rahmen die Gruppe „Pronomen + konjugierte Verbform" ein:
Je **ne** te comprends **pas**. *Ich verstehe dich nicht.*
Je **ne** l'ai **pas** vu hier soir. *Ich habe ihn gestern nicht gesehen.*

! Im bejahten Imperativ wird statt me und te die betonte Form des Pronomens (→ Kapitel 24) moi und toi verwendet. Das Pronomen steht in diesem Fall nach dem Verb und wird mit einem Bindestrich angehängt (→ Kapitel 40):
Regarde-**moi**. *Schau mich an.*

1. Ergänzen Sie die Sätze mit dem passenden Pronomen.

a. Mes lunettes, je ______ mets seulement pour conduire.
b. Si tu veux, je peux ______ ramener à la maison.
c. Nos enfants ? Ils ______ invitent régulièrement.
d. Je dois partir. Pierre ______ attend.
e. La radio, je ______ écoute seulement dans la voiture.
f. Vous ne connaissez pas vos voisins, mais ils ______ connaissent.
g. Je ne trouve pas mon sac, je ______ cherche depuis une heure.
h. Ton idée, je ______ trouve géniale.

2. Unterstreichen Sie das direkte Pronomen. Für welches Wort aus der Liste steht es jeweils? Schreiben Sie es auf.

~~les olives~~ le petit-déjeuner les chaussures le melon
la bouteille de Champagne l'anniversaire la télé

a. On les presse pour avoir de l'huile. → les olives
b. On le fête une fois par an. → ______
c. On le mange en hors-d'œuvre ou en dessert. → ______
d. On peut le prendre au lit. → ______
e. On l'ouvre pour les grandes occasions. → ______
f. On la regarde souvent en famille. → ______
g. On les met pour aller dehors. → ______

3. Antworten Sie auf die Fragen und verwenden Sie das passende direkte Objektpronomen.

a. ▲ Tu regardes le film, ce soir ? ● Oui, je le regarde.
b. ▲ Vous connaissez vos nouveaux voisins ? ● Oui, nous ______
c. ▲ Tu m'attends ? ● Non, je ______
d. ▲ Tu as les clés ? ● Oui, ______
e. ▲ Tu vois Marie souvent ? ● Non, je ______
f. ▲ Vous écoutez souvent la radio ? ● Non, nous ______
g. ▲ Vous avez vos papiers ? ● Non, je ______
h. ▲ Tu m'aimes ? ● Oui, ______

4. Übersetzen Sie die Sätze.

a. *Er liebt mich, er liebt mich nicht …* ______
b. *Ich sehe ihn oft, aber er sieht mich nicht.* ______
c. *Er versteht sie, aber sie versteht ihn nicht.* ______
d. *Anne und Johann? Ich finde sie sehr sympathisch.* ______

23 Il te plait, mon pull ? – Oui, beaucoup et il te va très bien.

Gefällt dir mein Pulli? – Ja, sehr und er steht dir sehr gut.

Indirekte Objektpronomen

REGEL Die indirekten Objektpronomen stehen für ein indirektes Objekt (Frage „Wem?"). Vor Vokal oder „stummem h" werden me und te zu m' und t':

Elle m'a tout raconté.
Sie hat mir alles erzählt.

Singular			Plural		
me/m'	il **me** plait	*er gefällt* ***mir***	**nous**	il **nous** plait	*er gefällt* ***uns***
te/t'	il **te** plait	*er gefällt* ***dir***	**vous**	il **vous** plait	*er gefällt* ***euch/Ihnen***
lui	il **lui** plait	*er gefällt* ***ihm/ihr***	**leur**	il **leur** plait	*er gefällt* ***ihnen***

! Die indirekten Objektpronomen unterscheiden sich nur in der dritten Person (lui *ihm/ihr* und leur *ihnen*) von den direkten Objektpronomen:

Qu'est-ce que tu offres **à ton frère** ? – Je **lui** offre un CD.
*Was schenkst du **deinem Bruder**? – Ich schenke **ihm** eine CD.*

Et **à ta soeur** ? – Je **lui** offre un pull.
*Und **deiner Schwester**? – Ich schenke **ihr** einen Pullover.*

REGEL Das indirekte Objektpronomen steht vor der konjugierten Verbform:

Elle **leur** permet tout. *Sie erlaubt **ihnen** alles.*

Je **lui** ai tout dit. *Ich habe **ihm** alles gesagt.*

! Bei Infinitivkonstruktionen steht das indirekte Objektpronomen – wie im Deutschen – vor dem Infinitiv:

Tu peux **me** prêter100 euros ? *Kannst du **mir** 100 Euro leihen?*

! Im bejahten Imperativ steht das indirekte Objektpronomen hinter dem Verb. Statt me und te werden die betonten Formen moi und toi (→ Kapitel 24) verwendet:

Passe-**moi** le sel, s'il te plait. *Gib **mir** das Salz, bitte.*

⇨ In verneinten Sätzen rahmen die Verneinungswörter die Gruppe „Pronomen + Verb" ein:

Je **ne** lui écris **jamais**. *Ich schreibe ihm/ihr nie.*

1. Verbinden Sie die Sätze, die zusammengehören.

a. C'est trop cher.
b. Nos parents ne savent rien.
c. Vous avez des nouvelles de Max ?
d. Comment trouves-tu sa veste ?
e. Bonjour tout le monde !
f. C'est l'anniversaire de ma sœur.
g. Pierre est très gentil.
h. Ton père a téléphoné ce matin.

1. Il m'aide à déménager ce week-end.
2. Je vous présente ma nouvelle copine.
3. Je lui ai dit de rappeler ce soir.
4. Je peux te prêter de l'argent, si tu veux.
5. Oui, il nous a téléphoné hier soir.
6. Je lui offre le dernier CD de ZAZ.
7. Elle lui va très bien, vraiment.
8. Nous ne leur avons rien dit.

2. Bringen Sie die Satzteile in die richtige Reihenfolge.

a. une voiture / m' / mes parents / ont payé — Mes parents *m'ont payé une voiture.*
b. je / par mail / envoie / la confirmation / vous — Je ______
c. elle / tous les jours / téléphone / nous — Elle ______
d. nous / les voisins / leur voiture / ont prêté — Les voisins ______
e. nous / des fleurs / offrons / lui — Nous ______
f. lui / montre / elle / pas / ses photos de vacances / ne — Elle ______
______

3. Setzen Sie das passende indirekte Objektpronomen ein.

a. Le professeur ______ a rendu vos devoirs ? – Non, mais il ______ a dit nos notes.
Hat der Lehrer euch eure Arbeiten zurückgegeben? – Nein, aber er hat uns unsere Noten gesagt.
b. Il ______ a demandé, mais je ne ______ ai rien dit.
Er hat mich gefragt, aber ich habe ihm nichts gesagt.
c. Qu'est-ce qu'il ______ a dit ? – Il ______ a tout raconté.
Was hat er dir gesagt? – Er hat mir alles erzählt.
d. Je ______ écris pour ______ dire qu'elle ______ manque.
Ich schreibe ihr, um ihr zu sagen, dass sie mir fehlt.
e. Tu peux ______ prêter ton stylo ?
Kannst du mir deinen Kuli leihen?

4. Redensarten: Ergänzen Sie die Pronomen. Achten Sie dabei auf die Form der Pronomen in der Übersetzung.

a. Tu ______ fais mal. *Du tust mir weh.*
b. Ça ______ va bien. *Das steht dir gut.*
c. Il ______ est arrivé une drôle d'histoire. *Uns ist etwas Komisches passiert.*
d. Je ______ ai dit ses quatre vérités. *Ich habe ihr/ihm reinen Wein eingeschenkt.*
e. Il ______ en veut encore. *Er nimmt es ihnen immer noch übel.*

24 Coucou, c'est moi !

Hallo, ich bin's!

Betonte Personalpronomen

REGEL Neben den unbetonten Personalpronomen (je, tu, il …) und Objektpronomen (me, te, le …) gibt es im Französischen betonte Pronomen. Diese können allein (d. h. ohne Verb) verwendet werden:

J'adore ça. Et **toi** ? – **Moi** aussi.
*Ich liebe das. Und **du**? – **Ich** auch.*

Die betonten Pronomen lauten:

Singular			
(je)	→	**moi**	*ich/mich/mir*
(tu)	→	**toi**	*du/dich/dir*
(il)	→	**lui**	*er/ihn/ihm*
(elle)	→	**elle**	*sie/ihr*

! Je nach Funktion (als Subjekt oder als Objekt) werden sie unterschiedlich übersetzt.

Qui a fait ça ? – **Moi**. *Wer hat das gemacht? – **Ich**.*
C'est pour **moi** ? *Ist das für **mich**?*

Plural			
(nous)	→	**nous**	*wir/uns*
(vous)	→	**vous**	*ihr/Sie/euch/Ihnen*
(ils)	→	**eux**	*sie/ihnen*
(elles)	→	**elles**	*sie/ihnen*

Vous pouvez commencer sans **nous**.
*Ihr könnt ohne **uns** anfangen.*
Je ne veux pas jouer avec **eux**.
*Ich will nicht mit **ihnen** spielen.*

REGEL Betonte Personalpronomen werden verwendet

- in Verbindung mit einem unbetonten Pronomen (zur Hervorhebung):
  Moi, je trouve que c'est bien. **Lui, il** n'aime pas. ***Ich** finde, dass es gut ist. **Er** mag (es) nicht.*
- als einziges Wort im Satz:
  Qui achète les boissons ? – **Moi**. *Wer kauft die Getränke? – **Ich.***
- nach einer Präposition:
  Pour qui sont ces fleurs ? – Pour **elle**. *Für wen sind diese Blumen? – Für **sie**.*
- bei Vergleichen:
  Elle est plus aimable que **lui**. *Sie ist freundlicher als **er**.*
- anstelle von me *(mich/mir)* und te *(dich/dir)* im bejahten Imperativsatz (→ Kapitel 40):
  Donnez-**moi** un kilo d'oranges, s'il vous plait. *Geben Sie **mir** bitte ein Kilo Orangen.*

1. Markieren Sie die betonten Pronomen in der Wortkette und ergänzen Sie damit die Liste.

TUMEMOIILELLELESTOISELENOUSEUXTEILSVOUSONELLESATLUI

a. Moi, je …	c. ______, tu …	e. ______, il …	g. ______, elle …
b. ______, nous …	d. ______, vous …	f. ______, ils …	h. ______, elles …

2. Fügen Sie die passenden betonten Pronomen ein.

a. Prenez ces fleurs, elles sont pour ______ .
b. Pierre et ______, nous nous aimons beaucoup.
c. ______, tu n'es jamais d'accord.
d. Ils sont très différents : ______, elle rit tout le temps, ______, il est très sérieux.
e. Les Allemands boivent de la bière, les Français, ______, préfèrent le vin.
f. Les garçons aiment les jeux vidéo, les filles, ______, préfèrent chatter.
g. Je vais au cinéma avec Luc, ce soir. Tu peux venir avec ______, si tu veux.

3. Setzen Sie die betonte oder unbetonte Form des Pronomens ein.

a. J'ai fini. Et ______ ?	*Ich bin fertig. Und du?*
b. Adrien ? Je suis passé chez ______ hier.	*Adrien? Ich bin gestern bei ihm vorbeigekommen.*
c. J'ai réussi grâce à ______ .	*Ich hatte Erfolg dank Ihnen.*
d. Qu'est-ce que ______ fais ce week-end ?	*Was machst du am Wochenende?*
e. ______ ai une idée.	*Ich habe eine Idee.*
f. Donnez-______ un kilo de pommes, S.V.P.	*Geben Sie mir bitte ein Kilo Äpfel.*
g. Elle est plus grande que ______ .	*Sie ist größer als ich.*
h. À qui est ce vélo ? – À ______ .	*Wem gehört dieses Fahrrad? – Ihr.*

4. Ergänzen Sie das Pronomen in den folgenden Wendungen.

a. C'est ______ .	*Sie ist es.*
b. chez ______	*bei uns zu Hause*
c. ______ aussi.	*Er auch.*
d. ______ non plus.	*Ich auch nicht.*
e. Pour ______, …	*Was mich betrifft …*
f. Cette idée n'est pas de ______ .	*Die Idee ist nicht von dir.*
g. Pauvre de ______ !	*Ich armer Tropf!*
h. À ______ !	*Hilfe!*
i. Elle n'a jamais ses papiers sur ______ .	*Sie hat nie ihre Papiere bei sich.*

25 Qu'est-ce que tu fais ? Où es-tu ? Pourquoi ne viens-tu pas ?

Was machst du? Wo bist du? Warum kommst du nicht?

Fragewörter

REGEL Fragewörter, wie z. B. qu'est-ce que *(was)*, où *(wo)* oder pourquoi *(warum)* leiten eine Frage ein.

In der folgenden Tabelle finden Sie die wichtigsten französischen Fragewörter. Sie sind alle unveränderlich.

qui ?	*wer?*	Qui êtes-vous ?	*Wer sind Sie?*
que/qu' ?	*was?*	Que faites-vous ?	*Was macht ihr?*
où ?	*wo?*	Où habitez-vous ?	*Wo wohnen Sie?*
	wohin?	Où vas-tu ?	*Wohin gehst du?*
d'où ?	*woher?*	D'où venez-vous ?	*Woher kommen Sie?*
quand ?	*wann?*	Quand arrivez-vous ?	*Wann kommen Sie an?*
comment ?	*wie?*	Comment allez-vous ?	*Wie geht es Ihnen?*
pourquoi ?	*warum?*	Pourquoi partez-vous ?	*Warum gehen Sie (weg)?*
combien (de) ?	*wie viel?*	Combien coute ce livre ?	*Wie viel kostet dieses Buch?*
		Combien de temps as-tu ?	*Wie viel Zeit hast du?*

! Anstelle von que wird meist qu'est-ce que verwendet:
Qu'est-ce que tu fais ? *Was machst du.* (Zur Stellung des Frageworts im Satz → Kapitel 26.)

REGEL Der Fragebegleiter **quel** *(welcher)* richtet sich nach dem Substantiv, vor dem er steht.

	maskulin		**feminin**	
Singular	**Quel** nom ?	***Welcher*** *Name?*	**Quelle** adresse ?	***Welche*** *Adresse?*
Plural	**Quels** amis ?	***Welche*** *Freunde?*	**Quelles** amies ?	***Welche*** *Freundinnen?*

REGEL Das Fragepronomen lequel *(welcher)* richtet sich ebenfalls nach dem Substantiv, das es vertritt.

	maskulin		**feminin**	
Singular	un pull → **Lequel ?**	*Welcher?*	une veste → **Laquelle ?**	*Welche?*
Plural	des pulls → **Lesquels ?**	*Welche?*	des vestes → **Lesquelles ?**	*Welche?*

REGEL Alle Fragewörter können mit **est-ce que** (im Deutschen unübersetzt) ergänzt werden. In diesem Fall bleibt die Wortfolge des Aussagesatzes erhalten. Das Fragewort steht an erster Stelle im Satz, est-ce que unmittelbar danach (zum Gebrauch von est-ce que → Kapitel 26):
Quand est-ce que tu viens ? *Wann kommst du?*

1. Ergänzen Sie das Fragewort und verbinden Sie die Fragen mit der jeweils passenden Situation, in der sie gestellt werden könnten.

quand qui combien qu'est-ce que où pourquoi comment

a. ________ coûte cette robe ?
b. ________ vous prenez comme entrée ?
c. ________ est à l'appareil ?
d. ________ allez-vous ?
e. ________ tu t'énerves ?
f. ________ partez-vous en France ?
g. ________ se trouvent les iles Sandwich ?

1. un voyage
2. une rencontre
3. au restaurant
4. une dispute
5. en cours de géographie
6. dans un magasin
7. au téléphone

2. Quel, quelle, quels oder quelles? Ergänzen Sie.

a. un journal → *Quel journal ?*
b. une idée → ________ ?
c. un nom → ________ ?
d. des problèmes → ________ ?
e. des fleurs → ________ ?
f. une adresse → ________ ?
g. des amies → ________ ?
h. des pays → ________ ?
i. un train → ________ ?
j. une rue → ________ ?

3. Lequel, laquelle, lesquels, lesquelles? Ergänzen Sie das Fragepronomen und kreuzen Sie die passende Antwort an.

a. ________ de ces villes est la deuxième ville française ?
☐ Toulouse ☐ Marseille ☐ Lille

b. ________ de ces mots sont des verbes ?
☐ parler ☐ travailler ☐ boulanger

c. ________ de ces rivières coulent en France et en Allemagne ?
☐ la Moselle ☐ le Rhin ☐ la Seine

d. ________ de ces pays ne fait pas partie de l'UE ?
☐ la Finlande ☐ la Norvège ☐ la Suède

4. Bringen Sie die Fragen in Ordnung und verbinden Sie sie mit der passenden Antwort.

a. le film / à quelle heure / commence / est-ce que
____

b. combien de temps / vous restez / est-ce que
____

c. tu es / est-ce que / de mauvaise humeur / pourquoi
____

d. est-ce que / vous déjeunez / où / à midi
____

1. Parce que j'ai mal dormi.
2. À la maison.
3. Trois jours.
4. À vingt et une heure.

26 Vous désirez autre chose ? – Non, c'est tout, merci. Je vous dois combien ?

Möchten Sie noch etwas? – Nein, das ist alles. Wie viel bin ich Ihnen schuldig?

Fragesatz

REGEL Im Französischen gibt es drei Möglichkeiten eine Frage zu formulieren: Die Frage *Möchten Sie noch etwas?* z. B. kann wie folgt gebildet werden:

1. Vous désirez autre chose ?
2. Est-ce que vous désirez autre chose ?
3. Désirez-vous autre chose ?

! Diese drei Möglichkeiten gibt es auch, wenn die Frage ein Fragewort enthält. So gibt es z. B. für die Frage *Wie viel bin ich Ihnen schuldig?/Was macht das?* folgende Möglichkeiten:

1. Je vous dois combien ? **2.** Combien est-ce que je vous dois ? **3.** Combien vous dois-je ?

REGEL **Fragetyp 1** (Intonationsfrage) ist im gesprochenen Französisch sehr gebräuchlich. Die Wortfolge des Aussagesatzes (Subjekt → Verb) wird beibehalten. Ohne Fragewort ist die Frage nur an der steigenden Intonation erkennbar. Wenn vorhanden, steht das Fragewort am Satzende:

ohne Fragewort Tu viens ? *Kommst du?*
mit Fragewort Vous allez **où** ? *Wohin geht ihr?*

REGEL **Fragetyp 2** (Frage mit est-ce que) ist sowohl im gesprochenen als auch im geschriebenen Französisch üblich. Das Fragewort steht, wenn vorhanden, an erster Stelle, est-ce que unmittelbar dahinter. Die Wortfolge des Aussagesatzes (Subjekt → Verb) wird beibehalten:

ohne Fragewort Est-ce que tu viens ? *Kommst du?*
mit Fragewort **Où** est-ce que vous allez ? *Wohin geht ihr?*

REGEL **Fragetyp 3** (Inversionsfrage) wird vor allem im gepflegten Sprachgebrauch benutzt. Wie im Deutschen steht das Subjektpronomen hinter dem Verb. Es wird mit Bindestrich angeschlossen:

ohne Fragewort Pourriez-**vous** m'aider, S.V.P. ? *Könnten Sie mir helfen, bitte?*
mit Fragewort Comment trouvez-**vous** ce vin ? *Wie finden Sie diesen Wein?*

! Endet das Verb auf einen Vokal, wird zur Ausspracheerleichterung vor il, elle oder on ein -t hinzugefügt:

Quand arrive-**t**-elle ? *Wann kommt sie?*

1. Bilden Sie Intonationsfragen (Fragetyp 1), die zu den folgenden Antworten passen.

Mit Fragewort

a. *Il rentre quand ?* — Il rentre demain.
b. ______ ? — Je m'appelle Jeanne.
c. ______ ? — J'habite 3 rue du Mirail, à Bordeaux.
d. ______ ? — Ce pull coute 25 euros.

Ohne Fragewort

e. *Vous êtes allemande ?* — Oui, je suis allemande.
f. ______ ? — Non, je n'aime pas le sport.
g. ______ ? — Non, elle ne parle pas français.
h. ______ ? — Oui, nous partons demain.

2. Formulieren Sie die Fragen aus der ersten Übung als Fragen mit est-ce que.

a. *Quand est-ce qu'il rentre ?*
b. ______ ?
c. ______ ?
d. ______ ?
e. *Est-ce que vous êtes allemande ?*
f. ______ ?
g. ______ ?
h. ______ ?

3. Leiten Sie die Inversionsfrage (Fragetyp 3) ab.

a. Il s'appelle comment ? — *Comment s'appelle-t-il ?*
b. Nous avons rendez-vous à quelle heure ? — ______ ?
c. Qu'est-ce que vous faites ce week-end ? — ______ ?
d. Vous allez en vacances où ? — ______ ?
e. Pourquoi est-ce que tu pleures ? — ______ ?
f. Ils viennent d'où ? — ______ ?

4. Kreuzen Sie die korrekte Frage an und berichtigen Sie die falsche.

a. ☐ Est-ce que combien ce pull coute ? ☒ Combien coute ce pull ?
Combien est-ce que ce pull coute ?

b. ☐ À quelle heure est-ce que arrivez-vous à la gare ? ☐ Vous arrivez à la gare à quelle heure ?
______ ?

c. ☐ Vous avez compris la fin du film ? ☐ Avez-vous est-ce que compris la fin du film ?
______ ?

d. ☐ Pourquoi il ne vient pas demain ? ☐ Pourquoi est-ce qu'il ne vient pas demain ?
______ ?

e. ☐ Où est-ce qu'habite-t-il ? ☐ Où habite-t-il ?
______ ?

Wählen Sie die richtige Antwort.

Adjektive

1. une bouteille plein___
   a) -e
   b) Ø

2. un manteau long / une veste ___
   a) longe
   b) longue

3. un homme heureux / des hommes heureux___
   a) -ses
   b) Ø

4. une robe orange / des robes orange___
   a) Ø
   b) -s

5. un ___
   a) pull vert
   b) vert pull

6. un ___
   a) bon ami
   b) ami bon

Begleiter

7. Elle aime beaucoup ___ mari.
   a) son
   b) sa

8. Voici mon père avec ___ amie.
   a) sa
   b) son

9. ___ homme est très grand.
   a) Ce
   b) Cet

10. Nous arrivons ____ soir.
   a) ce
   b) au

11. Je ne reçois ___ .
   a) aucune lettre
   b) aucunes lettres

12. Je travaille ___ la nuit.
   a) toute
   b) tout

Neutrale Pronomen

13. Ce matin, ___ fait très froid.
   a) ça
   b) il

14. ___ ne marche pas.
   a) Ce
   b) Ça

Modalverben

15. Il ___ acheter une maison.
   a) veux
   b) veut

16. Tu ___ parler anglais ?
   a) sais
   b) peux

Reflexive Verben

17. Tu ___ appelles comment ?
   a) te
   b) t'

18. Excusez-___ .
   a) me
   b) moi

Objektpronomen

19. Il ___ aime, mais elle ___ déteste.
   a) l' / le
   b) la / le

20. Mes voisins, je ___ tous les jours.
   a) vois les
   b) les vois

21. Attendez-___ .
   a) ☐ moi
   b) ☐ me

22. Qu'est-ce que tu offres à ta sœur ?
   – Je ___ offre un CD.
   a) ☐ la
   b) ☐ lui

23. Elle est partie hier. Elle ___ manque déjà.
   a) ☐ me
   b) ☐ moi

24. À mes parents, je ___ écris souvent.
   a) ☐ leur
   b) ☐ leurs

Betonte Personalpronomen

25. C'est à qui ? – C'est à ___ .
   a) ☐ me
   b) ☐ moi

26. J'aimerais aller avec ___ en vacances.
   a) ☐ ils
   b) ☐ elles

Fragewörter und Fragesatz

27. ___ est votre nom et ___ est votre adresse ?
   a) ☐ Quelle / Quel
   b) ☐ Quel / Quelle

28. On va au cinéma ? ___ ?
   a) ☐ Est-ce que tu veux venir
   b) ☐ Est-ce que veux-tu venir

29. Voilà, c'est tout. ___ ?
   a) ☐ Ça fait combien
   b) ☐ Ça fait est-ce que combien

30. Anne vient demain. À quelle heure ___ ?
   a) ☐ arrive-elle
   b) ☐ arrive-t-elle

Lust auf noch mehr Tests?

Dann ab ins Netz und weitermachen:
https://go.hueber.de/power-grammatik/franzoesisch

Vergleichen Sie nun Ihre Antworten mit den Lösungen auf Seite 153. Dieser Tabelle können Sie entnehmen, auf welches Kapitel sich jede Aufgabe bezieht. Wenn Sie eine Aufgabe nicht richtig gelöst haben, können Sie das entsprechende Kapitel wiederholen.

Aufgabe	Kapitel	Aufgabe	Kapitel	Aufgabe	Kapitel	Aufgabe	Kapitel	Aufgabe	Kapitel
1	14	7	16	13	19	19	22	25	24
2	14	8	16	14	19	20	22	26	24
3	14	9	17	15	20	21	22	27	25
4	14	10	17	16	20	22	23	28	26
5	15	11	18	17	21	23	23	29	26
6	15	12	18	18	21	24	23	30	26

27 Je ne vois pas. – Je n'entends pas. – Je ne parle pas.

Ich sehe nicht. – Ich höre nicht. – Ich spreche nicht.

Verneinung (1)

REGEL Die französische Verneinung besteht aus zwei Wörtern. Die meistverwendete Verneinung ist ne … pas *(nicht)*.
Je **ne** connais **pas** cette femme. *Ich kenne diese Frau nicht.*

! Ne wird vor Vokal oder „stummem h" zu n':
Je **n'**entends **pas**. *Ich höre nicht.*
Nous **n'**habitons **pas** en France. *Wir wohnen nicht in Frankreich.*

! Das erste Element der Verneinung ne fällt im gesprochenen Französisch oft weg:
Je **ne** sais **pas**. → Je ~~ne~~ sais **pas**. *Ich weiß nicht.*

REGEL Die im Folgenden aufgeführten Regeln zur Stellung der Verneinung im Satz gelten für alle Verneinungsausdrücke (→ Kapitel 28).

- Ne … pas rahmt die konjugierte Verbform ein:
  Je **ne** viendrai **pas**. *Ich werde nicht kommen.*
  Je **n'**ai **pas** vu Pierre depuis trois mois. *Ich habe Pierre seit drei Monaten nicht gesehen.*
  Elle ne **peut** pas venir demain. *Sie kann morgen nicht kommen.*
- Ne … pas rahmt die Gruppe „Objektpronomen + Verb" ein:
  Je **ne** l'aime **pas**. *Ich mag sie/ihn nicht.*
  Je **n'**y suis **pas** allé(e). *Ich bin nicht hingegangen.*
- Nur vor einem Infinitiv stehen ne und pas nebeneinander im Satz:
  Ne pas toucher, s'il vous plait. *Bitte nicht anfassen!*

REGEL Dem deutschen *kein(e)* entspricht im Französischen ne … pas de/d'. Nach ne … pas de/d' steht in der Regel kein Artikel:
Je **ne** mange **pas de** viande. *Ich esse kein Fleisch.*
Nous **ne** vendons **pas de** timbres. *Wir verkaufen keine Briefmarken.*

! Der bestimmte Artikel wird nicht mit pas de verneint, sondern bleibt im verneinten Satz erhalten:
Vous aimez le sport ? – Non, je n'aime pas **le sport**. *Mögen Sie Sport? Nein, ich mag keinen Sport.*

1. Verbinden Sie jeweils einen bejahten und einen verneinten Satz mit der gleichen Bedeutung.

a. Elle est célibataire.
b. Elle pleure.
c. Elle fait attention à sa santé.
d. Elle vit à l'étranger.
e. Elle est jeune.
f. Elle aime le risque.
g. Elle prend ses vacances en juin.

1. Elle n'est pas âgée.
2. Elle n'est pas mariée.
3. Elle ne travaille pas au mois de juin.
4. Elle n'est pas peureuse.
5. Elle ne fait pas d'excès.
6. Elle n'est pas gaie.
7. Elle n'habite pas en France.

2. Ergänzen Sie die jeweils fehlende positive oder negative Variante.

positiv	**negativ**
a. Elle travaille beaucoup.	Elle ne travaille pas beaucoup.
b. Vous avez beaucoup d'amis.	Vous ______
c. ______	Il n'est pas toujours de bonne humeur.
d. Elles aiment le cinéma.	______
e. ______	Vous n'avez beaucoup de temps.
f. Pierre, je le vois souvent.	Pierre, je ______
g. Tu parles très bien anglais.	Tu ______
h. Ils sont venus ensemble.	Ils ______

3. Ergänzen Sie die Antwort.

a. Vous êtes professeur ? Non, je ______
b. Il fait beau aujourd'hui ? Non, il ______
c. Vous faites de la danse ? Non, je ______
d. Vous habitez en Suisse ? Non, nous ______
e. Elle aime le ski ? Non, elle ______
f. Je peux t'aider ? Non, tu ______
g. Vous parlez anglais ? Non, je ______

4. Kreuzen Sie jeweils den richtig verneinten Satz an.

a. J'aime les huitres.	☐ Je n'aime pas les huitres.	☐ Je n'aime pas d'huitres.
b. Elle a des enfants.	☐ Elle n'a pas des enfants.	☐ Elle n'a pas d'enfants.
c. Je prends une bière.	☐ Je ne prends pas une bière.	☐ Je ne prends pas de bière.
d. Je les connais.	☐ Je ne les connais pas.	☐ Je les ne connais pas.
e. Elle se repose.	☐ Elle se ne repose pas.	☐ Elle ne se repose pas.
f. Je voudrais partir.	☐ Je ne pas voudrais partir.	☐ Je ne voudrais pas partir.
g. J'ai le temps.	☐ Je n'ai pas de temps.	☐ Je n'ai pas le temps.

28 Je n'ai rien dit. Personne n'est au courant …

Ich habe nichts gesagt. Niemand weiß etwas …

Verneinung (2)

REGEL Wie Sie im vorigen Kapitel gelernt haben, besteht die Verneinung im Französischen in der Regel aus zwei Wörtern. Je nach Bedeutung variiert der zweite Teil der Verneinung:

Je **ne** mange **pas**. *Ich esse* ***nicht***.

Je **ne** mange **rien**. *Ich esse* ***nichts***.

Gebräuchliche Verneinungswörter des Französischen sind

ne … plus	*nicht mehr*	Je **ne** fume **plus**.	*Ich rauche* ***nicht mehr***.
ne … jamais	*niemals*	Il **ne** téléphone **jamais**.	*Er ruft* ***niemals*** *an.*
ne … pas encore	*noch nicht*	Ils **ne** dorment **pas encore**.	*Sie schlafen* ***noch nicht***.
ne … pas du tout	*überhaupt nicht*	Je **ne** l'aime **pas du tout**.	*Ich mag ihn* ***überhaupt nicht.***
ne … ni … ni	*weder … noch*	Elle **n'**est **ni** belle **ni** laide.	*Sie ist* ***weder*** *schön* ***noch*** *hässlich.*
ne … personne	*niemand*	Il **n'**aime **personne**.	*Er mag* ***niemanden***.
ne … rien	*nichts*	Elle **ne** mange **rien**.	*Sie isst* ***nichts***.

! Personne und rien können auch am Satzanfang oder in Ausdrücken ohne Verb stehen. In letzteren steht kein ne:

Personne ne m'a aidé. *Niemand hat mir geholfen*

Quelqu'un a téléphoné ? – Non, **personne**. *Hat jemand angerufen? – Nein, niemand.*

Rien ne va plus. *Nichts geht mehr.*

Qu'est-ce que tu as mangé ? – **Rien**. *Was hast du gegessen? – Nichts.*

! Ne… personne rahmt die Gruppe „Hilfsverb + Partizip Perfekt" ein:

Je **n'**ai rencontré **personne**. *Ich habe niemanden getroffen.*

(Zur Stellung der Verneinungswörter im Satz → Kapitel 27).

REGEL Mit ne … que/qu' *(nur)* wird eine Einschränkung gemacht. Das einschränkende Element wird nach que eingeführt:

Elle **ne** lit **que** des polars. *Sie liest* ***nur*** *Krimis.*

! Ne… que und seulement sind gleichbedeutend und meist austauschbar:

Je **n'**ai lu **qu'**un chapitre. = J'ai **seulement** lu un chapitre. *Ich habe* ***nur*** *ein Kapitel gelesen.*

1. Verbinden Sie die Sätze mit der jeweils passenden Übersetzung der Verneinung.

a. Il ne pleut plus.	1. *niemanden*
b. Nous n'avons pas encore dîné.	2. *gar nicht*
c. Elle ne se couche jamais avant minuit.	3. *nichts*
d. Je n'invite personne à mon anniversaire.	4. *weder … noch*
e. Pourquoi n'avez-vous rien dit ?	5. *nicht mehr*
f. Ces enfants n'ont ni père ni mère.	6. *noch nicht*
g. Elle n'a pas du tout réagi.	7. *niemals*

2. Sagen Sie jeweils das Gegenteil. Verwenden Sie dafür die Verneinungsformen aus der vorherigen Übung.

bejahend	**verneinend**
a. Il est jeune.	*Il n'est pas jeune.*
b. Il a un frère et une sœur.	______
c. Il habite encore chez ses parents.	______
d. Il parle un peu espagnol.	______
e. Il est déjà marié.	______
f. Il est toujours avec ses enfants.	______
g. Il connait tout le monde dans son quartier.	______
h. Il aime tout.	______

3. Ergänzen Sie die Sätze mit den jeweils passenden Verneinungswörtern.

a. *(pas encore – pas – plus)*
Le professeur n'est ______ content du tout. Les élèves ne travaillent ______ . Et pourtant, les vacances n'ont ______ commencé.

b. *(ni … ni – qu' – pas)*
Cet enfant n'est ______ facile : il n'aime ______ les gens ______ les animaux. En fait, il n'aime ______ une seule chose : les voitures.

c. *(pas du tout – rien – pas encore – personne)*
On n'entend ______ , on ne parle à ______ . On ne sait ______ ce qui se passe. Et la police n'est ______ arrivée.

4. Fügen Sie die jeweils fehlende Variante hinzu.

ne … que	**seulement**
a. Il ne parle que le français.	*Il parle seulement français.*
b. Ils ne partent que ce soir.	______
c. ______	Nous acceptons seulement les cartes VISA.
d. ______	Je l'ai rencontré seulement une fois.

29 Qu'est-ce que tu as fait, hier soir ? – Je suis allé au théâtre avec Léo.

Was hast du gestern Abend gemacht? – Ich bin mit Léo ins Theater gegangen.

Perfekt (*passé composé*): Bildung

REGEL Mit dem *passé composé* sprechen Sie über Ereignisse, die sich in der Vergangenheit abgespielt haben. Wie das deutsche Perfekt setzt sich das *passé composé* aus zwei Verben zusammen: dem Hilfsverb avoir (für die meisten Verben) oder être und dem Partizip Perfekt des eigentlichen Verbs.

Das *passé composé* ist dem Deutschen formal sehr ähnlich:

j'	**ai**	**mangé**	**je**	**suis**	**resté(e)**
↕	↕	↕	↕	↕	↕
ich	habe	gegessen	ich	bin	geblieben

manger *(essen)*		
j'	ai	mangé
tu	as	mangé
il/elle	a	mangé
nous	avons	mangé
vous	avez	mangé
ils/elles	ont	mangé

rester *(bleiben)*		
je	suis	resté(e)
tu	es	resté(e)
il/elle	est	resté(e)
nous	sommes	resté(e)s
vous	êtes	resté(e)(s)
ils/elles	sont	resté(e)s

Mit avoir ist das Partizip Perfekt unveränderlich. Mit être wird es wie ein Adjektiv dem Subjekt angeglichen:

feminine Form: **+ -e** → Léa est all**ée** au cinéma. *Léa ist ins Kino gegangen.*
Plural: **+ -(e)s** → Léa et Hugo sont rest**és** ici. *Léa und Hugo sind hier geblieben.*
→ Léa et Marie sont sort**ies**. *Léa und Marie sind ausgegangen.*

REGEL Hilfsverb und Partizip Perfekt stehen in der Regel nebeneinander im Satz:
J'ai vendu ma voiture à mes voisins. *Ich **habe** meinen Nachbarn mein Auto **verkauft**.*

! Im verneinten Satz rahmen die beiden Verneinungswörter das Hilfsverb ein.
Je **ne** suis **pas** resté longtemps.
Ich bin nicht lange geblieben.
Nous **n'**avons **plus** téléphoné.
Wir haben nicht mehr angerufen.

ne pas dormir *(nicht schlafen)*			
je	n'ai	pas	dormi
tu	n'as	pas	dormi
il/elle	n'a	pas	dormi
nous	n'avons	pas	dormi
vous	n'avez	pas	dormi
ils/elles	n'ont	pas	dormi

! Das Objektpronomen steht in der Regel direkt vor dem Hilfsverb:
Nous **lui** avons téléphoné ce matin, mais nous ne **lui** avons pas parlé.
Wir haben ihn heute Morgen angerufen, aber wir haben nicht mit ihm gesprochen.

1. Markieren Sie die Perfektformen in den Sätzen (wenn vorhanden) und schreiben Sie sie unten an der passenden Stelle auf.

a. Je suis fatigué, j'ai mal dormi cette nuit.
b. Nous sommes restés à la maison hier soir.
c. Elle a téléphoné ce matin.
d. J'ai acheté le dernier roman de Fred Vargas.
e. Vous êtes partis ce week-end ?
f. Ils ont un chien qui est très intelligent.
g. Ils sont allés au cinéma.

Hilfsverb avoir: *j'ai dormi*, ______, ______
Hilfsverb être: ______, ______, ______

2. Wird das Partizip Perfekt hier angeglichen oder nicht? Ergänzen Sie, wenn nötig, die Formen.

a. Mon mari et moi, nous sommes parti___ à neuf heures.
b. Elle est né___ à la Martinique.
c. Ils ont travaillé___ deux heures.
d. Vous êtes rentré___ à quelle heure ?
e. Qu'est-ce que vous avez fait___ hier soir ?
f. Il est venu___ avec ses parents.
g. Elles sont arrivé___ en retard.

3. Bilden Sie Sätze, indem Sie die Satzelemente in die richtige Reihenfolge bringen.

a. son travail / a / elle / fini → *Elle a fini son travail.*
b. magasin / ont / un nouveau / ouvert / ils → ______
c. un cadeau / j' / acheté / pour ma fille / ai → ______
d. visité / avons / de la ville / le musée / nous → ______
e. à la piscine / est / avec des amis / il / allé → ______

4. Ergänzen Sie die Tabelle mit entweder der bejahten oder der verneinten Version des Satzes.

	bejaht	**verneint**
a.	Elle a fini son travail.	*Elle n'a pas fini son travail.*
b.	Nous avons dîné au restaurant.	Nous ______
c.	______	Vous n'êtes pas restés longtemps.
d.	J'ai oublié la date de son anniversaire.	______
e.	Nous avons visité le nouveau musée.	______
f.	______	Je ne suis pas allé à mon cours de danse.
g.	J'ai bien dormi.	______
h.	Elle est allée au lit de bonne heure.	______

30 Je suis venu, j'ai vu ... et je suis reparti.

Ich bin gekommen, ich habe gesehen ... und ich bin wieder gegangen.

Perfekt *(passé composé)*: Partizip Perfekt

REGEL Der zweite Bestandteil des Perfekts ist das Partizip Perfekt. Es gibt regelmäßige und unregelmäßige Formen. Die regelmäßigen Verben auf -er, -ir und -(d)re bilden das Partizip Perfekt wie folgt:

-er → -é (acheter, aller, parler ...)	**-ir → -i** (finir, réfléchir, partir ...)	**-(d)re → -du** (attendre, vendre, descendre ...)
J'ai ache**té** un CD. *Ich habe eine CD gekauft.* Il est all**é** au café. *Er ist ins Café gegangen.*	J'ai fin**i** mon travail. *Ich habe meine Arbeit beendet.* Il est part**i**. *Er ist gegangen.*	J'ai atten**du** longtemps. *Ich habe lange gewartet.* Il est descen**du** du train. *Er ist aus dem Zug ausgestiegen.*

Folgende sehr gebräuchliche Verben bilden das Partizip Perfekt (sehr) unregelmäßig.

Infinitiv	→	**Partizip Perfekt**		**Infinitiv**	→	**Partizip Perfekt**	
avoir	→	**eu**	*gehabt*	boire	→	**bu**	*getrunken*
être	→	**été**	*gewesen*	croire	→	**cru**	*geglaubt*
dire	→	**dit**	*gesagt*	lire	→	**lu**	*gelesen*
écrire	→	**écrit**	*geschrieben*	plaire	→	**plu**	*gefallen*
faire	→	**fait**	*gemacht*	recevoir	→	**reçu**	*bekommen*
mettre	→	**mis**	*gestellt/gesetzt/gelegt*	venir	→	**venu(e)**	*gekommen*
prendre	→	**pris**	*genommen*	voir	→	**vu**	*gesehen*

! Bei den Modalverben (→ Kapitel 20) endet das Partizip Perfekt immer auf -u.

devoir	→	**dû**	J'ai dû annuler le rendez-vous.	*Ich habe den Termin absagen müssen.*
pouvoir	→	**pu**	Tu as pu joindre ta sœur ?	*Hast du deine Schwester erreichen können?*
vouloir	→	**voulu**	Il a voulu venir avec nous.	*Er hat mit uns kommen wollen.*
savoir	→	**su**	Je n'ai pas su répondre.	*Ich habe nicht antworten können.*

REGEL Das Partizip Perfekt mit avoir wird in der Regel nicht angeglichen:
Elles ont beaucoup travaillé. *Sie haben viel gearbeitet.*

! **Aber:** Steht das direkte Objekt (als Relativpronomen, Fragewort oder Objektpronomen) vor dem Verb, so wird das Partizip Perfekt an dieses Objekt angeglichen. Diese Regel bereitet sogar Franzosen einiges Kopfzerbrechen. ☹
Nos voisins, je les ai rencontr**és** hier. *Unsere Nachbarn habe ich gestern getroffen.*
Montre-moi la robe que tu as fai**te**. *Zeig mir das Kleid, das du gemacht hast.*
Quelles fleurs avez-vous achet**ées** ? *Welche Blumen habt ihr gekauft?*

1. Regelmäßige Formen: Fügen Sie die richtigen Verbformen im Perfekt hinzu.

a. jouer → *nous avons joué*
b. dormir → elle ______ ________
c. attendre → j'______ ________
d. téléphoner → ils ______ ________
e. réparer → tu ______ ________

f. finir → vous ______ ________
g. vendre → on ______ ________
h. habiter → nous ______ ________
i. répondre → il ______ ________
j. mentir → elles ______ ________

2. Unregelmäßige Formen: Finden Sie in der Wortschlange noch neun Formen des Partizip Perfekt, schreiben Sie sie auf und notieren Sie wenn nötig den Infinitiv.

ER~~PRIS~~TEMISATOFAITONVENUREEÉTÉLVEUMOCVUTIÉCRITLEILUBIREÇUNT

pris	←	*prendre*	______	←	*avoir*
______	←	______	______	←	______
______	←	______	______	←	______
______	←	______	______	←	*lire*
______	←	*être*	______	←	______

3. Übersetzen Sie.

a. *Ich habe Französisch gesprochen.* ________________
b. *Hast du die Zeitung gelesen?* ________________
c. *Wir haben zusammen gegessen.* ________________
d. *Er hat nicht im Garten gearbeitet.* ________________
e. *Sie haben ein neues Auto gekauft.* ________________
f. *Was hast du gestern gemacht?* ________________
g. *Ich bin nicht ins Kino gegangen.* ________________
h. *Haben Sie gut geschlafen?* ________________

4. Verbinden Sie die jeweils zueinandergehörenden Fragen und Antworten und ergänzen Sie die Sätze mithilfe der folgenden Partizipien.

parti pris rentrés été eu plu dit pu

a. Tu es venu en voiture ?
b. Déjà de retour ?
c. Alors, tu as aimé le film ?
d. Encore au lit ! Qu'est-ce qui ne va pas ?
e. La machine à laver marche ?
f. Qui a gagné hier ?
g. Alors, tu lui as parlé ?

1. Non, il ne m'a pas ______ du tout, je suis ______ avant la fin.
2. Je ne sais pas, je n'ai pas ______ regarder le match.
3. Non, j'ai ______ le bus.
4. Non, je n'ai pas ______ le temps de la réparer.
5. Non, je ne lui ai rien ______ .
6. J'ai ______ malade toute la nuit.
7. Oui, nous sommes ______ hier soir.

31 Nous sommes presque arrivés. – On a marché au moins six heures !

Wir sind fast angekommen. – Wir sind mindestens sechs Stunden gelaufen.

Perfekt *(passé composé)*: Wahl des Hilfsverbs

REGEL Was die Wahl des Hilfsverbs (avoir oder être) betrifft, so gibt es zwischen dem Französischen und dem Deutschen große Übereinstimmungen:

J'**ai** pris le train. *Ich **habe** den Zug genommen.*

Il **est** rentré tôt. *Er **ist** früh zurückgekommen.*

REGEL Die meisten Verben bilden das *passé composé* mit dem Hilfsverb **avoir**:

Vous avez travaillé. *Sie haben gearbeitet.*

Il a plu toute la journée. *Es hat den ganzen Tag geregnet.*

! Sogar das Verb être bildet das *passé composé* mit avoir!

Elle **a été** malade cette nuit. *Sie ist krank gewesen heute Nacht.*

! Auch Verben der Bewegungsart wie z. B. sauter *(springen)*, marcher *(zu Fuß gehen)*, courir *(rennen)*, nager *(schwimmen)*, bilden das *passé composé* mit avoir.

On a marché au moins six heures. *Wir sind mindestens sechs Stunden gelaufen.*

REGEL Nur wenige Verben bilden das *passé composé* mit **être**:

- Bewegungsverben, die eine Ortsveränderung angeben wie z. B. aller *(hingehen/-fahren)*, arriver *(ankommen)*, partir *(weggehen)*, venir *(kommen)*, entrer *(reingehen)*, sortir *(ausgehen)*, monter *(hinaufgehen)*, descendre *(hinuntergehen)*, tomber *(fallen)*, retourner *(wieder hingehen)*.

  Nous **sommes** presque **arrivés**. *Wir sind fast angekommen.*

  Elle **est tombée** dans l'escalier. *Sie ist auf der Treppe hingefallen.*

- Verben, die eine Zustandsänderung einführen wie z. B. devenir *(werden)*, naître *(geboren werden)* und mourir *(sterben)*.

  Victor Hugo **est né** à Dôle et il **est mort** à Paris.
  Victor Hugo ist in Dôle geboren und in Paris gestorben.

! Ebenfalls die Verben rester *(bleiben)* und demeurer *(bleiben)*.

Vous êtes **restés** longtemps ? *Seid ihr lange geblieben?*

- Alle reflexiven Verben.

! Die Verneinungswörter rahmen die Gruppe „Reflexivpronomen + Hilfsverb" ein.

Je ne me suis pas reposé(e).
Ich habe mich nicht erholt.

se reposer *(sich erholen)*			
je	me	suis	reposé(e)
tu	t'	es	reposé(e)
il/elle	s'	est	reposé(e)
nous	nous	sommes	reposé(e)s
vous	vous	êtes	reposé(e)(s)
ils/elles	se	sont	reposé(e)s

1. Markieren Sie die Verben, die das *passé composé* mit être bilden. Ergänzen Sie die Sätze mithilfe dieser markierten Verben.

rester aller courir faire naître nager
tomber venir être sortir marcher

a. Ils ________ ______________ en ville cet après-midi.
b. Je ________ ______________ hier soir avec des amis.
c. Il ________ ______________ en 1978.
d. Je ________ ______________ de l'échelle.
e. Vous n'________ pas ______________ jusqu'à la fin.
f. Ils ________ ______________ sans leurs enfants.

2. Kreuzen Sie die passende Übersetzung an.

a. *Wir haben einen schönen Tag verbracht.*
- ☐ Nous avons passé une belle journée.
- ☐ Nous sommes passés une belle journée.

b. *Unsere Freunde sind gestern abgefahren.*
- ☐ Nos amis ont parti hier.
- ☐ Nos amis sont partis hier.

c. *Ich bin in Bayern aufgewachsen.*
- ☐ Je suis grandi en Bavière.
- ☐ J'ai grandi en Bavière.

d. *Sie hat sich nicht viel erholt.*
- ☐ Elle ne s'a pas beaucoup reposé.
- ☐ Elle ne s'est pas beaucoup reposée.

e. *Er ist über den Zaun gesprungen.*
- ☐ Il a sauté par-dessus la barrière.
- ☐ Il est sauté par-dessus la barrière.

3. Ergänzen Sie die Sätze im *passé composé* mit den jeweils darüberstehenden Verben.

a. *parler – rencontrer – échanger – prendre*
Hier, j'______________ un ancien camarade de classe. Nous ______________ un café ensemble. Nous ______________ d'autrefois. Avant de nous quitter, nous ______________ nos adresses.

b. *trouver – faire – se marier – arriver*
Il ______________ en France en 2008. Il ______________ rapidement un emploi. L'année suivante, il ______________ la connaissance de sa future femme. Ils ______________ il y a deux ans.

c. *quitter – se lever – marcher – rentrer – attendre*
Hier matin, elle ______________ tôt et elle ______________ la maison vers 7 heures. Elle ______________ jusqu'à l'arrêt du bus. Elle ______________ une heure et puis elle ______________ à la maison.

C'était en 1992 ... Nous habitions encore à ... Ah ... C'était le bon temps !

Es war 1992. Wir wohnten noch in ... Ah ... Es war die gute alte Zeit!

Imparfait

Die hier verwendete Zeit ist das *imparfait*. Das *imparfait* ist eine Zeit der Vergangenheit: Es beschreibt Zustände, Gewohnheiten oder Vorgänge, die in ihrem Verlauf dargestellt werden. Das *imparfait* ist vor allem eine beschreibende Zeit.

REGEL Das *imparfait* ist einfach zu bilden. Die Endungen -ais, -ais, -ait, -ions, -iez, -aient gelten für alle Verben. Diese Endungen werden an den Stamm der 1. Person Plural Präsens (nous) angehängt. Die einzige Ausnahme bildet das Verb être.

parler → nous **parl**-ons		**finir** → nous **finiss**-ons		**être**	
je	parl**ais**	je	finiss**ais**	j'	ét**ais**
tu	parl**ais**	tu	finiss**ais**	tu	ét**ais**
il/elle	parl**ait**	il/elle	finiss**ait**	il/elle	ét**ait**
nous	parl**ions**	nous	finiss**ions**	nous	ét**ions**
vous	parl**iez**	vous	finiss**iez**	vous	ét**iez**
ils/elles	parl**aient**	ils/elles	finiss**aient**	ils/elles	ét**aient**

! Die Endungen -ais, -ait und -aient werden alle [ɛ] gesprochen.

! Beachten Sie das ç bei den Verben auf -cer oder das -e bei den Verben auf -ger vor den Endungen -ais, -ait, -aient, damit die Aussprache gleich bleibt:

commencer [kɔmɑ̃se]		**manger** [mɑ̃ʒe]	
je	commençais	je	mangeais
tu	commençais	tu	mangeais
il/elle	commençait	il/elle	mangeait
nous	commencions	nous	mangions
vous	commenciez	vous	mangiez
ils/elles	commençaient	ils/elles	mangeaient

Um von vergangenen Ereignissen zu berichten, brauchen Sie im Französischen in der Regel zwei Zeiten: das *imparfait* und das *passé composé*. Mehr über das Zusammenspiel dieser beiden Zeiten erfahren Sie im folgenden Kapitel.

1. Markieren Sie im folgenden Text die Verben, die im *imparfait* stehen.

Ma grand-mère m'a parlé de son école et voici ce qu'elle m'a raconté :
Autrefois, l'école n'était pas mixte. Les grands et les petits étaient ensemble dans une classe, mais ils ne faisaient pas le même travail. Dans la cour de récréation, les filles jouaient d'un côté, les garçons de l'autre. Tous portaient un tablier. Les élèves qui habitaient loin de l'école devaient se lever très tôt, car il n'y avait pas de bus. Les professeurs étaient sévères et punissaient souvent les élèves. L'école a bien changé depuis… En mieux ? Qu'en pensez-vous ?

2. Ergänzen Sie die Tabelle.

	Infinitiv		**Präsens** (1. Person Plural)		***imparfait***
a.	dire	→	nous disons	→	je disais
b.	______	→	nous avons	→	elles ______
c.	______	→	nous prenons	→	tu ______
d.	______	→	nous essayons	→	nous ______
e.	______	→	nous nageons	→	il ______
f.	______	→	nous commençons	→	on ______
g.	______	→	nous finissons	→	je ______
h.	______	→	nous faisons	→	vous ______

3. Sie möchten die Dame von der Zeichnung auf Seite 76 interviewen. Nehmen Sie die Verben aus dem Kasten, um Ihre Fragen vorzubereiten.

travailler habiter aimer être (2x) faire s'appeler avoir

a. Où ______-vous quand vous ______ enfant ?
b. Est-ce que vos parents ______ sévères ?
c. Est-ce que votre mère ______ ?
d. Que ______-vous le dimanche ?
e. ______-vous l'école ?
f. ______-vous des frères et sœurs ?
g. Comment ______ votre meilleur(e) ami(e) ?

4. Ergänzen Sie: Stellen Sie „heute" und „früher" gegenüber.

	Aujourd'hui,	**Autrefois,**
a.	… je ne joue plus au foot.	… je jouais au foot une fois par semaine.
b.	… ils ne mangent plus de viande.	… ils ______ de la viande.
c.	… nous habitons en ville.	… nous ______ à la campagne.
d.	… il fait du sport.	… il ne ______ que de la marche.
e.	… vous aimez lire.	… vous n' ______ pas du tout ça.
f.	… tu as les cheveux courts.	… tu ______ les cheveux longs.

33 Je conduisais tranquillement, j'ai vu le feu trop tard ...

Ich fuhr vor mich hin, ich habe die Ampel zu spät gesehen ...

Gebrauch von *imparfait* und *passé composé*

REGEL In einer Erzählung „teilen" sich *imparfait* und *passé composé* die Arbeit:

- Das *imparfait* beschreibt und antwortet auf die Frage „Was war?/Wie war es?".
- Das *passé composé* führt Handlungen ein und antwortet auf die Frage „Was ist (dann) passiert?".

REGEL Das ***imparfait*** führt Handlungen ein, die in ihrem Verlauf dargestellt werden, wie z. B.

- Beschreibungen:
  Elle était petite, mince, toujours active. *Sie war klein, schlank und immer aktiv.*
  Il faisait beau, la plage était magnifique. *Das Wetter war schön, der Strand wunderschön.*

! Das Verb être, das einen Zustand ausdrückt, steht oft im *imparfait*.

- regelmäßige, oft wiederkehrende Ereignisse:
  Mon père travaillait souvent dans le jardin. *Mein Vater arbeitete oft im Garten.*

! **Signalwörter** für das *imparfait* sind z. B. souvent *(oft)*, tous les jours *(jeden Tag)*, de temps en temps *(von Zeit zu Zeit)*, d'habitude *(gewöhnlich)*, le dimanche *(sonntags)* usw.

- Handlungen, die andauern während noch etwas passiert:
  J'étais en train de faire la cuisine quand ils sont arrivés. *Ich war am Kochen, als sie kamen.*

! Die Wendung être en train de + Infinitiv *(dabei sein, etwas zu tun)*, die das Geschehen in seinem Verlauf darstellt (→ Kapitel 60) steht im *imparfait* (nie im *passé composé*).

REGEL Das ***passé composé*** wird bei Ereignissen benutzt, die als abgeschlossen gesehen werden, wie z. B.

- aufeinanderfolgende Handlungen:
  Hier, j'ai regardé un peu la télé et puis je suis allé me coucher.
  Gestern habe ich ein bisschen ferngesehen und bin dann ins Bett gegangen.

- plötzlich eintretende Handlungen, die eine andere Handlung unterbrechen:
  Nous regardions la télé quand (tout à coup) le téléphone a sonné.
  Wir sahen fern, als (plötzlich) das Telefon klingelte.

! **Signalwörter** für das *passé composé* sind Wörter, die ein einmaliges/plötzlich eintretendes Ereignis einführen, z. B. tout à coup *(plötzlich)*, alors/ensuite *(dann)*, un jour *(eines Tages)*, dimanche *(am Sonntag)*.

1. Handelt es sich hier um eine Beschreibung (B) oder ein Ereignis (E)? Kreuzen Sie den richtigen Vorschlag an.

a. B Il neigeait et la campagne ☐ a été / ☒ était toute blanche.
b. ___ J'ai couru mais ☐ je suis arrivé / ☐ j'arrivais en retard.
c. ___ Ils ne se sont pas baignés parce que l'eau ☐ a été / ☐ était trop froide.
d. ___ Quand j'étais enfant, ☐ j'ai eu / ☐ j'avais les cheveux très longs.
e. ___ Le chien a aboyé parce qu' il ☐ a entendu / ☐ entendait un bruit bizarre.
f. ___ J'ai déjà fini le livre que ☐ j'ai acheté / ☐ j'achetais avant-hier.

2. Drei Sätze sind fehlerhaft. Schreiben Sie sie noch einmal richtig auf.

a. Nous avons annulé notre sortie, parce qu'il n'y avait pas assez d'inscrits.
b. Le film était ennuyeux, alors je partais avant la fin.
c. Quand je suis arrivé, il a été en train de regarder la télé.
d. Il faisait froid et j'ai monté un peu le chauffage.
e. Je passais une excellente soirée. Je vous remercie beaucoup.
f. Quand je suis rentré de l'école, mes parents m'attendaient devant la maison.

____

____

____

3. *Imparfait* oder *passé composé*? Setzen Sie die Sätze in die Vergangenheitsform. Achten Sie dabei auf die Signalwörter.

a. Nous allons une fois par semaine au cinéma. → Nous allions une fois par semaine au cinéma.
b. Je suis souvent malade. → ______________________________
c. Ensuite, nous prenons le train. → ______________________________
d. Ils arrivent mardi. → ______________________________
e. Le lundi, j'ai cours de danse. → Le lundi, ______________________________
f. Tout à coup, il commence à pleuvoir. → ______________________________
g. Cette année, je passe mes vacances en France. → ______________________________

4. Erzählen Sie diese Geschichte in der Vergangenheit.

Jeanne a 50 ans quand elle prend pour la première fois l'avion. Elle prend un tranquillisant parce qu'elle a très peur. Le vol se passe bien et l'avion atterrit sans problèmes. Jeanne est soulagée quand elle retrouve le sol sous ses pieds.

Jeanne avait ______________________________

____

____

34 Vue sur la mer ? Je t'avais bien dit de demander un prospectus !

Mit Blick aufs Meer? Ich hatte dir doch gesagt, nach einem Prospekt zu fragen!

Das Plusquamperfekt *(plus-que-parfait)*

REGEL Das *plus-que-parfait* (je t'**avais dit** *ich* ***hatte*** *dir* ***gesagt***) wird wie das deutsche Plusquamperfekt gebildet: être oder avoir im *imparfait* + Partizip Perfekt des jeweiligen Verbs:
Il avait oublié de fermer la porte. *Er* ***hatte vergessen****, die Tür zu schließen.*
Nous étions partis en retard. *Wir* ***waren*** *zu spät* ***losgefahren****.*

! Die Wahl des Hilfsverbs erfolgt nach den gleichen Kriterien wie für das *passé composé* (→ Kapitel 31): Wenn man im *passé composé* être verwendet, verwendet man es auch im *plus-que-parfait*.

manger *(essen)*		
j'	avais	mangé
tu	avais	mangé
il/elle	avait	mangé
nous	avions	mangé
vous	aviez	mangé
ils/elles	avaient	mangé

rester *(bleiben)*		
j'	étais	resté(e)
tu	étais	resté(e)
il/elle	était	resté(e)
nous	étions	resté(e)s
vous	étiez	resté(e)(s)
ils/elles	étaient	resté(e)s

! Das Partizip Perfekt der Verben, die mit être als Hilfsverb konjugiert werden, ist wie beim *passé composé* veränderlich.

REGEL Das *plus-que-parfait* wird weitgehend wie im Deutschen gebraucht. Es erzählt von vergangenen Ereignissen, die noch vor anderen vergangenen Ereignissen stattgefunden haben. Es antwortet auf die Frage „Was war gewesen/geschehen, bevor dies passierte?":
Il était déjà reparti quand je suis arrivé. *Er war schon weggegangen, als ich ankam.*
Je m'inquiétais parce qu'il n'avait pas téléphoné. *Ich machte mir Sorgen, weil er nicht angerufen hatte.*

1. Verbinden Sie die zueinanderpassenden Satzteile.

a. Elle était heureuse
b. Le restaurant était complet,
c. Elle était tombée
d. J'avais essayé de lui expliquer,
e. Avant d'acheter la voiture,
f. Elle n'avait pas pu rentrez chez elle
g. Il avait faim

1. ils avaient voulu l'essayer.
2. mais il n'avait rien compris.
3. parce qu'elle avait perdu ses clés.
4. parce qu'elle avait appris une bonne nouvelle.
5. parce qu'il n'avait pas mangé depuis le matin.
6. et s'était blessée au genou.
7. c'est pourquoi ils étaient ressortis aussitôt.

2. Ergänzen Sie die Verbformen im Plusquamperfekt.

a. oublier → tu ________ ____________ elles ________ ____________
b. tomber → nous ________ ____________ vous ________ ____________
c. finir → il ________ ____________ nous ________ ____________
d. attendre → vous ________ ____________ ils ________ ____________
e. avoir → elle ________ ____________ ils ________ ____________

3. Ergänzen Sie die Sätze mit den Satzteilen aus dem Kasten. Setzen Sie die Verben ins Plusquamperfekt.

ne pas dormir de la nuit	passer trois mois	appeler un taxi
ne pas entendre le réveil	ne pas venir	diner en amoureux

a. Elle ____________________________, parce que sa voiture était en panne.
b. C'était leur anniversaire de mariage. Ils ____________________________.
c. Elle faisait la sieste, car elle ____________________________.
d. Elle était furieuse parce qu'il ____________________________.
e. Il était en retard parce qu'il ____________________________.
f. Elle rentrait juste de France où elle ____________________________.

4. Setzen Sie die Verben in das Plusquamperfekt und ergänzen Sie die Sätze damit. Von wem ist hier die Rede? Schreiben Sie die entsprechende Nummer.

(1) Peau d'Âne	(2) Blanche-Neige	~~(3) Cendrillon~~
(4) La Belle au bois dormant	(5) Le Petit Chaperon rouge	

a. 3 Elle était allée au bal et avait perdu une chaussure. *(aller / perdre)*
b. ____ Elle ________ ____________ partir parce que son père voulait l'épouser. *(devoir)*
c. ____ Elle ________ ____________ une pomme qui était empoisonnée. *(gouter)*
d. ____ Elle dormait depuis 100 ans, un prince ________ ____________ la réveiller. *(venir)*
e. ____ Elle voulait rendre visite à sa grand-mère et ________ ____________ le loup. *(rencontrer)*

35 Vous vous marierez, vous aurez des enfants, tout ira bien ... Ça fera 250 euros.

Sie werden heiraten, Sie werden Kinder haben, alles wird gut gehen ... Das macht 250 Euro.

Einfache Zukunft (*futur simple*)

Im Französischen gibt es zwei Möglichkeiten von zukünftigen Ereignissen zu sprechen:

- Das *futur simple* besteht nur aus einer Verbform und wird daher – wörtlich – als „einfache Zukunft“ bezeichnet.
- Das *futur composé* (zusammengesetzte Zukunft) besteht aus dem Hilfsverb aller und einem Infinitiv (→ Kapitel 36).

REGEL Die Endungen des *futur simple* sind für alle Verben gleich: -ai, -as, -a, -ons, -ez, -ont. Diese Endungen werden in der Regel an den Infinitiv angehängt. Bei den Verben auf -re entfällt allerdings das letzte e.

téléphoner (*telefonieren*)		**sortir** (*ausgehen*)		**attendre** (*warten*)	
je	téléphoner**ai**	je	sortir**ai**	j'	attendr**ai**
tu	téléphoner**as**	tu	sortir**as**	tu	attendr**as**
il/elle	téléphoner**a**	il/elle	sortir**a**	il/elle	attendr**a**
nous	téléphoner**ons**	nous	sortir**ons**	nous	attendr**ons**
vous	téléphoner**ez**	vous	sortir**ez**	vous	attendr**ez**
ils/elles	téléphoner**ont**	ils/elles	sortir**ont**	ils/elles	attendr**ont**

! Bei den Verben auf -er mit folgenden orthografischen Besonderheiten werden die Endungen an die erste Person Singular Präsens + -r angehängt:

Infinitiv	**Präsens**	***futur simple***	
payer	je paie/paye	je paierai/payerai	*ich werde bezahlen*
employer	j'emploie	j'emploierai	*ich werde benutzen*
appuyer	j'appuie	j'appuierai	*ich werde drücken*
acheter	j'achète	j'achèterai	*ich werde kaufen*
appeler	j'appelle	j'appellerai	*ich werde (an)rufen*
préférer	je préfère	je préfèrerai	*ich werde bevorzugen*

REGEL Einige Verben haben einen unregelmäßigen Futurstamm.

aller →	j'irai	*ich werde (hin)gehen*	recevoir →	je recevrai	*ich werde bekommen*
avoir →	j'aurai	*ich werde haben*	savoir →	je saurai	*ich werde wissen*
être →	je serai	*ich werde sein*	venir →	je viendrai	*ich werde kommen*
faire →	je ferai	*ich werde machen*	voir →	je verrai	*ich werde sehen*
pouvoir →	je pourrai	*ich werde können*	vouloir →	je voudrai	*ich werde wollen*

1. Schreiben Sie die richtige Verbform im *futur simple* auf.

a. travailler → il ______ vous ______
b. finir → je ______ nous ______
c. prendre → je ______ vous ______
d. dormir → il ______ nous ______
e. se lever → je ______ ils ______
f. essayer → j' ______ on ______
g. s'ennuyer → tu ______ nous ______
h. espérer → il ______ elles ______
i. acheter → j' ______ on ______

2. Programm für eine Bergwanderung: Unterstreichen Sie die Verben, die im *futur simple* stehen und schreiben Sie ihre Grundform rechts auf.

a. Nous partirons demain très tôt. Rendez-vous devant l'office du tourisme. *partir*
b. Chacun recevra un piquenique et une bouteille d'eau. ______
c. Nous ferons une halte toutes les deux heures environ. ______
d. Après déjeuner, vous pourrez vous reposer une heure. ______
e. Nous irons voir un berger qui passe l'été dans la montagne. ______
f. Peut-être aurez-vous aussi la chance de voir quelques marmottes. ______
g. La soirée sera fraîche. Prévoyez des vêtements chauds. ______
h. Un bus viendra vous chercher au point de rencontre. ______

3. Bilden Sie Sätze, indem Sie das Verb ins *futur simple* setzen und die passende Fortsetzung finden.

a. ~~Je (prendre)~~ — avec leurs enfants.
b. Tu (pouvoir) — avec votre voisine.
c. Ils (venir) — le prix Nobel pour sa découverte.
d. Nous (vendre) — contentes de vous revoir.
e. Vous (se marier) — te reposer un peu.
f. Il (recevoir) — ~~ma retraite à 67 ans.~~
g. Elles (être) — notre appartement parisien.

a. *Je prendrai ma retraite à 67 ans.*
b. ______
c. ______
d. ______
e. ______
f. ______
g. ______

36 On va passer des super vacances !

Wir werden einen super Urlaub verbringen!

Zusammengesetzte Zukunft (*futur composé*)

REGEL In diesem Kapitel geht es um eine weitere Zukunftsform: das *futur composé,* auch *futur proche* genannt, weil es meist Ereignisse bezeichnet, die unmittelbar bevorstehen, so wie bei dieser Familie, die schon unterwegs in den Urlaub ist.

REGEL Das *futur composé* wird mit dem Hilfsverb aller im Präsens und dem Infinitiv des jeweiligen Verbs gebildet. Die Verneinungswörter rahmen das Hilfsverb aller ein.

téléphoner *(telefonieren)*			**ne pas téléphoner** *(nicht telefonieren)*				
je	vais	téléphoner	je	ne	vais	pas	téléphoner
tu	vas	téléphoner	tu	ne	vas	pas	téléphoner
il/elle	va	téléphoner	il/elle	ne	va	pas	téléphoner
nous	allons	téléphoner	nous	n'	allons	pas	téléphoner
vous	allez	téléphoner	vous	n'	allez	pas	téléphoner
ils/elles	vont	téléphoner	ils/elles	ne	vont	pas	téléphoner

REGEL *Futur simple* und *futur composé* sind in den meisten Fällen austauschbar:
Je ne dirai rien. = Je ne vais rien dire. *Ich werde nichts sagen.*

REGEL In einigen Fällen wird das ***futur simple*** jedoch bevorzugt

- bei Vorhersagen/Prognosen (z. B. bei der Wettervorhersage oder im Horoskop):
  Il pleuvra demain sur toute la France. *Es wird morgen in ganz Frankreich regnen.*
  Vous ferez une rencontre intéressante. *Sie werden eine interessante Begegnung machen.*
- nach dem Verb espérer *(hoffen)*:
  J'espère qu'il guérira vite. *Ich hoffe, dass er schnell genesen wird.*
- um einem Versprechen/festen Vorhaben mehr Gewicht zu verleihen:
  Je ne te quitterai jamais. *Ich werde dich niemals verlassen.*
- in Verbindung mit einem realen Bedingungssatz mit si (→ Kapitel 39):
  S'il pleut, nous resterons ici. *Wenn es regnet, werden wir hier bleiben.*

REGEL Das ***futur composé*** steht

- bei unmittelbar stattfindenden Handlungen:
  Attends, je vais t'expliquer. *Warte mal, ich werde es dir (gleich) erklären.*
- bei Warnungen:
  Attention, tu vas tomber. *Vorsicht, du fällst (gleich) hin.*

1. Was machen diese Personen in ihren Ferien? Verwenden Sie das *futur composé*.

a. Nous ________ ________________ un gite rural.
b. Pierre ________ ________________ de bonne heure.
c. Toi, tu ________ ________________ le français.
d. Nous, on ________ ________________ au bord de la mer.
e. Mes parents ________ ________________ chez nous.
f. Elena ________ ________________ 15 jours au Portugal.
g. Moi, je ________ ________________ un peu à la campagne.
h. Et vous, qu'est-ce que vous ________ ________________ ?

passer apprendre louer faire aller se lever venir se reposer

2. Was wird bald passieren? Ergänzen Sie, indem Sie die Verben aus dem Kasten ins *futur composé* setzen.

rentrer partir préparer téléphoner poster fermer réfléchir écrire

a. ▲ Le diner est prêt ? – ● Non, mais je ______ le ________________ .
b. ▲ Tu as réservé la chambre ? – ● Non, mais je ______ ________________ à l'hôtel tout à l'heure.
c. ▲ Tu as remercié tes parents ? – ● Non, mais je ______ leur ________________ un mail ce soir.
d. ▲ La lettre est partie ? – ● Non, je ______ la ________________ demain.
e. ▲ Anne est encore là ? – ● Oui, mais elle ______ ________________ dans cinq minutes.
f. ▲ Tu viens avec nous à la piscine ? – ● Non, je ______ ________________ à la maison.
g. ▲ La bibliothèque est encore ouverte ? – ● Oui, mais elle ______ ________________ dans dix minutes.
h. ▲ Ce pull vous va très bien. Vous le prenez ? – ● Euh… je ______ ________________ .

3. *Futur simple* oder *futur composé*? Ergänzen Sie die Verben. Begründen Sie Ihre Entscheidung, indem Sie (V) für eine Vorhersage, (S) bei einem si-Satz, (U) bei einem unmittelbaren Geschehen oder (W) bei einer Warnung notieren.

rentrer avoir aimer renverser pleuvoir réussir ne pas avoir vivre

a. Dans dix ans, j'________________ quarante ans. V
b. Attention, tu ________________ du vin sur le tapis. ____
c. Si tu travailles, tu ________________ tes examens sans problèmes. ____
d. On ________________ à la maison, il est tard. ____
e. Je t'________________ toujours ! ____
f. Vous ________________ beaucoup d'argent, mais vous ________________ heureux. ____
g. Le ciel est tout noir. Il ________________ , c'est sûr. ____

37 On pourrait faire une fête pour mon anniversaire.

Wir könnten ein Fest machen zu meinem Geburtstag.

Conditionnel présent

Das *conditionnel présent* stellt einen Vorgang als möglich (aber im Moment nicht real) dar.

REGEL Die Endungen -ais, -ais, -ait, -ions, -iez, -aient gelten für alle Verben. Sie werden in der Regel an den Infinitiv angehängt.

téléphoner *(telefonieren)*	
je	téléphoner**ais**
tu	téléphoner**ais**
il/elle	téléphoner**ait**
nous	téléphoner**ions**
vous	téléphoner**iez**
ils/elles	téléphoner**aient**

REGEL Der Verbstamm des *conditionnel présent* ist mit dem Verbstamm des *futur simple* identisch (→ Kapitel 35). Bei den Verben auf -re entfällt das letzte -e: attendre → attendrais *(ich würde warten).*

Bei den Verben auf -er mit folgenden orthografischen Besonderheiten werden die Endungen an die erste Person Singular Präsens + -r angehängt.

Infinitiv	**Präsens**	***conditionnel présent***	
payer	je paie/paye	il paierait/il payerait	*er würde bezahlen*
employer	j'emploie	nous emploierions	*wir würden benutzen*
acheter	j'achète	vous achèteriez	*ihr würdet/Sie würden kaufen*
préférer	je préfère	ils préféreraient	*sie würden bevorzugen*

avoir	→	j'aurais	*ich würde haben*
être	→	je serais	*ich würde sein*
…			

faire	→	je ferais	*ich würde machen*
venir	→	je viendrais	*ich würde kommen*
…			

REGEL Das *conditionnel présent* wird verwendet bei

- einer (höflichen) Bitte:
  Pourriez-vous fermer la fenêtre, S.V.P. ? *Könnten Sie bitte das Fenster schließen?*
- einem Rat oder einer Empfehlung (in Verbindung mit devoir, pouvoir):
  Tu devrais faire plus de sport. *Du solltest mehr Sport treiben.*
- einem Wunsch:
  J'aimerais tellement que ça marche ! *Ich hätte so gern, dass es funktioniert.*
- einer möglichen Folge einer in einem Satz mit si ausgedrückten Bedingung (→ Kapitel 39):
  Si je le savais, je te le **dirais**. *Wenn ich es wüsste, würde ich es dir sagen.*

1. Finden Sie in der Liste 7 Verben, die im *conditionnel présent* stehen. Notieren Sie sie und fügen Sie das/die passende(n) Pronomen aus dem Kasten rechts hinzu.

AIMERAIS AIMIEZ DORMIONS ATTENDRAIS DORMIRIONS ATTENDRAIT PRENDRIEZ FINIRA SORTIRAIS ACHÈTERAIENT PARLIONS PARLERIONS

a. j'/tu aimerais
b. ......
c. ......
d. ......
e. ......
f. ......
g. ......
h. ......

je elle tu nous il ils j' elles vous on

2. Kreuzen Sie die richtige Möglichkeit an.

a. Excusez-moi madame, ☐ pourrez-vous / ☐ pourriez-vous me dire l'heure, s'il vous plait ?
b. Il ☐ va pleuvoir / ☐ pleuvrait demain toute la journée.
c. Nous ☐ déménagerons / ☐ déménagerions le mois prochain.
d. Il ☐ dormait / ☐ dormirait encore si je n'avais pas téléphoné.
e. Qu'est-ce que tu ☐ feras / ☐ ferais si tu étais à ma place ?
f. Qu'est-ce qu'il ☐ fera / ☐ ferait s'il rate ses examens ?
g. Si tu avais le temps, nous ☐ pourrons / ☐ pourrions aller au cinéma.
h. S'il pleut demain, nous ☐ annulerons / ☐ annulerions notre sortie.

3. Drei der folgenden Sätze sind fehlerhaft. Schreiben Sie sie richtig auf.

a. Si j'étais toi, je ne dirai rien.
b. Avant de partir, tu devrais terminer ton travail.
c. Excusez-moi, pourrez-vous me dire où est la poste ?
d. Enfant, je n'aimais pas l'école.
e. Vous désirez ? – Je veux un pain, S.V.P.

......
......
......

4. Verwenden Sie beim Übersetzen das *conditionnel présent*.

a. *Könnten Sie mir helfen, bitte?* ......
b. *Du solltest dich ausruhen.* ......
c. *Ich würde gern wissen …* ......
d. *Hätten Sie morgen Zeit?* ......
e. *Es wäre super.* ......
f. *Ich würde lieber früh fahren.* ......
g. *Was würdest du an meiner Stelle tun?* ......
h. *Ich möchte drei Croissants, bitte.* ......

38 J'aurais tellement aimé avoir un mari bricoleur !

Ich hätte so gern einen Handwerker als Mann gehabt!

Conditionnel passé

Das *conditionnel passé* steht bei Ereignissen, die in der Vergangenheit hätten passieren können, aber nicht eingetreten sind.

REGEL Das *conditionnel passé* wird gebildet mit den Formen von être oder avoir im *conditionnel présent* und dem Partizip Perfekt des jeweiligen Verbs.

! Die Wahl des Hilfsverbs (être oder avoir) erfolgt nach den gleichen Kriterien wir für das *passé composé* (→ Kapitel 31).

! Das Partizip Perfekt der Verben, die mit être als Hilfsverb konjugiert werden, ist auch hier veränderlich.

faire *(machen)*			**venir** *(kommen)*		
j'	aurais	fait	je	serais	venu(e)
tu	aurais	fait	tu	serais	venu(e)
il/elle	aurait	fait	il/elle	serait	venu(e)
nous	aurions	fait	nous	serions	venu(e)s
vous	auriez	fait	vous	seriez	venu(e)(s)
ils/elles	auraient	fait	ils/elles	seraient	venu(e)s

REGEL Mit dem *conditionnel passé* formulieren Sie

- Wünsche, die nicht mehr in Erfüllung gehen können, oft in Form von Bedauern:
  Il aurait tellement **aimé** venir ! *Er wäre so gern gekommen!*
- Vorwürfe (in Verbindung mit vouloir, devoir, pouvoir):
  Tu **aurais pu** au moins téléphoner. *Du hättest wenigstens anrufen können.*
  Vous n'**auriez** pas **dû** y aller. *Ihr hättet/Sie hätten nicht hingehen sollen.*
- die Folge einer mit einem si-Satz ausgedrückten Bedingung, die nicht mehr eintreten kann (→ Kapitel 39). In diesem Fall steht das Verb im si-Satz im Plusquamperfekt:
  Si tu avais écouté, tu **aurais compris**. *Wenn du zugehört hättest, hättest du verstanden.*
- nicht verifizierte Informationen, Gerüchte:
  La police **aurait interpelé** 30 manifestants. *Die Polizei soll 30 Demonstranten festgenommen haben.*

1. Verbinden Sie die Sätze, die zusammenpassen.

a. Le film est devenu intéressant vers la fin.
b. Votre fils est reparti au Canada.
c. Elle a cassé un verre.
d. Les routes sont glissantes.
e. Ils étaient furieux.
f. L'exposition est terminée.
g. Tu n'as pas suivi mes conseils.
h. Ça ne sert à rien de courir.

1. Nous aurions mieux fait de venir en train.
2. Tu aurais dû m'écouter.
3. On aurait dû partir plus tôt.
4. Tu n'aurais pas dû éteindre si vite ta télé.
5. Je n'aurais pas dû leur mentir.
6. Elle aurait pu se faire mal.
7. Vous auriez dû profiter plus de sa présence.
8. J'aurais tellement aimé la voir !

2. Märchen und Fabeln: Was wäre (nicht) gewesen, wenn ...? Setzen Sie das jeweils passende Verb ins *conditionnel passé*.

pouvoir — épouser — être — faire — rencontrer — se réveiller

a. Si le Petit Chaperon Rouge avait obéi à sa mère, il n'________ pas __________ le loup.
b. Si Cendrillon n'avait pas perdu son soulier, elle n'________ pas __________ le prince.
c. Si Blanche-Neige avait été moins belle, sa belle-mère ________ ________ moins jalouse.
d. Si la Cigale avait travaillé pendant l'été, elle ________ __________ des réserves pour l'hiver.
e. Si le Prince n'avait pas embrassé La Belle au bois dormant, elle ne ______ __________ pas __________ .
f. Si le corbeau avait été moins naïf, il ________ ________ manger son fromage tranquille.

3. *Conditionnel présent* oder *passé*? Kreuzen Sie die richtige Möglichkeit an.

a. Si tout se passait bien, il ☐ serait rentré / ☐ rentrerait avant 18 heures.
b. Si tu avais lu le journal, tu ☐ serais / ☐ aurais été au courant de cette affaire.
c. Nous ☐ prendrions / ☐ aurions pris l'appartement, mais il n'était plus libre.
d. Si Léo avait conduit moins vite, il ☐ n'aurait pas eu / ☐ n'aurait pas cet accident idiot.
e. Si elle mangeait moins souvent au restaurant, elle ☐ ferait / ☐ aurait fait des économies.
f. Si j'avais été à ta place, ☐ je téléphonerais / ☐ j'aurais téléphoné pour m'excuser.

4. Übersetzen Sie die Sätze und verwenden Sie dabei das *conditionnel passé*.

a. *Ich hätte nicht kommen sollen.* Je n'aurais pas dû venir.
b. *Ich hätte dasselbe getan.* ________________
c. *Es wäre so einfach gewesen!* ________________
d. *Ich wäre früher gekommen.* ________________
e. *Ich hätte sofort reagiert.* ________________
f. *Sie hätten früher daran denken müssen.* ________________
g. *Was hättest du an meiner Stelle getan?* ________________

On peut t'aider, si tu veux.

Wir können dir helfen, wenn du willst.

Bedingungssätze

REGEL Mit dem Bedingungssatz wird eine Bedingung und ihre Folge(n) genannt. Die Bedingung wird meist durch si *(wenn)* eingeleitet.

! Vor il wird si zu s' (aber nicht vor elle):
s'il veut *wenn er will*
si elle veut *wenn sie will*

REGEL Es gibt drei Arten von Bedingungssätzen: Entscheidend ist, ob die Bedingung als erfüllbar (real), nicht erfüllbar (irreal) oder als nicht erfüllt angesehen wird.

⇨ Kann die Bedingung (noch) erfüllt werden, so steht das Verb im si-Satz (Nebensatz) im Präsens oder *passé composé*. Im Hauptsatz steht das Präsens oder Futur:
Si tu viens en train, nous viendrons te chercher à la gare. *Wenn du mit dem Zug kommst, (dann) holen wir dich vom Bahnhof ab.*
Tu peux partir si tu as fini ton travail. *Du kannst fahren, wenn du deine Arbeit beendet hast.*

! Steht der si-Satz am Satzanfang, so wird er durch ein Komma vom Hauptsatz getrennt:
Si j'ai le temps**,** je passerai te voir. *Wenn ich Zeit habe, komme ich vorbei.*

⇨ Kann die Bedingung kaum oder nicht erfüllt werden, so steht das Verb im si-Satz im *imparfait*. Im Hauptsatz steht dann das *conditionnel présent* (→ Kapitel 37):
Si je pouvais, je travaillerais moins. *Wenn ich könnte, würde ich weniger arbeiten.*

! Im si-Satz steht das *imparfait* (und niemals das *conditionnel*):
Si j'étais toi, je le ferais tout de suite. *Wenn ich du wäre, würde ich es sofort machen.*

⇨ Wurde die Bedingung nicht erfüllt, so steht das Verb im si-Satz im Plusquamperfekt (→ Kapitel 34). Im Hauptsatz steht das *conditionnel passé* (→ Kapitel 38):
Si tu étais partie plus tôt, tu n'aurais pas raté ton train. *Wenn du früher gefahren wärst, hättest du deinen Zug nicht verpasst.*

1. Der reale Bedingungssatz. Verbinden Sie die Elemente rechts und links.

a. Prenez un taxi
b. Prévenez-nous
c. Nous déménagerons
d. Je peux t'accompagner
e. Elle pourra dormir chez nous
f. Achète le journal
g. Tu peux gagner un voyage

1. si tu veux.
2. si tu réponds correctement à toutes les questions.
3. si tu fais les courses.
4. si vous avez besoin d'aide.
5. si elle ne trouve pas de chambre à l'hôtel.
6. si le loyer augmente de nouveau.
7. si vous avez bu de l'alcool.

2. Wiederholen Sie die Verbformen im *imparfait* und *conditionnel* und ergänzen Sie die Tabelle.

	infinitif	*imparfait*	*conditionnel présent*	*conditionnel passé*
a.	avoir	j'avais	j'_____	j'_____ _____
b.	être	il _____	tu serais	tu _____ _____
c.	faire	nous _____	vous _____	vous auriez fait
d.	aller	tu _____	ils _____	ils _____ _____
e.	finir	vous finissiez	on _____	on _____ _____
f.	attendre	on _____	nous attendrions	nous _____ _____

3. *Imparfait* oder Plusquamperfekt? Sind diese Bedingungen noch erfüllbar? Ergänzen Sie den si-Satz.

être plus sportif — vouloir rencontrer des gens — fumer moins — lire le journal — avoir des enfants

a. Si ____________________, je suivrais un cours à l'UP.
b. Si ____________________, tu tousserais moins le matin.
c. Si ____________________, elle aurait travaillé à mi-temps.
d. S'____________________, il irait au travail à vélo.
e. S'____________________, il aurait été mieux informé.

4. Drei der Sätze sind fehlerhaft. Schreiben Sie sie noch einmal richtig auf.

a. Si j'aurais beaucoup d'argent, j'arrêterais de travailler.
b. Prends de l'aspirine si tu as mal à la tête.
c. Si tu avais le temps, on aurait pu aller au cinéma.
d. Si vous preniez le tram, vous alliez plus vite.
e. Si j'avais su, je n'aurais pas téléphoné.

____
____
____

Wählen Sie die richtige Antwort.

Verneinung

1. Elle ___ .
   a) ne vient pas
   b) ne pas vient

2. Elle n'a ___ .
   a) téléphoné pas
   b) pas téléphoné

3. Nous n'avons ___ .
   a) pas des enfants
   b) pas d'enfants

4. Je ne comprends ___ .
   a) rien
   b) pas rien

5. Personne ___
   a) ne parle.
   b) parle pas.

Perfekt *(passé composé)*

6. Elle est ___ longtemps.
   a) resté
   b) restée

7. Nous avons ___
   a) bien mangé.
   b) bien mangés.

8. Il a ___ un pull rouge.
   a) acheter
   b) acheté

9. Les films que nous avons ___ .
   a) regardé
   b) regardés

10. Il ___ couru très vite.
    a) est
    b) a

11. Nous nous ___ bien reposés.
    a) avons
    b) sommes

12. Nous ___ malades.
    a) avons été
    b) sommes été

Imparfait* und *passé composé

13. Autrefois, la vie ___ plus dure.
    a) était
    b) été

14. Autrefois, nous ne ___ jamais la télé.
    a) regardions
    b) regardons

15. Souvent, ___ le train.
    a) nous prenions
    b) nous avons pris

16. Je me suis levé et ___ une douche.
    a) je prenais
    b) j'ai pris

17. Un jour, il ___ sa femme.
    a) quittait
    b) a quitté

Plusquamperfekt

18. Nous ___ attendu trois heures.
    a) avions
    b) étions

19. Elle ___ bien reposée.
    a) s'avait
    b) s'était

20. Elle avait oublié son rendez-vous et ___ .
    a) ne venait pas
    b) n'était pas venue

Einfache und zusammengesetzte Zukunft

21. Plus tard, je ___ à l'étranger.
    a) vivrai
    b) vivra

22. Notre fils, nous ___ Pablo.
    a) l'appelerons
    b) l'appellerons

23. Attention, le train ___ .
    a) va partir
    b) partira

24. Je ne ___ .
    a) me marierai jamais
    b) vais jamais me marier

Conditionnel présent und *passé*

25. Elles ___ venir demain.
    a) pouvaient
    b) pourraient

26. Vous ___ manger moins gras.
    a) devriez
    b) devraient

27. Elle ___ dire ça.
    a) n'a pas dû
    b) n'aurait pas dû

Der Bedingungssatz

28. Si tu viens demain soir, nous ___ le film ensemble.
    a) regardons
    b) regarderons

29. Que ferais-tu si tu ___ ?
    a) étais à ma place
    b) serais à ma place

30. Si Anne ___ venue, nous aurions été treize à table.
    a) était
    b) serait

Vergleichen Sie nun Ihre Antworten mit den Lösungen auf Seite 156. Dieser Tabelle können Sie entnehmen, auf welches Kapitel sich jede Aufgabe bezieht. Wenn Sie eine Aufgabe nicht richtig gelöst haben, können Sie das entsprechende Kapitel wiederholen.

Aufgabe	Kapitel	Aufgabe	Kapitel	Aufgabe	Kapitel	Aufgabe	Kapitel	Aufgabe	Kapitel
1	27	7	29	13	32	19	34	25	37
2	27	8	30	14	32	20	34	26	37
3	27	9	30	15	33	21	35	27	38
4	28	10	31	16	33	22	35	28	39
5	28	11	31	17	33	23	36	29	39
6	29	12	31	18	34	24	36	30	39

40

Va chercher. Apporte.

Hol! Bring!

Imperativ

Befehle, Aufforderungen und Verbote werden mit dem Imperativ ausgedrückt. Wie im Deutschen hat der Imperativ nur eine 2. Person Singular und Plural und eine 1. Person Plural.
Anders als im Deutschen fehlt bei allen Personen das Subjektpronomen:
Mange. *Iss!* Mangeons. *Lass(t) uns essen!* Mangez. *Esst./Essen Sie.*

! Der Imperativ klingt im Französischen ziemlich energisch und wird meist mit s'il te plait/s'il vous plait *(bitte)* gemildert. Am Ende des Imperativsatzes steht kein Ausrufezeichen, sondern ein Punkt. Das Ausrufezeichen wird im Französischen nur bei Ausrufen verwendet.

REGEL Die Formen des Imperativs sind mit den jeweiligen Formen des Indikativ Präsens identisch. Bei den Verben auf -er fehlt jedoch bei der 2. Person Singular das -s. Diese Regel gilt ebenfalls für das unregelmäßige Verb aller (**Va** chercher. *Hol.*).

parler		**finir** *(beenden)*	**dormir** *(schlafen)*	**prendre** *(nehmen)*
parle	*rede*	finis	dors	prends
parlons	*reden wir*	finissons	dormons	prenons
parlez	*redet/reden Sie*	finissez	dormez	prenez

REGEL Die Verben avoir und être leiten ihre Imperativformen vom *subjonctif présent* (→ Kapitel 53) ab. Das Verb savoir hat unregelmäßige Formen.

avoir *(haben)*	**être** *(sein)*	**savoir** *(wissen)*
aie	sois	sache
ayons	soyons	sachons
ayez	soyez	sachez

! Bei vouloir *(wollen)* wird vor allem die 2. Person Plural im gepflegtem Sprachgebrauch verwendet, z. B. im Schriftverkehr: Veuillez trouver ci-joint … *Beigefügt finden Sie …*

REGEL Beim bejahten Imperativ stehen Objektpronomen oder Reflexivpronomen nach dem Verb. Beim verneinten Imperativ stehen sie vor dem Verb. Anstelle von me und te werden im bejahten Imperativsatz moi und toi verwendet:

	bejahter Imperativ	**verneinter Imperativ**	
Objektpronomen	Téléphonez-nous.	Ne nous téléphonez pas.	*Rufen Sie uns (nicht) an.*
Reflexivpronomen	Dépêche-toi.	Ne te dépêche pas.	*Beeile dich (nicht)!*

! Mit dem verneinten Imperativ können Sie Verbote ausdrücken: Ne dis pas ça. *Sag das nicht.*

1. Ergänzen Sie die Tabelle mit den Formen im Präsens bzw. Imperativ.

Infinitiv	(tu)	(nous)	(vous)
a. écouter	écoute	______	______
b. acheter	______	achetons	______
c. aller	______	______	allez
d. commencer	commence	______	______
e. sortir	______	sortons	______
f. attendre	______	attendons	______

2. Ergänzen Sie mit dem angegebenen Verb im Imperativ und verbinden Sie die Satzelemente.

a. Si tu fais les courses, *(passer)* passe → 3.
b. On ferme, *(revenir)* ______
c. Nous ne savons pas quoi faire, *(réfléchir)* ______
d. Je suis vraiment désolé, *(vouloir)* ______
e. Vous verrez, tout ira bien, *(avoir)* ______
f. Si tu prends la voiture, *(être)* ______
g. On a fait une erreur, *(relire)* ______
h. Il fait trop chaud ici, *(ouvrir)* ______

1. prudent. Il y a du verglas.
2. encore un peu.
3. à la boulangerie.
4. demain si vous avez le temps.
5. ce texte ensemble.
6. la fenêtre, s'il te plait.
7. m'excuser de ce retard.
8. peur.

3. Bejahter oder verneinter Imperativsatz? Vervollständigen Sie die Tabelle.

a. Tu lui téléphone.	Téléphone-lui.	Ne lui téléphone pas.
b. Vous m'attendez.	______	Ne m'attendez pas.
c. Tu vas au marché.	______	Ne va pas au marché.
d. Tu t'assieds là.	Assieds-toi là.	______
e. Vous m'apportez le dossier.	Apportez-moi le dossier.	______
f. Nous nous levons.	______	Ne nous levons pas.

4. Übersetzen Sie die folgenden gebräuchlichen Imperativsätze mithilfe der rechts angegeben Verben.

a. *Komm rein.* ______. entrer
b. *Setzen Sie sich, bitte.* ______. s'assoir
c. *Nehmen Sie bitte Platz.* ______. prendre
d. *Reg dich nicht auf.* ______. s'énerver
e. *Beeilen wir uns.* ______. se dépêcher
f. *Beruhige dich.* ______. se calmer
g. *Sei nicht egoistisch.* ______. être
h. *Hab keine Angst.* ______. avoir

41 Tu t'en vas ? – Oui, j'en ai marre.

Gehst du? – Ja, mir reicht's.

Gebrauch von *en*

REGEL Das Pronomen en ist im Französischen sehr gebräuchlich. Oft wird es im Deutschen gar nicht übersetzt.

Das Pronomen en ersetzt

- eine Ortsangabe mit der Präposition de *(aus/von)*. In diesem Fall hat en die Bedeutung *davon/von dort*:
  Tu viens de la fac ? Oui, j'**en** viens. *Kommst du von der Uni? – Ja, ich komme* ***von dort****.*

- eine Gruppe mit Substantiv und unbestimmtem Artikel (un, une, des) oder Teilungsartikel (du, de la, de l'):
  Vous avez **un portable** ? – Oui, j'**en** ai un. *Haben Sie ein Handy? – Ja, ich habe eins.*
  Vous prenez **du** sucre ? – Non, je n'**en** prends pas. *Nehmen Sie Zucker? – Nein, ich nehmen keinen.*

! In dieser Verwendung wird en oft vergessen, weil es im Deutschen meist unübersetzt bleibt.

- eine Verb- oder Adjektivergänzung mit de (du, de la, de l', des) bei Sachen und Sachverhalten. En entspricht hier dem Deutschen *davon, darüber, daraus* usw.:
  s'occuper de → Je m'**en** occupe. *Ich kümmere mich darum.*
  parler de → Tout le monde **en** parle. *Alle sprechen darüber.*
  être fier de → Il **en** est très fier. *Er ist sehr stolz darauf.*

! Bei Personen sollte nicht en, sondern de + betontes Pronomen (moi, toi, lui …) verwendet werden. Diese Regel wird jedoch nicht immer befolgt.
Tu t'occupes de ton petit frère ? – Oui, je m'occupe **de lui**.
Kümmerst du dich um deinen kleinen Bruder? – Ja, ich kümmere mich ***um ihn****.*

REGEL Wie alle Pronomen steht en in der Regel vor der konjugierten Verbform, nur im bejahten Imperativsatz steht es mit Bindestrich angeschlossen dahinter (→ Kapitel 40). Bei den Verben auf -er wird im bejahten Imperativsatz mit en das -s wieder eingeführt:
J'achète des croissants ? – Oui, achète**s**-en trois. *Soll ich Croissants kaufen? – Ja, (kaufe) drei.*

Die Gruppe en + Verb wird von den Verneinungswörtern im verneinten Satz nicht getrennt:
Tu as besoin de la voiture, ce soir ? – Non, je **n'**en ai **pas** besoin.
Brauchst du das Auto heute Abend? – Nein, ich brauche es nicht.

1. Wofür könnte en in den folgenden Sätzen stehen? Schreiben Sie die richtige Antwort auf die Linie hinter den Sätzen.

des souvenirs du jambon un portable des coquillages des cadeaux de la brosse à dents du sport

a. On en achète souvent en vacances : ______
b. On s'en sert tous les jours : ______
c. On en achète à la charcuterie : ______
d. Presque tout le monde en a un : ______
e. On en trouve sur les plages : ______
f. On en achète à Noël : ______
g. On en fait pour rester en forme : ______

2. Antworten Sie für sich mit „ja" oder „nein" und verwenden Sie en. In einem Satz können Sie en nicht anwenden.

a. Vous faites du sport ? – Oui, j'en fais. / Non, je n'en fais pas.
b. Vous achetez souvent des vêtements ? – ______
c. Vous avez un chien ? – ______
d. Vous buvez du café le matin ? – ______
e. Vous mangez de la viande ? – ______
f. Vous achetez souvent des légumes ? – ______
g. Vous aimez le cinéma ? – ______
h. Vous portez des lunettes ? – ______

3. Kreuzen Sie die richtige Antwort an.

a. Tu prends souvent le train ? – Oui, ☐ je le prends / ☐ j'en prends pour aller au travail.
b. Tu as vu Pierre récemment ? – Non, mais nous ☐ avons parlé de lui / ☐ en avons parlé hier.
c. Vous êtes content de votre nouvelle collègue ? – Oui, nous ☐ en sommes vraiment contents / ☐ sommes vraiment contents d'elle.
d. Il est fier de sa nouvelle voiture ? – Oui, il ☐ en est très fier / ☐ est très fier d'elle.

4. Kreuzen Sie die passende Übersetzung an.

a. Je lui en veux.	☐ *Ich bin ihm böse.*	☐ *Ich bin ihm noch etwas schuldig.*
b. Tu en es où ?	☐ *Wo bist du?*	☐ *Wie weit bist du?*
c. On s'en va.	☐ *Wir gehen (weg).*	☐ *Wir gehen mit.*
d. J'en ai marre.	☐ *Ich habe keine mehr.*	☐ *Mir reicht's.*
e. Je n'en peux plus.	☐ *Ich kann nichts dafür.*	☐ *Ich kann nicht mehr.*
f. Ne t'en fais pas.	☐ *Mach dir keine Sorgen.*	☐ *Mach dich nicht lustig darüber.*

42 Oui, oui, j'y pense. Ne t'inquiète pas. – Je n'y crois pas trop.

Ja, ja, ich denke dran. Mach dir keine Sorgen. – Ich glaube nicht ganz daran.

Gebrauch von *y*

Das Pronomen y ist Ihnen bestimmt aus der sehr gebräuchlichen Wendung il y a *(es gibt)* schon bekannt: Dans le parc, il y a une fontaine. *Im Park gibt es einen Brunnen.*

REGEL Dieses im Französischen sehr wichtige Wörtchen erfüllt unterschiedliche Aufgaben. Es ersetzt

- Ortsangaben mit einer Ortspräposition (außer de):
  Tu vas souvent à la fac ? Oui, j'**y** vais quatre fois par semaine.
  *Gehst du oft zur Uni? – Ja, ich gehe viermal die Woche **hin**.*
  La télécommande n'est pas sur la table. – Si, elle **y** est.
  *Die Fernbedienung ist nicht auf dem Tisch. – Doch, sie ist **dort**.*

- Ergänzungen von Verben mit à (au, à la, à l', aux) bei Sachen und Sachverhalten (y entspricht in diesem Fall *daran/darauf/dafür* usw.):
  penser à → Tu penses à la lettre ? – Oui, j'**y** pense.
  *Denkst du an den Brief? – Ja, ich denke **daran**.*

! Bei **Personen** wird nicht y sondern à + betontes Pronomen (moi, toi, lui …) verwendet:
Tu penses à ton frère ? – Oui, je pense **à lui**.
*Denkst du an deinen Bruder? – Ja, ich denke **an ihn**.*

REGEL Wie alle Pronomen steht y in der Regel vor der konjugierten Verbform. Die Gruppe y + Verb wird von den Verneinungswörtern nicht getrennt:
Tu participes au match, ce soir ? – Non, je **n**'y participe **pas**.
Nimmst du am Spiel heute Abend teil? – Nein, ich nehme nicht daran teil.

! Im bejahten Imperativsatz (→ Kapitel 40) steht y nach dem Verb. Bei den Verben auf -er wird ein -s eingeführt: Pense à la lettre. → Penses-y. *Denke daran.*

1. Verbinden Sie die zueinandergehörenden Sätze.

a. Il faut que j'aille chez le docteur.	1. Non, je n'y joue jamais.
b. Pierre est encore à la plage ?	2. J'y ai trouvé de belles pommes.
c. J'ai laissé les clés sur la commode.	3. Je n'y ai pas encore réfléchi.
d. Tu as acheté le journal ?	4. On devrait s'y mettre tout de suite.
e. Tu connais le Portugal ?	5. Je peux t'y conduire si tu veux.
f. Vous aimez les cartes ?	6. Oui, j'y suis allé l'an dernier.
g. Que penses-tu de ma proposition ?	7. Elles n'y sont plus.
h. Je suis allé au marché.	8. Oui, il y est depuis ce matin.
i. J'ai oublié mon pull à la piscine.	9. Désolé, je n'y ai pas pensé.
j. Quel boulot !	10. J'y suis retourné pour rien. Quelqu'un l'a pris.

2. Antworten Sie für sich mit „ja" oder „nein" und verwenden Sie y. In einem Satz können Sie y nicht anwenden.

a. Vous allez souvent chez le coiffeur ? Oui/Non ____________________
b. Vous jouez au loto ? ____________________
c. Vous croyez à l'astrologie ? ____________________
d. Vous pensez souvent à vos parents ? ____________________
e. Vous vous intéressez à la mode ? ____________________

3. Ergänzen Sie die Minidialoge. Verwenden Sie y wenn nötig.

a. Je pars en France demain. — Ah bon ? Et tu __________ comment ? *(aller)*
b. Vous restez longtemps là-bas ? — Nous __________ deux ou trois jours. *(rester)*
c. Et vous rentrez quand ? — Nous __________ au plus tard dimanche. *(rentrer)*
d. Vous connaissez l'Auvergne ? — Oui, nous __________ nos dernières vacances. *(passer)*
e. Qu'est-ce qu'on peut faire là-bas ? — On peut __________ des randonnées magnifiques et on __________ très bien. *(faire/manger)*
f. Alors, le Maroc, ça vous a plu ? — Oui, beaucoup, on __________ cet été. *(retourner)*

4. In welcher Situation können Sie die folgenden Redewendungen mit y gebrauchen?

Ça y est. On y va ? Je m'y connais. Je n'y suis pour rien. J'y tiens.

a. *Sie schlagen vor, aufzubrechen.* ____________________
b. *Sie kennen sich mit etwas gut aus.* ____________________
c. *Sie haben etwas gerade beendet.* ____________________
d. *Sie legen Wert auf etwas.* ____________________
e. *Sie beteuern Ihre Unschuld.* ____________________

43 J'en ai marre, tu me l'annonces toujours au dernier moment.

Mir reicht's, du sagst es mir immer im letzten Augenblick.

Mehrere Pronomen im Satz

REGEL In einem Satz können zwei Objektpronomen verwendet werden. Die Reihenfolge der Pronomen ist festgelegt: Sie wird vereinfacht wie folgt dargestellt:

me te se nous vous	vor	le la les	vor	lui leur	vor	y	vor	en	vor dem Verb

REGEL Die Pronomen me, te, se, nous und vous stehen als indirekte Pronomen vor den direkten Pronomen le, la, les:

Elle nous montre les photos. → Elle **nous les** montre.
Sie zeigt uns die Fotos. → Sie zeigt sie uns.

REGEL Die direkten Pronomen le, la, les stehen vor den indirekten Pronomen lui und leur:

Je lui prête ma voiture. → Je **la lui** prête. *Ich leihe ihm/ihr mein Auto. → Ich leihe es ihm/ihr.*

REGEL Die Pronomen en und y kommen immer zuletzt:

Il leur donne du pain. → Il **leur en** donne. *Er gibt ihnen Brot. → Er gibt ihnen welches.*
Il nous invite à sa fête. → Il **nous y** invite. *Er lädt uns zu seinem Fest ein. → Er lädt uns dazu ein.*

! Stehen y und en zusammen im Satz, so steht y immer vor en:

Il y a des œufs dans le frigo. → Il **y en** a. *Es gibt Eier im Kühlschrank. → Es gibt (dort) welche.*

REGEL Die Verneinungswörter rahmen die Gruppe Pronomen + konjugierte Verbform ein:

Il ne me le dit jamais. *Er sagt es mir nie.*
Elle ne le lui a pas pardonné. *Sie hat es ihm/ihr nicht verziehen.*

1. Verbinden Sie die Sätze, die zusammenpassen.

a. Ton père est au courant ?
b. Tu peux me prêter un peu d'argent ?
c. Ce texte est très difficile.
d. Il écrit bien, ton stylo.
e. Le lait est dans le frigo ?
f. J'ai besoin du dossier de notre client.
g. Ce tapis, c'est un cadeau de nos enfants.
h. Elle adore les chocolats.

1. Je vous l'apporte tout de suite.
2. Non, je ne le lui ai pas encore dit.
3. Il lui en offre souvent.
4. Euh … je crois qu'il n'y en a plus.
5. Oui, si tu me le rends avant la fin du mois.
6. Je te le prête si tu veux.
7. Tu peux me l'expliquer ?
8. Ils nous l'ont rapporté du Maroc.

2. Kreuzen Sie den Vorschlag an, bei dem die Pronomen in der richtigen Reihenfolge stehen.

a. Tu as envoyé le paquet à tes parents ? – Oui, je ☐ leur le / ☐ le leur ai envoyé.
b. Donnez-vous de l'argent aux musiciens des rues ? – Non, je ne ☐ leur en / ☐ en leur donne jamais.
c. Tu connais son nouvel ami ? – Oui, elle ☐ me l' / ☐ le m'a présenté hier.
d. Tu penses à mes livres ? – Oui, je ☐ les te / ☐ te les rapporte demain.
e. J'ai envie d'un café. – Si tu veux, je ☐ t'en / ☐ en te fais un.
f. Où est mon billet ? – Je ☐ le vous / ☐ vous l'ai donné il y a cinq minutes.
g. Il a parlé de ce problème à sa femme ? – Oui, il ☐ en lui / ☐ lui en a parlé ce matin.
h. Il n'enlève jamais ses chaussures ! – Et pourtant, je ☐ le lui / ☐ lui le dis toujours.

3. Zwei Sätze sind nicht korrekt. Schreiben Sie sie noch einmal richtig auf.

a. Je t'en ai parlé hier, de ce film.
b. L'argent, ils ne le m'ont toujours pas rendu.
c. Ce pull, je vais me l'acheter.
d. Des bonbons, j'en lui ai donné trois.
e. Je te l'ai déjà dit cent fois !

____

____

4. Antworten Sie jeweils mit zwei Objektpronomen. Worum könnte es hier gehen?

~~la voiture~~ les clés des fleurs le petit-déjeuner de ses problèmes au restaurant mon portable

a. Tu peux me la laisser pour ce soir ? – *Oui, je te la laisse.* *la voiture*
b. Il vous en parle souvent ? – Non, il ne ______________ . ______________
c. Vous les confiez à vos voisins ? – Oui, je ______________ . ______________
d. Vous en offrez souvent à votre mère ? – Oui, je ______________ . ______________
e. Vous l'apportez aux clients au lit ? – Oui, nous ______________ . ______________
f. Il vous y invite souvent ? – Non, il ne ______________ . ______________
g. Tu me le prêtes ? – Non, je ne ______________ . ______________

À votre santé ! – À la vôtre !
Auf Ihr Wohl! – Auf Ihres!

Possessivpronomen

REGEL Possessivpronomen (auch besitzanzeigende Fürwörter genannt) richten sich nach dem Substantiv, das sie vertreten. Sie werden in der Regel mit dem bestimmten Artikel verwendet:

C'est ton vélo ? – Oui, c'est **le mien**.
*Ist das dein Fahrrad? – Ja, das ist **meins**.*
Voici ma chaise. Où est **la tienne** ?
*Hier ist mein Stuhl. Wo ist **deiner**?*

Das Possessivpronomen hat folgende Formen:

Substantiv im Singular				**Substantiv im Plural**			
maskulin		**feminin**		**maskulin**		**feminin**	
le mien	*meiner*	**la mienne**	*meine*	**les miens**	*meine*	**les miennes**	*meine*
le tien	*deiner*	**la tienne**	*deine*	**les tiens**	*deine*	**les tiennes**	*deine*
le sien	*seiner/ihrer*	**la sienne**	*seine/ihre*	**les siens**	*seine/ihre*	**les siennes**	*seine/ihre*
le nôtre	*unserer*	**la nôtre**	*unsere*	**les nôtres**	*unsere*		
le vôtre	*eurer/Ihrer*	**la vôtre**	*eure/Ihre*	**les vôtres**	*eure/Ihre*		
le leur	*ihrer*	**la leur**	*ihre*	**les leurs**	*ihre*		

Anders als im Deutschen verweisen die Possessivpronomen in der 3. Person Singular (le sien/la sienne) und Plural (les siens/les siennes) nicht auf das Geschlecht des Besitzers. Wie beim Possessivbegleiter (→ Kapitel 16) gibt nur der Kontext Auskunft darüber:

le fils de Jeanne/de Luc → **le sien** *ihrer/seiner*
les enfants de Caroline/de Paul → **les siens** *ihre/seine*

REGEL Der erste Teil des Possessivpronomens ist der bestimmte Artikel (le, la, les). Beim Zusammentreffen mit à oder de, werden die zusammengezogenen Formen des Artikels (au/aux bzw. du/des) verwendet:

J'ai écrit à mes parents. As-tu écrit **aux tiens** ?
*Ich habe meinen Eltern geschrieben. Hast du **deinen** geschrieben?*
Ça ne dépend pas de mes parents, mais **des vôtres**.
*Das hängt nicht von meinen Eltern, sondern von **euren/Ihren** ab.*

1. Jeweils drei Possessivpronomen in einem Kasten passen zu allen Wörtern einer Serie. Schreiben Sie den Buchstaben des Kastens neben jede Serie.

a.	b.	c.	d.
le mien	la mienne	les siens	les miennes
le sien	la nôtre	les nôtres	les siennes
le vôtre	la leur	les leurs	les leurs

1. _____ les amies – les idées – les photos
2. _____ la télé – la famille – la voiture
3. _____ le fils – le travail – le pays
4. _____ les amis – les résultats – les parents

2. Verbinden Sie die zusammenpassenden Sätze.

a. J'ai trouvé des lunettes.
b. Ce n'est pas mon manteau.
c. Ils ont une maison immense.
d. Ses parents l'ont beaucoup aidé.
e. Notre voiture consomme beaucoup.
f. J'ai fini mon livre.
g. Nos enfants sont adorables.
h. Ma valise est vraiment lourde.

1. La leur est très économique.
2. Les miens ne m'ont jamais donné un centime.
3. Est-ce que ce sont les tiennes ?
4. La tienne est beaucoup plus légère.
5. Les leurs sont insupportables.
6. Regarde, c'est le tien.
7. Elle n'a pas commencé le sien.
8. La nôtre est bien plus petite.

3. Hier stimmt etwas nicht mit den Possessivpronomen. Verbessern Sie die Fehler mithilfe der im Kasten stehenden Pronomen.

le mien   le vôtre   ~~la tienne~~   au mien   les vôtres   le nôtre   le sien

a. Je lui présente mon idée et toi, tu lui présentes ~~la mienne~~. → la tienne
b. Oublions tout ça : c'est leur problème, pas les leurs. → ____ ________
c. Voici mon ticket. Où est les nôtres, Monsieur Leblanc ? → ____ ________
d. Ce pantalon vert n'est pas à moi. Le sien est bleu. → ____ ________
e. Bon, tu parles à ton chef et moi, je parle au tien. → ____ ________
f. Mon séchoir est en panne. Ma voisine m'a prêté le leur. → ____ ________
g. J'ai contacté mes parents. Avez-vous contacté la vôtre ? → ____ ________

4. Übersetzen Sie die Sätze zu Ende.

a. *Ihre Kinder sind älter als unsere.* → Leurs enfants sont plus âgés que ____ ________ .
b. *Gehört das Buch dir? – Ja, es ist meins.* → C'est ton livre ? – Oui, c'est ____ ________ .
c. *Ich lade meine Freunde ein. Julie lädt ihre ein.* → J'invite mes amis. Julie invite ____ ________ .
d. *Hier ist unser Auto. Wo ist eures?* → Voici notre voiture. Où est ____ ________ ?
e. *Ich vergesse nie ihren Geburtstag, sie denkt nie an meinen.* → Je n'oublie jamais son anniversaire, elle ne pense jamais ____ ________ .

45 Cette voiture est super. – Moi, je préfère celle-ci.

Dieses Auto ist super. – Mir gefällt dieses besser.

Demonstrativpronomen

REGEL Demonstrativpronomen (hinweisende Fürwörter) sind veränderlich und richten sich nach dem Substantiv, das sie vertreten:
Ce vin est bon, mais **celui-ci** est meilleur. *Dieser Wein ist gut, aber dieser (hier) ist besser.*

Die Formen in der nebenstehenden Tabelle können nicht allein verwendet werden. Sie werden ergänzt durch

	maskulin		feminin	
Singular	celui	*dieser*	celle	*diese*
Plural	ceux	*diese*	celles	*diese*

- ein Relativpronomen:
  Il faut aider **ceux qui** n'ont rien. *Man muss **denjenigen** helfen, die nichts haben.*

! Hier entspricht das Demonstrativpronomen dem deutschen Relativpronomen *derjenige, der/ diejenige, die.*

- eine Ergänzung mit de (de la/du/des):
  Ce n'est pas mon sac, c'est **celui de** ma sœur.
  Das ist nicht meine Tasche, das ist die meiner Schwester.
  Voici ma chambre, et là c'est **celle des** enfants.
  Hier ist mein Zimmer und da ist das der Kinder.

- -ci oder -là:
  Tu prends ce livre ? – Non, je prends **celui-ci/celui-là.**
  *Nimmst du dieses Buch? – Nein, ich nehme **dieses** (hier).*

! Die Formen auf -ci und auf -là sind in der Regel austauschbar. Treten sie in Konkurrenz, so weist die Form auf -ci *(hier)* auf Näheres, die Form auf -là *(da)* auf Entfernteres hin.

1. Verbinden Sie die Elemente rechts und links.

a. Notre voiture consomme plus
b. Je vous recommande cet hôtel,
c. Cette photo est un peu ratée
d. Ces pulls sont en laine,
e. Si vous n'aimez pas ce modèle,
f. Cette chambre donne sur la mer,
g. Ces artichauts viennent d'Italie,

1. ceux-là sont en coton.
2. celle-ci a vue sur la cour.
3. celui-ci est beaucoup trop cher.
4. ceux-là sont originaires de Bretagne.
5. essayez celui-ci.
6. que celle des voisins.
7. mais celles-ci sont magnifiques.

2. Verbinden Sie jedes Demonstrativpronomen mit den Substantiven, die es ersetzen könnte.

a. cette chemise → celle-ci
b. mes amis
c. vos sœurs
d. mon mari
e. ces livres
f. ce chapeau

celui-ci
celle-ci
ceux-ci
celles-ci

g. une plage
h. ces tomates
i. cet appartement
j. nos cousins
k. mes amies
l. cet homme

3. Celui / celle / ceux oder celles. Ergänzen Sie die fehlenden Demonstrativpronomen.

a. Prête-moi ton couteau, __________-là ne coupe pas bien.
b. On prend quelle route ? – Je préfère prendre __________ qui contourne la ville.
c. Ces fiches sont bien remplies, mais __________-ci sont incomplètes.
d. J'ai écrit à la directrice, mais __________-ci ne m'a pas répondu.
e. Mon nouvel emploi du temps est nul. Je préférais __________ de l'année dernière.
f. Ces livres sont à toi ? – Non, ce sont __________ de mon frère.
g. Ce livre est intéressant, mais __________ que je suis en train de lire est encore mieux.

4. Wie heißen diese Sprichwörter richtig? Verbinden Sie die zusammenhängenden Satzteile und unterstreichen Sie die Demonstrativpronomen.

a. L'avenir appartient
b. Celui qui vit sans folie
c. Le bonheur va vers
d. Ce ne sont pas ceux qui savent le mieux parler
e. Celui qui parle trop
f. Il n'est pas de joie qui égale
g. Ceux qui ne demandent rien

1. ceux qui savent rire.
2. agira difficilement.
3. celle de se créer de nouvelles amitiés.
4. ont tout.
5. à ceux qui se lèvent tôt.
6. qui ont les meilleures choses à dire.
7. n'est pas si sage qu'il croit.

46 Tu vois quelque chose ? – Non, je ne vois rien. Il n'y a pas d'ours dans le coin.

Siehst du etwas? – Nein, ich sehe nichts. Es gibt keine Bären hier in der Gegend.

Indefinitpronomen

REGEL Quelque chose *(etwas)* und rien *(nichts)* sind hier Indefinitpronomen: Sie vertreten eine nicht näher bestimmte Person oder Sache. Die gebräuchlichsten Indefinitpronomen sind:

aucun(e)	Tu vois des ours ? – Non, **aucun**.	*Siehst du Bären? – Nein, **keine**.*
chacun(e)	**Chacun** était à sa place.	***Jeder** war an seinem Platz.*
on	**On** m'a dit que…	***Man** hat mir erzählt, dass …*
personne	**Personne** ne me comprend.	***Niemand** versteht mich.*
quelque chose	Vous buvez **quelque chose** ?	*Trinken Sie **etwas**?*
quelqu'un	**Quelqu'un** est venu ?	*Ist **jemand** gekommen?*
rien	Tu ne dis **rien** ?	*Sagst du **nichts**?*
tout	**Tout** va bien.	***Alles** ist gut.*
tous/toutes	**Tous** sont repartis très heureux.	***Alle** sind sehr glücklich weggefahren.*

- On ist ursprünglich ein Indefinitpronomen mit der Bedeutung *man*, ersetzt aber im gesprochenen Französisch oft das Pronomen nous:
  Ici, **on** parle français. *Hier spricht **man** Französisch.*
  Pierre et moi, **on** va au cinéma ce soir. *Pierre und ich, **wir** gehen heute Abend ins Kino.*

- Personne und rien werden in Verbindung mit der Verneinungspartikel ne verwendet:
  Je **n**'ai **rien** vu. *Ich habe **nichts** gesehen.*
  Je **n**'ai parlé à **personne**. *Ich habe mit **niemandem** gesprochen.*

! Als Subjekt stehen personne und rien am Satzanfang:
Rien ne va plus. *Nichts geht mehr.* Personne n'a appelé. *Niemand hat angerufen.*

- Tout ist im Singular unveränderlich und entspricht dem deutschen *alles*. Tous/toutes *(alle)* im Plural richtet sich im Genus nach dem Substantiv, das es ersetzt:
  C'est **tout** ? – Oui, c'est **tout**. *Ist das **alles**? – Ja, das ist **alles**.*
  Mes amis sont **tous** là, mais mes amies ne sont pas **toutes** venues.
  *Meine Freunde sind **alle** da, aber meine Freundinnen sind nicht **alle** gekommen.*

1. Unterstreichen Sie das Indefinitpronomen und übersetzen Sie es.

a. C'est tout pour le moment. alles
b. Est-ce que quelqu'un peut m'aider ? ______
c. J'ai pris un croissant pour chacun. ______
d. Je n'y comprends rien. ______
e. J'ai sonné, mais il n'y avait personne. ______
f. On ne sait pas ce qui s'est passé. ______
g. Personne n'a pu me renseigner. ______
h. Vous avez prévenu les voisins ? – Oui, mais pas tous. ______

2. Markieren Sie die passende Möglichkeit.

a. J'ai répondu à ☐ tout / ☐ rien mais je n'ai pas encore les résultats.
b. Elle ne raconte jamais ☐ rien / ☐ personne.
c. Au marché, je n'ai rencontré ☐ aucun / ☐ personne.
d. ☐ On / ☐ Tout raconte qu'il a été marié six fois.
e. Des baleines, nous n'en avons vu ☐ rien / ☐ aucune.
f. Est-ce qu'il t'a offert ☐ rien / ☐ quelque chose à boire ?
g. J'ai fait plusieurs magasins, mais je n'ai ☐ rien / ☐ aucun acheté.
h. Elles sont ☐ tous / ☐ toutes arrivées en retard.

3. Verbinden Sie die Fragen und Antworten. Unterstreichen Sie die Indefinitpronomen.

a. Tu vends tous ces livres ?
b. Ils t'ont offert quelque chose à boire ?
c. Vous avez eu des difficultés pour rentrer ?
d. Qu'est-ce qu'il t'a dit ?
e. Qu'est-ce qui te dérange ?
f. Est-ce qu'il y a quelqu'un ?
g. Quel est le point commun entre ces personnes ?
h. Ils sont encore là ?
i. Et ton vélo vert ?

1. Aucune, il y avait très peu de trafic.
2. Non, ils sont déjà tous repartis.
3. On me l'a volé la semaine dernière.
4. Rien, il ne m'a pas adressé la parole.
5. Elles sont toutes nées le même jour.
6. Oui, je me débarrasse de tout.
7. Tout. Je ne supporte pas d'être ici.
8. Non, il n'y a personne. C'est la pause.
9. Non, rien, même pas un verre d'eau.

4. Verbinden Sie die französischen Wendungen mit ihren deutschen Entsprechungen.

a. tout ou rien
b. tous ensemble
c. une fois pour toutes
d. quelqu'un de bien
e. rien du tout
f. nous tous
g. aucune idée

1. *wir alle*
2. *(rein) gar nichts*
3. *alles oder nichts*
4. *ein für alle Mal*
5. *keine Ahnung*
6. *alle zusammen*
7. *ein guter Mensch*

47 Voilà une journée que je n'oublierai jamais !

Das ist ein Tag, den ich nie vergessen werde!

Relativpronomen

Das Relativpronomen vertritt ein Substantiv und leitet einen Nebensatz ein. Vor dem Relativsatz steht in der Regel kein Komma.

REGEL **Qui** *(der, die, das)* ist Subjekt und vertritt eine Person oder eine Sache:

J'ai un ami **qui** s'appelle Max.
*Ich habe einen Freund, **der** Max heißt.*

Il a une voiture **qui** roule très vite.
*Er hat ein Auto, **das** sehr schnell fährt.*

Mit einer Präposition verwendet, steht **qui** für ein indirektes Objekt. In diesem Fall vertritt qui nur Personen:

La fille **à qui** j'ai parlé est ma sœur. *Das Mädchen, mit dem ich gesprochen habe, ist meine Schwester.*

! Bei Sachen wird lequel verwendet (→ Kapitel 48).

REGEL **Que/qu'** *(den, die, das)* ist direktes Objekt und vertritt Personen oder Sachen:

Le film **que** j'ai vu hier est intéressant. *Der Film, **den** ich gestern gesehen habe, ist interessant.*

Je lui ai offert un pull **qu'**elle ne met jamais. *Ich habe ihr einen Pulli geschenkt, **den** sie nie anzieht.*

! Nach que/qu' steht das Subjekt (unterstrichen in den oben stehenden Beispielen).

REGEL **Où** *(in/an den/dem … /wo)* vertritt eine Orts- oder eine Zeitangabe.

Ortsangabe: Comment s'appelle l'école **où** tu travailles ? *Wie heißt die Schule, **in der** du arbeitest?*

Zeitangabe: Il arrive le jour **où** nous partons. *Er kommt an dem Tag, **an dem** wir wegfahren.*

REGEL **Dont** ist unveränderlich und vertritt immer eine Ergänzung mit de (du, de la, de l', des):

la mère de l'enfant → l'enfant **dont** la mère est malade *das Kind, **dessen** Mutter krank ist*

la voiture de l'ami → l'ami **dont** la voiture est en panne *der Freund, **dessen** Auto eine Panne hat*

on parle d'un voisin → le voisin **dont** nous parlons *der Nachbar, **von dem** wir sprechen*

il est fier de ses enfants → ses enfants **dont** il est fier *seine Kinder, **auf die** er stolz ist*

REGEL **Ce qui** und **ce que/qu'** werden im Deutschen mit dem Relativpronomen *was* wiedergegeben.
Ce qui vertritt das Subjekt, **ce que/qu'** das Objekt des Satzes:

Il aime tout **ce qui** est cher. *Er liebt alles, **was** teuer ist.*

Il a tout **ce qu'**il veut. *Er hat alles, **was** er will.*

1. Qui oder que / qu'? Kreuzen Sie das passende Relativpronomen an.

a. C'est une amie ☐ qui / ☐ que je connais depuis l'école maternelle.
b. Tu as regardé le DVD ☐ qui / ☐ que je t'ai prêté ?
c. Nous avons visité une exposition ☐ qui / ☐ que est vraiment exceptionnelle.
d. C'est un homme ☐ qui / ☐ qu'a beaucoup d'humour.
e. Nous avons des voisins ☐ qui / ☐ que sont très discrets.
f. C'est la femme ☐ à qui / ☐ à que j'ai téléphoné hier soir.

2. Qui, que / qu', où oder dont? Ergänzen Sie die Sätze und lösen Sie die folgenden Rätsel.

Les Misérables — la valse — le tire-bouchon — le couscous — Gustave Eiffel — le VTT — 2001 — francophile — la Pologne — la pâtisserie

a. C'est un objet ________ on se sert pour déboucher les bouteilles. ________
b. C'est l'ingénieur ________ a construit la tour la plus célèbre de Paris. ________
c. C'est un plat ________ vient du Maroc. ________
d. C'est un roman ________ Victor Hugo est l'auteur. ________
e. C'est un vélo ________ peut rouler partout. ________
f. C'est un mot ________ signifie que l'on aime la France et les Français. ________
g. C'est le pays ________ Varsovie est la capitale. ________
h. C'est un magasin ________ on peut acheter des gâteaux. ________
i. C'est une danse à trois temps ________ on danse à deux. ________
j. C'est l'année ________ on a introduit l'euro. ________

3. Kreuzen Sie die drei fehlerhaften Sätze an und schreiben Sie sie neu.

a. ☐ Elle ne fait jamais ce qu'elle dit.
b. ☐ Je n'aime pas les gens que mangent du chewing-gum.
c. ☐ Je n'ai pas reçu le SMS ce que tu m'as envoyé hier.
d. ☐ As-tu mangé le sandwich que je t'ai préparé ?
e. ☐ C'est un train dont est très confortable.

____

____

____

4. Ergänzen Sie mit ce qui oder ce que / qu'.

a. J'aime tout ________ il fait.
b. ________ m'ennuie, c'est qu'il risque de faire mauvais temps.
c. Il ne fait que ________ lui plait.
d. Vas-y, prends ________ tu veux.
e. J'ai fait tout ________ j'ai pu pour l'aider.
f. Il ne m'a rien dit, ________ est plutôt bon signe.

48 Les clients avec lesquels vous avez rendez-vous sont déjà là.

Die Kunden, mit denen Sie verabredet sind, sind schon da.

Relativpronomen *(lequel)*

REGEL Das Relativpronomen lequel *(der, welcher)* steht sowohl für Personen als auch für Sachen. Lequel besteht aus zwei Elementen: dem Artikel le, la, les und quel. Beide Elemente werden dem Bezugswort angeglichen:

	maskulin		**feminin**	
Singular	lequel	*welcher*	laquelle	*welche*
Plural	lesquels	*welche*	lesquelles	*welche*

! In Verbindung mit der Präposition à verschmelzen die Formen le und les (erster Teil des Relativpronomens) zu au bzw. aux:

C'est un problème **auquel** je n'ai pas pensé. *Das ist ein Problem,* ***an das*** *ich nicht gedacht habe.*

Ces sont des idées **auxquelles** je ne crois pas. *Es sind Ideen,* ***an die*** *ich nicht glaube.*

REGEL Lequel wird verwendet

- in Verbindung mit einer Präposition bei Sachen:

  Le lit **dans lequel** je dors est très bon. *Das Bett,* ***in dem*** *ich schlafe, ist sehr gut.*

  La table **à laquelle** nous sommes assis est en chêne. *Der Tisch,* ***an dem*** *wir sitzen, ist aus Eiche.*

  ! Bei Personen wird oft qui bevorzugt:

  la personne **pour laquelle** je travaille … = la personne **pour qui** je travaille … *die Person, für die (welche) ich arbeite …*

- bei Personen in Verbindung mit den Präpositionen parmi *(unter)* und entre *(zwischen)*:

  Les gens **parmi lesquels** je me trouvais étaient très sympathiques. *Die Leute,* ***unter denen*** *ich mich befand, waren sehr lustig.*

- zur Verdeutlichung der Situation, wenn qui gleichzeitig auf zwei Personen verweisen kann:

  le mari de ma soeur **qui** apprend l'espagnol *der Mann meiner Schwester,* ***der/die*** *Spanisch lernt* → le mari de ma sœur, **lequel/laquelle** apprend l'espagnol

1. Verbinden Sie die Satzelemente.

a. C'est une question
b. C'est un projet
c. Voici les raisons
d. C'est le tiroir
e. Ce sont deux appareils
f. Ce sont des gens
g. Ce sont les amis
h. Ce sont des chaussures

1. dans lesquelles je me sens très bien.
2. avec lesquels nous partons toujours en vacances.
3. pour lesquels j'ai beaucoup d'affection.
4. sur lequel nous travaillons depuis longtemps.
5. pour lesquelles je vais accepter cette offre.
6. à laquelle je ne peux pas répondre.
7. dans lequel je range tous mes souvenirs.
8. sans lesquels je ne pourrais plus vivre.

2. Lequel, laquelle, lesquels oder lesquelles? Fügen Sie die passende Form hinzu.

a. C'est une question à ____________ j'ai beaucoup réfléchi.
b. L'entreprise dans ____________ je travaille va licencier 20 personnes.
c. Les hôtels dans ____________ nous avons dormi étaient très luxueux.
d. C'est un ami avec ____________ j'ai vécu pendant trois ans.
e. Le gîte rural dans ____________ nous avons passé nos vacances était très isolé.
f. La chaise sur ____________ je suis assise est un peu bancale.

3. Rätsel: Fügen Sie das Relativpronomen hinzu und antworten Sie.

les dictionnaires — les cactus — le canapé — Marie Curie — Montréal — le portable — l'hiver

a. une femme pour ____________ les Français ont beaucoup d'admiration ____________
b. un appareil avec ____________ on est joignable partout ____________
c. un meuble sur ____________ on s'installe souvent pour regarder la télé ____________
d. des livres dans ____________ on trouve tous les mots ____________
e. la saison pendant ____________ il neige ____________
f. des plantes avec ____________ on peut se piquer ____________
g. une ville du Canada dans ____________ on parle français ____________

4. Kreuzen Sie die Sätze an, in denen auch das Relativpronomen qui stehen könnte.

a. ☐ C'est une personne avec laquelle je m'entends très bien.
b. ☐ Tous les gens auxquels j'ai parlé étaient de mon avis.
c. ☐ Voici la maison dans laquelle j'ai habité pendant 10 ans.
d. ☐ J'ai écrit au directeur du lycée, lequel ne m'a jamais répondu.
e. ☐ Je cherche une personne de mon âge avec laquelle je pourrais vivre en colocation.
f. ☐ L'événement auquel vous pensez a eu lieu il y a déjà très longtemps.
g. ☐ Le poste pour lequel je postule me paraît très intéressant.
h. ☐ J'ai une proposition, laquelle vous intéressera certainement.

49 Alors, tu t'es bien amusée hier ? – Oui, mais j'ai un peu trop bu.

Na, hast du dich gestern gut amüsiert? – Ja, aber ich habe ein bisschen zu viel getrunken.

Ursprüngliche Adverbien

REGEL Ein Adverb sagt aus, wie, wo oder wann etwas gemacht wird. Es bezieht sich meist auf ein Verb:
Ce train roule **vite**. *Dieser Zug fährt **schnell**.*

Adjektiv: Elle est **très** jolie. *Sie ist **sehr*** hübsch.
Adverb: Ce train roule **trop** vite. *Dieser Zug fährt **zu** schnell.*

Anders als im Deutschen haben Adverbien im Französischen eine andere Form als Adjektive:
Adjektiv: Manon est une **bonne** élève. *Manon ist eine **gute*** Schülerin.
Adverb: Elle travaille **bien**. *Sie arbeitet **gut**.*

REGEL In diesem Kapitel geht es um die ursprünglichen Adverbien (Adverbien, die nicht von einem Adjektiv abgeleitet werden).

Adverbien der Zeit wie hier *(gestern)*, demain *(morgen)*, toujours *(immer)*, souvent *(oft)*, jamais *(niemals)*, autrefois *(früher)*, aujourd'hui *(heute)* …	Il est arrivé **hier**. *Er ist **gestern** gekommen.* Ils sont **toujours** ensemble. *Sie sind **immer** zusammen.*
Adverbien des Ortes wie ici *(hier)*, là *(hier)*, loin *(weit weg)*, près *(in der Nähe von)* …	Je travaille **ici** depuis un an. *Ich arbeite **hier** seit einem Jahr.* Il habite tout **près**. *Er wohnt ganz **in der Nähe**.*
Adverbien der Menge wie beaucoup *(viel)*, assez *(genug)*, un peu *(ein wenig)* …	Il parle **peu**. *Er spricht **wenig**.* Elle a **beaucoup de** patience. *Sie hat **viel** Geduld.*
Adverbien der Intensität wie très *(sehr)*, trop *(zu viel)* …	Elle est **très** belle. *Sie ist **sehr** schön.* Tu fumes **trop**. *Du rauchst **zu viel**.*
Adverbien der Art und Weise wie bien *(gut)*, mal *(schlecht)*, volontiers *(gern)* …	J'accepte **volontiers** votre offre. *Ich nehme Ihr Angebot **gerne** an.*

REGEL Das Adverb steht immer vor dem Adjektiv oder dem Adverb, das es näher bestimmt:
Elle est **très** sympathique. *Sie ist sehr sympathisch.*
Je n'ai pas **bien** compris. *Ich habe nicht gut verstanden.*

Das Adverb steht meist nach der konjugierten Verbform:
Elle chante **bien.** *Sie singt gut.* J'ai **mal** dormi. *Ich habe schlecht geschlafen.*

Wie im Deutschen sind die Zeit- und Ortsadverbien im Satz beweglich:
Maintenant, j'habite en ville. / J'habite **maintenant** en ville. / J'habite en ville **maintenant**.
Ich wohne jetzt in der Stadt.

1. Adverb oder Adjektiv? Unterstreichen Sie in den Sätzen alle Adverbien.

a. Mon appartement n'est pas très grand, mais je m'y sens très bien.
b. Même si je ne roule pas vite, j'aime bien les voitures puissantes.
c. Dans cet hôtel, les chambres sont agréables, mais le service est un peu décevant.
d. Nos dernières vacances se sont mal passées. Nous sommes rentrés déçus.
e. Cette robe est beaucoup trop courte et elle ne me va pas bien.
f. Il est toujours devant son ordinateur. Ce n'est pas raisonnable.
g. Il râle souvent, il n'est jamais de bonne humeur.
h. Nous partons demain en vacances.

2. Sagen Sie das Gegenteil mit einem Adverb aus dem Kasten rechts.

a. Ce professeur n'est pas assez sévère. ≠ *est trop sévère*
b. J'y vois bien avec ces lunettes. ≠ ______
c. Il travaille peu. ≠ ______
d. Je ne vais jamais au cinéma. ≠ ______
e. Ces enfants s'entendent mal, c'est dommage. ≠ ______
f. Je n'ai jamais aimé l'école. ≠ ______

toujours bien ~~trop~~ mal beaucoup souvent

3. Bringen Sie die Satzteile in die richtige Reihenfolge.

a. passé / avons / belle / une / très / soirée / nous
______
b. en France / nos vacances / nous / souvent / passons
______
c. volontiers / je viendrai / à ton anniversaire
______
d. rentrés / tard / très / et ils étaient / ils sont / fatigués
______
e. peu / elle / avec nous / aimable / a été
______

4. Verbinden Sie die entsprechenden Sprichwörter.

a. Qui trop embrasse mal étreint.
b. Tout est bien qui finit bien.
c. Le mensonge ne mène pas loin.
d. Rira bien qui rira le dernier.
e. Demain, il fera jour.
f. La vérité finit toujours par se savoir.
g. Un malheur ne vient jamais seul.

1. *Wer zuletzt lacht, lacht am besten.*
2. *Die Sonne bringt es an den Tag.*
3. *Ein Unglück kommt selten allein.*
4. *Wer allerlei beginnt, gar wenig gewinnt.*
5. *Morgen ist auch ein Tag.*
6. *Ende gut, alles gut.*
7. *Lügen haben kurze Beine.*

50 C'est une fête parfaitement réussie.

Es ist ein perfekt gelungenes Fest.

Adverbien auf *-ment*

REGEL Die Adverbien auf -ment werden von der femininen Form des Adjektivs abgeleitet.

Adjektiv feminin + *-ment*		=	**Adverb**
active	*aktiv*	→	activement
lente	*langsam*	→	lentement

! Einige Adverbien erhalten zusätzlich einen steigenden Akzent *(accent aigu)*:
profond → Il dort profond**é**ment. *Er schläft tief.*
énorme → Il a énorm**é**ment grossi. *Er hat enorm zugenommen.*

Endet die maskuline Form des Adjektivs auf -e, -é, -i, oder -u wird das Adverb von dieser Form abgeleitet (und nicht von der femininen Form):

Adjektiv maskulin + *-ment*		=	**Adverb**
facil**e**	*einfach*	→	facilement
vra**i**	*wahr*	→	vraiment
absol**u**	*absolut*	→	absolument

Aber: gai *(fröhlich)* → gaiement

REGEL Adjektive auf -ant bilden das Adverb auf -amment. Adjektive auf -ent (außer lent → lentement) bilden das Adverb auf -emment:
courant → Elle parle **couramment** espagnol. *Sie spricht fließend Spanisch.*
récent → Je l'ai rencontré **récemment**. *Ich habe ihn neulich getroffen.*

REGEL In einigen gebräuchlichen Wendungen steht ein Adjektiv anstelle eines Adverbs:
chanter juste ≠ faux *richtig ≠ falsch singen*
parler bas ≠ fort *leise ≠ laut sprechen*
sentir bon ≠ mauvais *gut ≠ schlecht riechen*
travailler dur *hart arbeiten*
dormir tranquille *ruhig schlafen*
gagner gros *viel verdienen*

1. Ergänzen Sie die fehlenden Formen.

	Adjektiv maskulin	Adjektiv feminin	Adverb
a.	______	lente	______
b.	rapide	______	______
c.	______	______	difficilement
d.	heureux	______	______
e.	______	______	discrètement
f.	______	active	______
g.	rare	______	______
h.	______	vraie	______
i.	______	______	énormément

2. Welche Form passt? Kreuzen Sie an.

a. mauvais	☐ mauvaisement	☐ mal
b. calme	☐ calmément	☐ calmement
c. suffisant	☐ suffisamment	☐ suffisantement
d. bon	☐ bonement	☐ bien
e. lent	☐ lentement	☐ lentemment
f. profond	☐ profondement	☐ profondément
g. absolu	☐ absolument	☐ absoluement

3. Leiten Sie das Adverb ab und setzen Sie es in den passenden Satz.

1. actif ______
2. léger ______
3. récent ______
4. bruyant ______
5. complet ______
6. prudent ______

a. J'ai ______ oublié mon rendez-vous chez le dentiste.
b. Je désire participer ______ à ce projet.
c. Il n'était pas d'accord et il protestait ______ .
d. Il pleut très ______ .
e. Il conduisait très ______ à cause du brouillard.
f. Pierre ? Je l'ai rencontré ______ à l'anniversaire de ma sœur.

4. Übersetzen Sie die folgenden Sätze zu Ende.

a. *Sie hat eine schöne Stimme, aber sie singt falsch.* → Elle a une belle voix, mais ______
b. *Er fährt gut, aber zu schnell.* → Il conduit ______
c. *Sie spricht fließend Französisch, aber schlecht Englisch.* → Elle parle ______
d. *Sie regt sich leicht auf und schreit sehr laut.* → Elle s'énerve ______
e. *Diese Rosen riechen sehr gut.* → Ces roses ______

51 Vous ne trouverez pas moins cher sur le marché.

Sie werden nichts Billigeres auf dem Markt finden.

Vergleiche

REGEL Mit dem Komparativ werden Eigenschaften (Adjektive/Adverbien) oder Mengen (Substantive) verglichen:

Eigenschaft: Elle est **plus riche** que moi.
*Sie ist **reicher** als ich.*

Elle travaille **plus vite** que moi.
*Sie arbeitet **schneller** als ich.*

Menge: Elle a **plus d'**argent que moi.
*Sie hat **mehr** Geld als ich.*

REGEL **Eigenschaften** werden wie folgt verglichen:

plus moins aussi	**Adjektiv** + que	Luc est **plus grand** que Max. Je suis **moins grand** que lui. Max est **aussi grand** que Léo.	*Luc ist **größer** als Max.* *Ich bin **weniger groß** als er.* *Max ist **genauso groß** wie Léo.*

plus moins aussi	**Adverb** + que	Luc roule **plus vite** que Max. Max roule **moins vite** que moi. Je roule **aussi vite** que Paul.	*Luc fährt **schneller** als Max.* *Max fährt **langsamer** als ich.* *Ich fahre **genauso schnell** wie Léo.*

! Im Vergleichssatz steht die betonte Form des Pronomens:
Elle est plus nerveuse que **lui**. *Sie ist nervöser als er.*
Vous êtes moins stressés que **moi**. *Sie sind weniger gestresst als ich.*

! Anders als im Deutschen ist der Komparativ mit moins (weniger) sehr gebräuchlich:
moins cher = *billiger (weniger teuer)*, moins grand = *kleiner (weniger groß)*

! Die Vergleichspartikel *(als* oder *wie* im Deutschen) heißt immer que.

! Merken Sie sich folgende unregelmäßige Komparativformen:

- **bon** *(gut)* → **meilleur** *(besser)*: Elle a de **meilleures** notes que l'année dernière.
  *Sie hat **bessere** Noten als letztes Jahr.*
- **mauvais** (in der Bedeutung von *schlimm*) → **pire** *(schlimmer)*: Il est **pire** que sa sœur.
  *Er ist **schlimmer** als seine Schwester.*

Aber: Il fait **plus mauvais** ici qu'à Paris. *Das Wetter ist hier **schlechter** als in Paris.*

REGEL **Mengen** (Substantive) werden wie folgt verglichen:

plus de/d' autant de/d' moins de/d'	**Substantiv** + que	J'ai **plus d'amis** que Paul. J'ai **autant d'amis** que toi. Anne a **moins d'amis** que moi.	*Ich habe **mehr Freunde** als Paul.* *Ich habe **genauso viele Freunde** wie du.* *Anne hat **weniger Freunde** als ich.*

1. Bilden Sie Vergleiche.

a. Julie / jeune (+) Anne est *plus jeune que Julie.*
b. nous / bruyants (=) Nos voisins sont ______
c. Lisa / élégante (–) Anna est ______
d. ICE / rapide (+) Le TGV est ______
e. théâtre / cher (–) Le cinéma est ______
f. Léo / sympa (=) Max est ______

2. Verbinden Sie die Satzteile zu sinnvollen Vergleichen.

a. Ce matin, le vent	sont aussi confortables	que le rugby.
b. Les fraises des bois	est pire	que le Danube.
c. La Loire	est moins populaire	que la nuit dernière.
d. Ce médicament	est souvent plus facile	que les gorges du Verdon.
e. Ces canapés	sont meilleures	que le mal.
f. Parler	est moins violent	que les fraises cultivées.
g. Les gorges du Tarn	est moins longue	que ces fauteuils.
h. En France, le foot	sont aussi spectaculaires	qu'agir.

3. Kreuzen Sie die passende Aussage an.

a. Il fait ☐ plus / ☐ moins chaud au mois de septembre qu'au mois de février.
b. Le mois de mars a ☐ moins de / ☐ autant de jours que le mois de juillet.
c. Le mois de juin est ☐ moins / ☐ plus court que le mois d'août.
d. En mai les jours sont ☐ plus / ☐ aussi longs qu'en décembre.
e. Le soleil brille ☐ moins / ☐ aussi fort en mars qu'en août.
f. Il pleut ☐ moins / ☐ plus souvent en juillet qu'en novembre.
g. On a ☐ moins / ☐ aussi chaud en mars qu'en juin.
h. Il y a ☐ moins de / ☐ plus de jours fériés en Alsace que dans le reste de la France.

4. Vergleichen Sie Zimmeranzahl, Preise, Komfort der verschiedenen Hotels. Benutzen Sie mindestens einmal jeweils autant, plus und moins.

nom de l'hôtel	nombre de chambres	prix des chambres	prix du petit-déjeuner
Hôtel de la Poste***	35	65€	12€
Hôtel de la Gare***	52	77€	8,50€
Hôtel du Centre****	35	95€	8,50€

a. *L'hôtel de la Poste a moins d'étoiles que l'hôtel du Centre.*
b. ______
c. ______
d. ______
e. ______

52 Je suis le plus grand, le plus fort … – Et surtout, le moins modeste !

Ich bin der Größte, der Stärkste … – Und vor allem der Unbescheidenste!

Superlativ

REGEL Der Superlativ ist die höchste Steigerungsform des Adjektivs oder des Adverbs:

Je suis **le plus grand**.
Ich bin der größte.

C'est cette voiture qui roule **le plus vite**.
Dieses Auto fährt am schnellsten.

REGEL **Der Superlativ** wird wie folgt gebildet:

le / la / les plus **le / la / les moins**	+ Adjektiv
le plus **le moins**	+ Adverb

! Bei Adjektiven, die vor dem Substantiv stehen (→ Kapitel 15), kann der Superlativ vor oder hinter dem Substantiv stehen:
la ville la plus grande = la plus grande ville *die größte Stadt*

! Anstelle des bestimmten Artikels (le/la/les) kann der Possessivbegleiter (mon/ma/mes) stehen:
mon plus beau souvenir de vacances *meine schönste Urlaubserinnerung*

! Anders als im Deutschen ist der Superlativ mit moins *(am wenigsten)* sehr gebräuchlich:
le moins cher = *das billigste (am wenigsten teuer)*
le moins grand = *das kleinste (am wenigsten groß)*

REGEL Merken Sie sich folgende unregelmäßige Superlativformen von bon (Adjektiv) und bien (Adverb):

- **bon** *(gut)* → le/la meilleur(e) *der/die/das beste*
  les meilleur(e)s *die besten*
- **mauvais** *(schlimm)* → le/la/les pire(s) *der/die/das schlimmste(n)*
- **bien** *(gut)* → le mieux *am besten*

REGEL Auf den Superlativ folgt in der Regel die Präposition de:
le plus beau pays du monde *das schönste Land der Welt*
la plus jeune de mes filles *die jüngste meiner Töchter*
les plus belles villes de France *die schönsten Städte Frankreichs*

1. Wovon ist hier die Rede? Bilden Sie die Definitionen und verbinden Sie diese mit der passenden Antwort.

a. la planète / petit (+) → *la plus petite planète/ la planète la plus petite*
b. la montagne / haute (+) → ______
c. le fleuve / long (+) → ______
d. la ville / peuplée (+) → ______
e. le train français / rapide (+) → ______
f. le continent / froid (+) → ______
g. l'animal / grand (+) → ______

Tokyo
l'Antarctique
Mercure
la baleine bleue
le Mont Everest
le Nil
le TGV

2. Sagen Sie nun Ihre Meinung: Quel(le) est pour vous ... ?

a. le magasin / cher (–) → ______ ______
b. l'acteur / bon (+) → ______ ______
c. le musée / prestigieux (+) → ______ ______
d. la ville / romantique (+) → ______ ______
e. le mois / agréable (–) → ______ ______
f. la ville / beau (+) → ______ ______
g. le moyen de transport / dangereux (–) → ______ ______

3. Verbinden Sie die gleichbedeutenden Wendungen.

a. le plus triste
b. le moins fort
c. le plus mauvais
d. le plus surprenant
e. le moins utile
f. le plus solide
g. le moins compliqué
h. le plus dangereux

1. le pire
2. le plus simple
3. le moins efficace
4. le moins fragile
5. le moins drôle
6. le plus faible
7. le moins sûr
8. le plus étonnant

4. Übersetzen Sie folgende Ausdrücke.

a. *der beste Schüler* ______
b. *das bequemste Auto* ______
c. *meine beste Freundin* ______
d. *der schlimmste Feind* ______
e. *das billigste Hotel* ______
f. *der heißeste Monat* ______
g. *meine schönste Reise* ______
h. *unsere besten Wünsche* ______

Wählen Sie die richtige Antwort.

Imperativ

1. Parl___ moins vite, s'il te plait.
   a) -es
   b) -e

2. Écoute-___ bien.
   a) moi
   b) me

Pronomen

3. Tu as un chat ? – Oui, ___ .
   a) j'ai un
   b) j'en ai un

4. C'est une actrice très connue. Tout le monde ___ .
   a) en parle
   b) parle d'elle

5. Tu crois à l'astrologie ? – Non, je ___ crois pas.
   a) n'en
   b) n'y

6. Vous pensez souvent à vos parents ? – Oui, ___ souvent.
   a) je pense à eux
   b) j'y pense

7. Ce livre, tu peux ___ prêter ?
   a) me le
   b) le me

8. Ils vous a parlé de ses projets ? – Oui, il ___ a parlé hier soir.
   a) en nous
   b) nous en

Possessiv-, Demonstrativ- und Indefinitpronomen

9. C'est votre fille ? – Oui, c'est ___ .
   a) la nôtre
   b) nôtre

10. Ta voiture est rouge, ___ est noire.
    a) la sienne
    b) le sienne

11. Vous prenez quelle robe ? – Je prends ___ .
    a) celle
    b) celle-ci

12. Ces clés, ce sont ___ des voisins.
    a) celles
    b) celles-ci

13. Vous désirez autre chose ? – Non merci, c'est ___ .
    a) tous
    b) tout

14. Vous prenez un apéritif ? – Non merci, je ___ .
    a) ne prends rien
    b) ne rien prends

15. Nous n'avons eu ___ .
    a) aucun problème
    b) aucuns problèmes

Relativpronomen

16. J'aime les histoires ___ finissent bien.
    a) qui
    b) que

17. C'est un roman ___ j'ai adoré.
    a) dont
    b) que

18. Je cherche un hôtel ___ dormir.
    a) à qui
    b) où

19. Elle fait toujours ___ lui plait.
    a) ce qui
    b) ce que

20. Ce sont des gens parmi ___ je me sens bien.
    a) qui
    b) lesquels

21. La machine avec ___ je travaille est très moderne.
    a) qui
    b) laquelle

Adverbien

22. Ce train va ___ .
    a) vite
    b) rapide

23. Nous avons ___ mangé.
    a) mal
    b) mauvais

24. Il roule vite, il conduit ___ .
    a) imprudemment
    b) imprudamment

25. Ces roses sentent très ___ .
    a) bon
    b) bien

26. J'ai répondu ___ à toutes les questions.
    a) correct
    b) correctement

Vergleiche und Superlativ

27. Nos voisins sont ___ jeunes ___ nous.
    a) plus … comme
    b) plus … que

28. Le film est ___ intéressant que le livre.
    a) aussi
    b) autant

29. Paris est ___ grande ville de France.
    a) la plus
    b) la moins

30. Nous avons choisi la voiture ___ .
    a) le moins cher
    b) la moins chère

Lust auf noch mehr Tests?

Dann ab ins Netz und weitermachen:
https://go.hueber.de/power-grammatik/franzoesisch

Vergleichen Sie nun Ihre Antworten mit den Lösungen auf Seite 159. Dieser Tabelle können Sie entnehmen, auf welches Kapitel sich jede Aufgabe bezieht. Wenn Sie eine Aufgabe nicht richtig gelöst haben, können Sie das entsprechende Kapitel wiederholen.

Aufgabe	Kapitel	Aufgabe	Kapitel	Aufgabe	Kapitel	Aufgabe	Kapitel	Aufgabe	Kapitel
1	40	7	43	13	46	19	47	25	50
2	40	8	43	14	46	20	48	26	50
3	41	9	44	15	46	21	48	27	51
4	41	10	44	16	47	22	49	28	51
5	42	11	45	17	47	23	49	29	52
6	42	12	45	18	47	24	50	30	52

53 J'ai peur que ce ne soit pas le bon chemin.

Ich fürchte, dass das nicht der richtige Weg ist.

Subjonctif présent: Bildung

REGEL Mit dem *subjonctif* kennzeichnet der Sprecher den Vorgang als möglich bzw. wünschenswert oder nicht. Der *subjonctif* steht meist in einem Nebensatz mit que *(dass)*. (Zum Gebrauch des *subjonctif présent* → Kapitel 54.)

REGEL Die Endungen des *subjonctif présent* werden an den Stamm der 3. Person Plural Präsens (ils) angehängt:

manger →	ils **mang**ent	dire →	ils **dis**ent	**Endungen**
que je	mang**e**	que je	dis**e**	**-e**
que tu	mang**es**	que tu	dis**es**	**-es**
qu'il/elle	mang**e**	qu'il/elle	dis**e**	**-e**
que nous	mang**ions**	que nous	dis**ions**	**-ions**
que vous	mang**iez**	que vous	dis**iez**	**-iez**
qu'ils/elles	mang**ent**	qu'ils/elles	dis**ent**	**-ent**

! Diese Endungen gelten für alle Verben außer être und avoir.

REGEL Verben mit Stammwechsel im Indikativ Präsens wie z. B. boire (nous **buv**ons/ils **boiv**ent) ändern im *subjonctif* ihre Stammform in der 1. und der 2. Person Plural: que je boive, que tu boives, qu'il boive, que nous **buv**ions, que vous **buv**iez, qu'ils boivent.

REGEL Einige Verben haben unregelmäßige (Stamm-)Formen, die Endungen bleiben gleich:

	être	**avoir**	**faire**	**aller**	**savoir**	**pouvoir**
que je/j'	sois	aie	fasse	aille	sache	puisse
que tu	sois	aies	fasses	ailles	saches	puisses
qu'il/elle	soit	ait	fasse	aille	sache	puisse
que nous	soyons	ayons	fassions	allions	sachions	puissions
que vous	soyez	ayez	fassiez	alliez	sachiez	puissiez
qu'ils/elles	soient	aient	fassent	aillent	sachent	puissent

REGEL Der *subjonctif passé* wird mit être oder avoir im *subjonctif présent* und dem Partizip Perfekt des entsprechenden Verbs gebildet:

Je crains **que tu te sois trompé** de chemin. *Ich fürchte, dass du dich im Weg geirrt hast.*

Je ne suis pas sûr **qu'il ait** tout **compris**. *Ich bin nicht sicher, dass er alles verstanden hat.*

1. Regelmäßige Formen: Kreuzen Sie die jeweils richtige *subjonctif*-Form an.

a. manger	→	que nous	☐ mangeons	☐ mangions
b. mettre	→	que tu	☐ mettes	☐ mets
c. finir	→	que nous	☐ finissons	☐ finissions
d. dormir	→	qu'ils	☐ dorment	☐ dormiez
e. sortir	→	que nous	☐ sortons	☐ sortions
f. attendre	→	qu'il	☐ attends	☐ attende
g. lire	→	que je	☐ lisent	☐ lise
h. écrire	→	que vous	☐ écriviez	☐ écrivez

2. Bilden Sie die *subjonctif*-Formen der folgenden Verben mit Stammwechsel.

a. prendre	que je prenne	que nous ______	qu'ils ______
b. recevoir	qu'il ______	que vous ______	qu'elles ______
c. apprendre	que j' ______	que nous ______	que vous ______
d. venir	qu'elle ______	que vous ______	qu'ils ______
e. appeler	que tu ______	que nous ______	que vous ______
f. voir	que je ______	que nous ______	qu'elles ______
g. devoir	qu'il ______	que vous ______	qu'ils ______

3. Unregelmäßige Formen: Die folgenden *subjonctif*-Formen sind fehlerhaft. Verbessern Sie sie und schreiben Sie sie richtig auf.

a. J'aimerais qu'*ils soyent* heureux. ______
b. J'ai peur qu'*elle aie* des problèmes. ______
c. Il faut que *vous saviez* que nous ne sommes pas d'accord. ______
d. Je souhaite que *vous faisiez* le ménage dans votre chambre. ______
e. Il faut que *nous aillions* faire des courses. ______
f. Je voudrais qu'*elle peuve* comprendre pourquoi j'ai fait ça. ______

4. Ergänzen Sie das jeweils passende Verb im *subjonctif présent*.

regarder dire partir boire prendre faire être

a. Je suis désolé, mais il faut que je ______, on m'attend.
b. J'aimerais qu'il ______ moins d'alcool.
c. Je veux que tu me ______ toute la vérité.
d. Nous souhaitons que tous nos clients ______ satisfaits.
e. Je ne veux pas que tu ______ ma voiture.
f. Il faut qu'il ______ moins la télé et qu'il ______ plus de sport.

54 Tu ne viens pas avec nous ? – Non, il faut que je dorme un peu.

Kommst du nicht mit? – Nein, ich muss ein bisschen schlafen.

Subjonctif: Gebrauch

REGEL Der *subjonctif* ist nach bestimmten Verben/Ausdrücken erforderlich. Diese sogenannten ***subjonctif*-Auslöser**, die meist die subjektive Haltung des Sprechers ausdrücken, sind Verben und Ausdrücke mit folgender Bedeutung:

- Wunsch/Wille/Notwendigkeit wie z. B. souhaiter *(wünschen)*, vouloir *(wollen)*, ne pas vouloir *(nicht wollen)*, falloir *(müssen)*:
  Je veux que vous soyez tous là à l'heure. *Ich will, dass ihr alle pünktlich da seid.*
  Il faut que je dorme un peu. *Ich muss ein bisschen schlafen.*

  ! Nach espérer *(hoffen)* steht aber der Indikativ:
  J'espère que tu vas bien. *Ich hoffe, dass es dir gut geht.*

- Empfindung/Gefühl wie z. B. se réjouir *(sich freuen)*, regretter *(bedauern)*, craindre *(fürchten)*, s'étonner *(sich wundern)*, se plaindre *(beklagen)*:
  Je me réjouis que vous veniez demain. *Ich freue mich, dass Sie morgen kommen.*

- Zweifel/Ungewissheit/Befürchtung wie z. B. douter *(zweifeln)*, ne pas être sûr(e) *(nicht sicher sein)*, avoir peur *(Angst haben)*, craindre *(befürchten)*:
  Je doute que ce soit une bonne idée. *Ich (be)zweifle, dass es eine gute Idee ist.*

- Stellungnahme/Wertung wie z. B. il vaut mieux que *(es ist besser)*, dommage que *(schade, dass)*:
  Il vaut mieux que je dorme un peu. *Es ist besser, wenn ich ein bisschen schlafe.*

REGEL Der *subjonctif* steht **nach den Konjunktionen** pour que/afin que *(damit)*, bien que/quoique *(obwohl)*, avant que *(bevor)* und jusqu'à ce que *(bis)*:
J'attendrai **jusqu'à ce que** vous soyez là. *Ich werde warten, bis ihr da seid.*

REGEL Nicht verwendet wird der *subjonctif*

- in der indirekten Rede (anders als im Deutschen):
  Elle dit qu'elle a vingt ans. *Sie sagt, dass sie zwanzig sei.*

- nach Verben des Meinens und Denkens wie z. B. penser *(denken)*, croire *(glauben)*:
  Je crois que tu as raison. *Ich glaube, dass du recht hast.*

  ! Werden diese Verben jedoch verneint, so steht der *subjonctif*:
  Je ne crois pas que tu aies raison. *Ich denke nicht, dass du recht hast.*

REGEL Der *subjonctif présent* von avoir und être ist auch der Imperativ:
Soyez attentifs. *Seien Sie aufmerksam.* N'aie pas peur. *Hab keine Angst.*

1. Was ist noch alles zu tun, bevor die Familie in den Urlaub fahren kann? Ergänzen Sie.

passer faire fermer arroser partir laisser
téléphoner sortir disputer

a. Avant de partir en week-end, il faut que …
- je ____________ à ma sœur.
- j'____________ les plantes.
- les enfants ____________ leurs devoirs.

b. Il vaut mieux que …
- je ____________ les clés aux voisins.
- je ____________ les poubelles.
- nous ____________ tous les volets.

c. J'aimerais que …
- nous ne ____________ pas trop tard.
- les enfants ne se ____________ pas dans la voiture.
- nous ____________ de bonnes vacances.

2. Welche Aussagen passen zusammen? Verbinden Sie sie.

a. Je ne veux pas qu'elle vienne ce soir.
b. Dommage que vous partiez déjà.
c. Il faut absolument que tu le voies.
d. Je n'aime pas que tu dises ça.
e. Je ne suis pas sûre que cela suffise.
f. Il vaudrait mieux que tu prennes le train.
g. Il veut toujours qu'on lui obéisse.

1. Je le trouve très autoritaire.
2. Il va peut-être neiger.
3. Je n'ai pas envie de la voir.
4. On en prend trois en plus ?
5. Vous ne pouvez vraiment pas rester ?
6. C'est injuste.
7. C'est un film magnifique.

3. Markieren Sie die Konjunktionen im Kasten, die den *subjonctif* erfordern und ergänzen Sie dann damit die folgenden Sätze.

parce que bien que
pour que avant que
pendant que
jusqu'à ce que
après que afin que

a. Parle plus fort ____________ on puisse te comprendre.
b. J'aimerais te voir ____________ tu partes.
c. Passez me voir ____________ nous en parlions ensemble.
d. J'attendrai ____________ il ne pleuve plus.
e. Il n'est pas français ____________ il soit né en France.

4. Kreuzen Sie den richtigen Vorschlag an.

a. Je doute que ☐ c'est / ☐ ce soit une bonne idée.
b. Il faut que ☐ nous faisons / ☐ nous fassions attention.
c. Je crois qu' ☐ il fera / ☐ il fasse beau demain.
d. J'espère que ☐ vous ferez / ☐ vous fassiez bon voyage.
e. Elle dit que tout ☐ va / ☐ aille bien.
f. Nous souhaitons que vous ☐ réussissez / ☐ réussissiez votre vie.
g. Je pense que ☐ ce n'est pas / ☐ ce ne soit pas possible.

55 Ils pleurent parce que tu ne joues pas avec eux.

Sie weinen, weil du nicht mit ihnen spielst.

Konjunktionen: Indikativ oder *subjonctif*?

REGEL Konjunktionen leiten einen Nebensatz ein:
Je reste au lit **parce que** je suis malade.
*Ich bleibe im Bett, **weil** ich krank bin.*

! Anders als im Deutschen steht das Verb im französischen Nebensatz nicht am Satzende. Außerdem werden Haupt- und Nebensatz in der Regel nicht durch ein Komma getrennt.

REGEL Die folgenden Konjunktionen erfordern den Indikativ:

parce que *(weil)*	Je ne sors pas **parce qu'**il pleut. *Ich gehe nicht raus, weil es regnet.*
quand/lorsque *(wenn)*	Il ne faut pas le déranger **quand** il travaille. *Man darf ihn nicht stören, wenn er arbeitet.*
depuis que *(seit)*	Je suis plus calme **depuis que** je ne bois plus de café. *Ich bin ruhiger, seit ich keinen Kaffee mehr trinke.*
pendant que *(während)*	Elle lit **pendant qu'**il dort. *Sie liest, während er schläft.*
après que *(nachdem)*	**Après que** l'avion avait atterri, j'étais vraiment soulagée. *Nachdem das Flugzeug gelandet war, war ich wirklich erleichtert.*
dès que *(sobald)*	Je viendrai **dès que** je peux. *Ich werde kommen, sobald ich kann.*
comme/puisque *(da)*	**Puisque** tu es là, on peut commencer. *Da du hier bist, können wir anfangen.*
comme si *(als ob)*	J'ai fait **comme si** je n'étais pas au courant. *Ich habe (so) getan, als ob ich nicht informiert wäre.*
si *(wenn/falls; ob)*	**Si** tu continues, je m'en vais. ***Wenn** du so weiter machst, gehe ich.* Il ne sait pas **s'**il pourra venir. *Er weiß nicht, **ob** er kommen kann.*

! **Si** in der Bedeutung von *wenn/falls* leitet einen Bedingungssatz (siehe Beispielsatz 1) ein, in der Bedeutung von *ob* eine indirekte Frage (siehe Beispielsatz 2). Si wird vor il zu s', aber nicht vor elle.

REGEL Nur wenige Konjunktionen erfordern den *subjonctif* (→ Kapitel 54):
Rentrons **avant qu'**il (ne) pleuve. *Gehen wir heim, bevor es regnet.*

! Avant que wird im gepflegten Sprachgebrauch mit ne verwendet.

REGEL Ist das Subjekt im Haupt- und Nebensatz dieselbe Person, wird eine Infinitivkonstruktion bevorzugt: Lave-toi les dents avant d'aller au lit. *Putz dir die Zähne, bevor du ins Bett gehst.*

1. Welche Konjunktion passt?

a. Je suis en retard ☐ quand / ☐ parce qu'il y avait un bouchon.
b. ☐ Comme si / ☐ Dès que ses parents dorment, il quitte la maison.
c. Les cambrioleurs sont entrés ☐ pendant que / ☐ si nous dormions.
d. Je suis très heureuse ☐ comme / ☐ depuis que j'ai rencontré Léo.
e. J'ai fait ☐ comme si / ☐ lorsque je ne comprenais pas.
f. ☐ Comme / ☐ Quand je n'avais pas le choix, j'ai accepté sa proposition.
g. Il est reparti ☐ après que / ☐ avant que le feu est passé au vert.
h. Vous pouvez attendre ici ☐ quand / ☐ si vous voulez.

2. Beenden Sie die Sätze.

je ne sache pas nager | sa voiture est en panne | mes invités arrivent | le Mur est tombé | tu es d'accord | je prépare la sauce | tu veux du dessert | ses enfants fassent des études

a. Il est venu à pied **parce que** ________________.
b. Elle travaille dur **pour que** ________________.
c. Je vais souvent à la piscine **bien que** ________________.
d. J'avais dix ans **quand** ________________.
e. Tu peux laver la salade **pendant que** ________________.
f. Mange ta soupe **si** ________________.
g. Je dois me préparer **avant que** ________________.
h. Je ne sais toujours pas **si** ________________.

3. Diese Sätze entbehren jeder Logik. Wie sollten die Konjunktionen richtig lauten?

a. Il allume la télé *pour que* ses parents quittent la maison. dès que
b. Écrivez-nous *quand* vous êtes intéressés. ________________
c. Je ne sors pas ce soir *depuis que* je suis fatigué. ________________
d. Je viendrai te voir *parce que* j'aurai fini mon travail. ________________
e. Je dors mal *dès que* je prenne chaque soir un somnifère. ________________
f. J'aimerais vous voir *afin que* vous partiez. ________________
g. Je me sens mieux *bien que* je fume moins. ________________

4. Nebensatz oder Infinitivkonstruktion? Kreuzen Sie die richtige Aussage an.

a. Décide-toi ☐ avant qu'il soit trop tard / ☐ avant d'être trop tard.
b. Aide-moi ☐ pour que je me prépare / ☐ à me préparer.
c. J'ai répondu ☐ sans que je réfléchisse / ☐ sans réfléchir.
d. Je lui ai préparé un thé ☐ pour qu'elle se calme / ☐ pour se calmer.
e. ☐ Après que je me suis levé / ☐ Après m'être levé, je suis allé dans la salle de bain.

56 Il est tombé tout seul. – Non, c'est toi qui l'as fait tomber !

Sie ist von allein runtergefallen. – Nein, DU hast sie fallen lassen!

Hervorhebung im Satz *(mise en relief)*

Es gibt im Französischen mehrere Möglichkeiten ein Element im Satz hervorzuheben.

REGEL Die Hervorhebung mit c'est … qui/que ist im gesprochenen Französisch sehr beliebt. C'est … qui oder C'est … que steht immer am Satzanfang.

- Mit **c'est … qui** wird das Subjekt des Satzes hervorgehoben:
  C'est toi **qui** l'as fait tomber. ***Du** hast es fallen lassen.* (wörtlich: *Du bist es, der es hat fallen lassen.*)
- Mit **c'est … que/qu'** wird ein anderes Element im Satz hervorgehoben:
  C'est un film **que** j'adore. *Ich liebe **diesen Film**.*
  C'est dans cette rue **qu**'il habite. ***In dieser Straße** wohnt er.*

! Hebt c'est… que das direkte Objekt hervor, so wird das Partizip Perfekt an dieses Objekt angeglichen:
C'est une robe que j'ai faite toute seule. *Dieses Kleid habe ich ganz allein gemacht.*

REGEL Mit c'est … qui/c'est … que wird die betonte Form des Personalpronomens verwendet:
C'est **moi** qui ai raison. ***Ich** habe recht.*
C'est **lui** que j'attends ce soir. ***Ihn** erwarte ich heute Abend.*

REGEL Die Hervorhebung durch Kommasetzung ist im Alltagsfranzösisch ebenfalls sehr gebräuchlich: Das hervorzuhebende Element wird nach vorne oder nach hinten verschoben und mit einem Komma vom Rest des Satzes getrennt:

neutrale Aussage	Hervorhebung (Voranstellung)	Hervorhebung (Nachstellung)
J'adore ce film. *Ich liebe diesen Film.*	Ce film, je **l'**adore. *Diesen Film liebe ich.*	Je **l'**adore, ce film. *Ich liebe ihn, diesen Film.*

! Das verschobene Element muss durch ein Pronomen wieder aufgenommen bzw. angekündigt werden (siehe oben stehende Beispiele).

! Wird das direkte Objekt vorangestellt, wird das Partizip Perfekt diesem Objekt angeglichen:
Cette voiture, je l'ai achet**ée** d'occasion. *Diesen Wagen habe ich gebraucht gekauft.*
Je les ai rapport**és** de Tunisie, ces souvenirs. *Ich habe diese Souvenirs aus Tunesien mitgebracht.*

1. Subjekt oder nicht? Ergänzen Sie mit qui oder que.

a. C'est un ami ______ je connais depuis longtemps.
b. C'est un roman ______ j'ai adoré.
c. C'est la machine à café ______ fait ce drôle de bruit.
d. C'est moi ______ fais toujours tout ici.
e. Ce sont les voisins ______ ont sonné.
f. C'est lui ______ j'ai rencontré hier.
g. C'est pour toi ______ j'ai fait ça.

2. Verbinden Sie die Elemente rechts und links zu sinnvollen Aussagen.

a. C'est une amie	1. qui avez raison.
b. Ce sont les enfants	2. où nous passions nos vacances.
c. C'est vous	3. que j'ai vu plusieurs fois.
d. C'est un problème	4. que mon mari m'a offerte pour Noël.
e. C'est la ville	5. qui avons gagné le match.
f. C'est un film	6. auquel nous n'avions pas pensé.
g. C'est la bague	7. dont je n'ai plus de nouvelles.
h. C'est nous	8. qui nous ont raconté ce mensonge.

3. Drei Sätze sind fehlerhaft. Schreiben Sie sie richtig auf.

a. Ce dont je rêve, c'est de faire un grand voyage.
b. C'est qui moi décide.
c. C'est que je n'ai jamais pratiqué un sport.
d. Le sport, je déteste ça.
e. Tu y es déjà allé, au Portugal ?
f. Cette fille, j'aime beaucoup.

____
____
____

4. Heben Sie das unterstrichene Element durch Kommasetzung hervor. Gleichen Sie, wenn nötig, das Partizip Perfekt an.

a. L'été est ma saison préférée. → *Ma saison préférée, c'est l'été.*
b. Nous avons rencontré ce problème souvent. → ______________________________
c. J'ai lu cinq fois ce livre. → ______________________________
d. Je ne supporte pas cette fille. → ______________________________
e. Je n'ai pas lu ces livres. → ______________________________
f. Je connais par cœur cette histoire. → ______________________________
g. J'ai trouvé ces fleurs au marché. → ______________________________

57 Tu as encore repassé en regardant la télé !

Du hast schon wieder beim Fernsehen gebügelt!

Gerundium (*gérondif*)

REGEL Mit dem *gérondif* (eine Verbform, die es im Deutschen nicht gibt) können Sätze verkürzt werden:
Il repassait et il regardait la télé.
→ Il repassait **en regardant** la télé.
Das *gérondif* ist im Französischen sehr gebräuchlich und wird wie folgt gebildet: **en + Partizip Präsens.**

Das Partizip Präsens wird gebildet aus dem Stamm der 1. Person Plural (nous) im Präsens und der Endung -ant:

nous **dorm**ons	→	**dorm- + ant**	→	**dormant**	*schlafend*
nous **finiss**ons	→	**finiss- + ant**	→	**finissant**	*beendend*
nous **écriv**ons	→	**écriv- + ant**	→	**écrivant**	*schreibend*

! Beachten Sie folgende unregelmäßige Formen des Partizip Präsens:
avoir → ayant   être → étant   savoir → sachant

REGEL Das *gérondif* hat folgende Bedeutungen:

Gleichzeitigkeit (*während*)	Elle parle pendant qu'elle dort. → Elle parle **en dormant.** *Sie spricht im Schlaf.*
Grund (*weil*)	Je me suis tordu la cheville parce que je suis tombé. → Je me suis tordu la cheville **en tombant**. *Ich habe mir beim Fallen den Knöchel verrenkt.*
Bedingung (*wenn/falls*)	Si tu prends ton billet à l'avance, tu as une réduction. → **En prenant** ton billet à l'avance, tu as une réduction. *Wenn du deine Fahrkarte früh kaufst, bekommst du eine Ermäßigung.*
Art und Weise (*wie*)	Il est entré et il riait. → Il est entré **en riant**. *Er kam lachend herein.*

! Nur wenn beide (Teil-)Sätze dasselbe Subjekt haben, kann das *gérondif* verwendet werden. Im ersten der folgenden zwei Sätze ist es nicht möglich, da beide Handlungen von verschiedenen Personen durchgeführt werden:
Je suis parti quand **le voisin** est arrivé. *Ich bin weggegangen, als der Nachbar kam.*
Je suis parti et **je** courais. → Je suis parti **en courant**. *Ich bin weggerannt.*

REGEL Das *gérondif* ist unveränderlich. Für welche Zeit es steht entnehmen Sie dem Kontext:
Je dîne en regardant la télé. *Ich sehe beim Abendessen fern.*
J'ai dîné en regardant la télé. *Ich habe beim Abendessen ferngesehen.*
Je dinerai en regardant la télé. *Ich werde beim Abendessen fernsehen.*

1. Verbinden Sie die folgenden Satzteile zu sinnvollen Aussagen.

a. Il est interdit de téléphoner
b. J'adore tricoter
c. Je me suis fait mal au dos
d. J'ai cassé un verre
e. Il me regardait
f. J'ai rencontré la voisine
g. J'ai été agréablement surpris

1. en portant ce carton de livres.
2. en apprenant les résultats.
3. en faisant la vaisselle.
4. en souriant.
5. en regardant la télé.
6. en conduisant.
7. en allant au courrier.

2. Ergänzen Sie die Sätze mit der richtigen *gérondif*-Form der Verben aus dem Kasten.

faire sortir glisser prendre passer vouloir ranger

a. Je suis tombé ____ ________ sur une peau de banane.
b. ____ ________ un billet première classe, tu voyageras plus confortablement.
c. ____ ________ du sport régulièrement, vous serez plus en forme.
d. Il a tout raté, ____ ________ trop bien faire.
e. Pensez à bien refermer la porte ____ ________ .
f. ____ ________ mes étagères, j'ai retrouvé le livre que je cherchais.
g. Je lui ai dit un petit bonjour ____ ________ .

3. Ersetzen Sie den unterstrichenen Satzteil durch eine *gérondif*-Konstruktion.

a. Je ris quand je repense à cette histoire. → *en repensant à cette histoire*
b. Si tu travailles plus, tu réussiras tes examens. → ________
c. Faites attention quand vous descendez du train. → ________
d. Je me suis trompé quand j'ai rendu la monnaie. → ________
e. Pendant que j'attendais mon tour, j'ai lu le journal. → ________
f. Elle est tombée parce qu'elle courait trop vite. → ________
g. Je me suis brûlé quand j'ai allumé une bougie. → ________

4. Unterstreichen Sie die Subjekte in den Sätzen und bilden Sie, wenn möglich, die entsprechende *gérondif*-Konstruktion.

a. Je fais le ménage et j'écoute la radio.
b. J'ai rencontré Marc, il sortait de son bureau.
c. J'ai téléphoné dès que je suis arrivé à la maison.
d. Il est arrivé en retard et il s'est excusé.
e. Quand je suis arrivé à la maison, toute la famille m'attendait.

____
____
____

58 Il dit qu'il nous invite à son anniversaire samedi.

Er sagt, dass er uns am Samstag zu seinem Geburtstag einlädt.

Indirekte Rede

REGEL Mit der indirekten Rede gibt man die Äußerung einer anderen Person wieder. Die indirekte Rede wird von Verben wie dire *(sagen)*, annoncer *(ankündigen)*, prétendre/affirmer *(behaupten)*, répondre *(antworten)*, penser *(denken)*, trouver *(finden)*, savoir *(wissen)* eingeführt.

REGEL Wie im Deutschen werden Pronomen, Begleiter und Verbformen sowie einige Zeit- und Ortsadverbien der veränderten Redesituation angepasst. Die indirekte Rede wird mit que *(dass)* eingeleitet. Anders als im Deutschen kann que nicht entfallen:

direkte Rede	**indirekte Rede**
Elle dit : « **Je suis** contente de **vous** voir. »	Elle dit qu'**elle est** contente de **nous** voir.
*Sie sagt: „**Ich freue mich**, **euch** zu sehen.“*	*Sie sagt, dass **sie sich freut**, **uns** zu sehen.*
Il annonce : « **Je vais** rester **ici** une semaine. »	Il annonce qu'**il va** rester **là-bas** une semaine.
*Er kündigt an: „**Ich werde** eine Woche **hier** bleiben.“*	*Er kündigt an, dass **er** eine Woche **dort** bleiben **wird**.*

REGEL Steht das einleitende Verb im Präsens, wird die Zeit der direkten Rede übernommen:

direkte Rede	**indirekte Rede**
Il dit: « **Je viendrai** demain. »	Il dit qu'**il viendra** demain.
Er sagt: „Ich werden morgen kommen.“	*Er sagt, dass er morgen kommen wird.*
Elle affirme : « **Je n'étais** pas au courant. »	Elle affirme qu'**elle n'était** pas au courant.
Sie behauptet: „Ich war nicht informiert.“	*Sie behauptet, dass sie nicht informiert war.*

REGEL Steht das einleitende Verb in einer Zeit der Vergangenheit, gilt folgende Zeitenfolge:

	direkte Rede		**indirekte Rede**	
Il a dit :	« Je suis malade. »	Il a dit	qu'il était malade.	Präsens → *imparfait*
	« Il a neigé cette nuit. »		qu'il avait neigé cette nuit.	Perfekt → Plusquamperfekt
	« Je rentrerai tard. »		qu'il rentrerait tard.	Futur → *conditionnel*

Imparfait, Plusquamperfekt und *conditionnel* der direkten Rede werden unverändert in die indirekte Rede übernommen.

1. Leiten Sie die indirekte Rede ab. Passen Sie die Pronomen, Begleiter und Verbformen an.

a. Ma grand-mère raconte : « J'adorais l'école et j'étais très bonne élève. »
→ Elle raconte qu' ______________________.

b. Le client affirme : « J'ai déjà payé. »
→ Il affirme qu' ______________________.

c. Les touristes disent : « Nous aimerions beaucoup prolonger notre séjour. »
→ Ils disent qu' ______________________.

d. Anne annonce : « La réunion aura lieu demain à 14 heures. »
→ Elle annonce que ______________________.

e. Léonie pense : « J'aimerais faire une croisière en Norvège. »
→ Elle pense qu' ______________________.

f. Pierre dit : « Je ne sais pas quand j'arriverai. »
→ Il dit qu' ______________________.

2. Geben Sie das, was die verschiedenen Personen sagen, in der indirekten Rede wieder.

a. Pierre dit ______________________.
b. Martin répond ______________________.
c. Jeanne dit ______________________.
d. Louis répond ______________________.
e. Marie pense ______________________.
f. Léon dit ______________________.
g. Arnaud dit ______________________.

3. Kreuzen Sie die richtige Möglichkeit an.

a. Pierre m'a raconté qu'il ☐ avait fait / ☐ faisait du ski hier.
b. Je ne savais pas qu'il ☐ est médecin / ☐ était médecin.
c. Elle avait dit qu'elle ne ☐ viendra / ☐ viendrait pas au cinéma avec nous.
d. Il a affirmé que le paquet ☐ est parti / ☐ était parti hier.
e. Il a promis qu'il ☐ finissait / ☐ finirait avant ce soir.
f. Il prétendait que ses voisins ☐ avaient fait / ☐ fassent du bruit toute la nuit.

59 … venir au stade ? – Max demande si tu peux l'accompagner au stade.

… ins Stadion mitkommen? – Max fragt, ob du ins Stadion mitkommen kannst.

Indirekte Frage

REGEL Eine indirekte Frage wird von Verben des Fragens oder (Nicht-)Wissens wie demander *(fragen)*, ne pas savoir/ignorer *(nicht wissen)*, se demander *(sich fragen)* eingeführt:

direkte Frage	**indirekte Frage**
Il (me) demande : « Tu arrives quand ? »	Il (me) demande quand j'arrive.
Er fragt (mich): „Wann kommst du an?“	*Er fragt mich, wann ich ankomme.*

REGEL **Alle Fragewörter** (außer que, qu'est-ce que und qui est-ce que) werden in die indirekte Rede unverändert übernommen. Est-ce que entfällt:

Fragewort		**direkte Frage**		**indirekte Frage**
où ?	Il me demande:	« Où vas-tu ? »	Il me demande	où je vais.
quand ?		« Quand rentres-tu ? »		quand je rentre.
pourquoi ?		« Pourquoi ris-tu ? »		pourquoi je ris.
comment ?		« Comment vas-tu ? »		comment je vais.
quel(le) ?		« Quel âge as-tu ? »		quel âge j'ai.

REGEL

- Que/Qu'est-ce que ? (*was?* als direktes Objekt) wird zu ce que/qu':
  Il me demande : « **Que** penses-tu/**Qu'est-ce que** tu penses de tout ça ? »
  → Il me demande **ce que** je pense de tout cela. *Er fragt mich, was ich von dem Ganzen halte.*
- Qu'est-ce qui (*was?* als Subjekt) wird zu ce qui:
  Il demande : « **Qu'est-ce qui** se passe ? » → Il demande **ce qui** se passe. *Er fragt, was los ist.*

REGEL Indirekte Fragen **ohne Fragewort** werden mit si *(ob)* eingeführt:
Il demande si tu viens au stade avec lui. *Er fragt, ob du mit ihm ins Stadion gehst.*

! Si wird vor il/ils zu s' verkürzt, aber nicht vor elle:
Je me demande s'il va pleuvoir. *Ich frage mich, ob es regnen wird.*
Je ne sais pas **si elle** viendra. *Ich weiß nicht, ob sie kommt (kommen wird).*

1. Ein Verhör: Leiten Sie die direkte Frage ab. Bilden Sie, wenn möglich, Inversionsfragen (→ Kapitel 26).

J'aimerais savoir …

a. où vous habitez. → *Où habitez-vous ?*

b. si vous avez des enfants. → ______ ?

c. si vous êtes française. → ______ ?

d. quand vous êtes arrivée en France. → ______ ?

e. ce que vous faites dans la vie. → ______ ?

Leiten Sie nun die indirekte Frage ab.

Dites-moi, …

f. Comment vous appelez-vous ? → comment ______ .

g. Avez-vous un numéro de portable. → ______ .

h. D'où venez-vous ? → ______ .

i. Qu'est-ce qui s'est passé ? → ______ .

j. Pouvez-vous décrire le voleur ? → ______ .

2. Ce qui (Subjekt) oder ce que/qu' (Objekt)? Ergänzen Sie die indirekten Fragen.

Je lui demande …

a. ____ ______ est arrivé à la voisine.

b. ____ ______ elle veut faire plus tard.

c. ____ ______ il y aura pour déjeuner.

d. ____ ______ elle a raconté à son mari.

Elle ne sait pas …

e. ____ ______ s'est passé.

f. ____ ______ l'intéresse.

g. ____ ______ elle va faire à manger.

h. ____ ______ elle peut lui dire.

3. Geben Sie die Informationen aus dem Brief in der indirekten Rede wieder.

Ma chérie,

Notre voyage s'est très bien passé et nous sommes arrivés, comme prévu avant 16 heures à l'hôtel. Nous n'avons eu aucun problème sur la route. Notre hôtel est situé tout près de la plage et nous avons de la chance : notre chambre a vue sur la mer.

Et toi, comment vas-tu ? Peux-tu te reposer un peu chez Mamie ? As-tu les résultats de tes examens ? Qu'est-ce que tu fais de tes journées ?
Quand rentres-tu ?

Grosses bises Papa

Il raconte …

a. *que leur voyage* ______

b. ______

c. ______

d. ______

e. ______

Il demande …

f. ______

g. ______

h. ______

i. ______

j. ______

60 On vient d'acheter un ordinateur, Luc est en train de l'installer …

Wir haben gerade einen Computer gekauft, Luc ist dabei, ihn zu installieren …

Unmittelbare Vergangenheit, Verlaufsform und nahe Zukunft

REGEL Mit venir de + Infinitiv sagen Sie, was Sie gerade getan haben. Diese Wendung wird **unmittelbare Vergangenheit** genannt.

On vient (juste) d'acheter un ordinateur. *Wir haben gerade einen Computer gekauft.*

! Das Verb venir kann im Präsens oder im *imparfait* stehen, aber nicht in einer anderen Zeit.

Nous venions de diner quand il a téléphoné. *Wir hatten gerade zu Abend gegessen, als er angerufen hat.*

REGEL Mit être en train de + Infinitiv sagen Sie, was Sie gerade dabei sind zu tun. Diese Wendung wird auch **Verlaufsform** genannt.

Qu'est-ce que tu fais ? – Je suis en train de lire. *Was machst du? – Ich lese gerade./Ich bin am Lesen.*

! Das Verb être kann in dieser Wendung im *imparfait* stehen, aber nicht im *passé composé*.

Nous étions en train de manger quand tu as téléphoné. *Wir waren gerade beim Essen, als du angerufen hast.*

REGEL Mit aller + Infinitiv, sagen Sie, was Sie gleich machen werden. Eine ausführliche Darstellung dieser Zeit (auch **nahe Zukunft** genannt) finden Sie im Kapitel 36.

Je vais partir. *Ich werde weggehen.*

! Das Verb aller kann hier im *imparfait* stehen, aber nicht in einer anderen Zeit. Es drückt dann eine Absicht aus und wird meist mit *wollen* übersetzt.

J'allais partir. *Ich wollte gerade gehen.*

Unmittelbare Vergangenheit, Verlaufsform und nahe Zukunft

1. Verbinden Sie die passenden Satzteile.

a. Léonie vient de jeter sa vieille télé
b. Léo est dans le jardin,
c. Marc est en train de remplir les cartons
d. Il va pleuvoir d'une minute à l'autre,
e. L'avion vient d'atterrir
f. Il vient juste de téléphoner
g. Julie est en train de se reposer

1. parce qu'il va déménager la semaine prochaine.
2. on devrait se dépêcher de rentrer.
3. nous n'allons pas la déranger.
4. parce qu'elle va en acheter une neuve.
5. il est en train de planter des salades.
6. les passagers sont en train de descendre.
7. il va rappeler tout à l'heure.

2. Sagen Sie dasselbe mit venir de, aller oder être en train de.

a. Pierre sort dans quelques minutes. → *Pierre va sortir.*
b. Le train arrive bientôt. → ______
c. Nous allons à Barcelone ce week-end. → ______
d. Marie lit le journal dans le salon. → ______
e. J'ai envoyé le mail il y a cinq minutes. → ______
f. Le docteur examine le patient. → ______
g. J'ai fini mon travail. → ______

3. Unmittelbare Vergangenheit, nahe Zukunft oder Verlaufsform? Anworten Sie.

a. Tu veux manger quelque chose ? – (diner) – *Non merci, je viens de diner.*
b. Qu'est-ce que tu fais ? – (travailler) – Je ______ .
c. Je peux parler à Pierre ? – (dormir) – Non, il ______ .
d. Le train est encore en gare ? – (partir) – Non, il ______ .
e. Tu as enregistré le film hier ? – (regarder) – Oui, je ______ ce soir.
f. Le voisin est là ? – (tondre) – Oui, il ______ le gazon.
g. Tu as vu le ciel ? – (neiger) – Oui, on dirait qu'il ______ .
h. Tu travailles ? – (manger) – Non, je ______ .
i. La poste est encore ouverte ? – (fermer) – Non, elle ______ .

4. Übersetzen Sie mithilfe von venir de, aller, être en train de.

a. *Ich heirate nächsten Monat.* *Je vais me marier le mois prochain.*
b. *Ich habe es gerade eben verstanden.* ______ .
c. *Wir werden uns gut amüsieren.* ______ .
d. *Er sieht gerade fern.* ______ .
e. *Ich habe gerade angerufen.* ______ .
f. *Sie ist gerade eben angekommen.* ______ .
g. *Er spielt gerade Klavier.* ______ .
h. *Ich werde es mir überlegen.* ______ .

61 Non, nous n'avons pas été invités, mais nous aimerions bien dormir un peu.

Nein, wir sind nicht eingeladen worden, aber wir möchten gern ein bisschen schlafen.

Passiv

REGEL In einem **Aktivsatz** steht das (handelnde) Subjekt im Mittelpunkt: **Nous** invitons les voisins. *Wir laden die Nachbarn ein.*
In einem **Passivsatz** steht die Person/Sache, mit der etwas geschieht, im Mittelpunkt: **Les voisins** sont invités. *Die Nachbarn sind eingeladen.*

! Das direkte Objekt des Aktivsatzes wird zum Subjekt des Passivsatzes. Aus diesem Grund kann nur mit Verben mit direktem Objekt das Passiv gebildet werden.

REGEL Das Passiv wird mit être + Partizip Perfekt gebildet. Das Partizip Perfekt wird dem Subjekt angeglichen: Je suis invité(e). *Ich werde/bin eingeladen.*
Elle est invitée. *Sie wird/ist eingeladen.*
Nous sommes invité(e)s. *Wir werden/sind eingeladen.*
Elles sont invitées. *Sie werden/sind eingeladen.*

! Ob der Passivsatz im Deutschen mit *werden* oder *sein* wiedergegeben wird, entscheidet allein der Kontext des Satzes:
Ces livres **sont vendus** à prix bas. *Diese Bücher* ***werden*** *zu einem niedrigen Preis verkauft.*
La banque **est fermée** aujourd'hui. *Heute* ***ist*** *die Bank geschlossen.*

REGEL Das Passiv existiert in allen Zeiten und Modi. Die Zeit von être ist die Zeit des Verbs im Passivsatz:

Präsens	il **est** interrogé (par la police)	*er wird (von der Polizei) verhört*
Passé composé	il **a été** interrogé	*er ist verhört worden*
Imparfait	il **était** interrogé	*er wurde verhört*
Futur	il **sera** interrogé	*er wird verhört werden*
Plusquamperfekt	il **avait été** interrogé	*er war verhört worden*
Conditionnel	il **serait** interrogé	*er würde verhört werden*
Subjonctif présent	qu'il **soit** interrogé	*dass er verhört werde*

! Der Urheber wird in der Regel mit der Präposition par eingeführt:
J'ai été surpris **par** cette nouvelle. *Ich bin von dieser Nachricht überrascht worden.*

! Das Passiv ist im Französischen weniger gebräuchlich als im Deutschen. Das Alltagsfranzösisch bevorzugt andere (als weniger steif empfundene) Wendungen wie
- eine aktive Wendung mit on: J'ai été invité. → On m'a invité.
- eine Wendung mit einem reflexiven Verb (im Deutschen auch möglich):
  Ce produit se vend très bien. *Dieses Produkt verkauft sich sehr gut.*

1. Setzen Sie être in die jeweils vorgegebene Zeit und fügen Sie den Urheber hinzu.

la tempête — le maire — ~~le professeur~~ — le jardinier — le chirurgien — le patron — la femme de ménage

a. (Präsens)	Les devoirs sont corrigés.	(par le professeur)
b. (Futur)	La nouvelle usine ______ inaugurée demain.	(______)
c. *(passé composé)*	Les chemises ______ repassées soigneusement.	(______)
d. *(conditionnel)*	Le patient ______ opéré le plus vite possible.	(______)
e. *(imparfait)*	Les fleurs ______ arrosées régulièrement.	(______)
f. (Plusquamperfekt)	Tout le toit ______ emporté.	(______)
g. *(subjonctif présent)*	J'ai peur que notre projet ______ refusé.	(______)

2. Kreuzen Sie die drei Sätze an, die ein direktes Objekt enthalten, und leiten Sie dann daraus die entsprechenden Passivsätze ab.

a. ☐ Les enfants ont mangé tout le gâteau. ______
b. ☐ La neige est tombée toute la nuit. ______
c. ☐ Les nuages cachent le soleil. ______
d. ☐ Le train est parti comme prévu à onze heures. ______
e. ☐ Le Guide Michelin recommande ce restaurant. ______

3. „Werden" oder „sein"? Kreuzen Sie die jeweils passende Übersetzung an.

a. Ce chien a été abandonné par ses maitres. → *Dieser Hund* ☐ *ist /* ☐ *wurde von seinen Herrchen ausgesetzt.*
b. La pièce est divisé en deux parties. → *Der Raum* ☐ *ist /* ☐ *wird in zwei Bereiche geteilt.*
c. Le match est retransmis ce soir. → *Das Spiel* ☐ *ist /* ☐ *wird heute Abend übertragen.*
d. Nous sommes très surpris par cette réaction. → *Wir* ☐ *sind /* ☐ *werden sehr überrascht von dieser Reaktion.*

4. Ergänzen Sie die Sätze mithilfe des passenden Verbs aus dem Kasten im Passiv. Die Zeit ist jeweils in Klammern angegeben.

annoncer — annuler — réveiller — informer — décorer

a. (Futur)	Tous les vols du week-end ______.
b. (Präsens)	Tous les touristes ______ du danger.
c. *(passé composé)*	Une grève des bus ______ à la radio.
d. *(imparfait)*	Le sapin de Noël ______ avec gout.
e. *(passé composé)*	Nous ______ par le coq des voisins.

Et si on faisait un petit voyage en France ? – Oh oui, un week-end à Paris …

Wie wär's mit einer kleinen Reise nach Frankreich? – O ja, ein Wochenende in Paris …

Präpositionen: *à, en, de*

À, en und de sind die am meisten verwendeten Präpositionen des Französischen. Sie werden im Deutschen je nach Kontext unterschiedlich wiedergegeben, z. B.:
Je vais **à** la maison. *Ich gehe **nach** Hause.*
À quelle heure ? ***Um** wie viel Uhr?*

! À und de verschmelzen mit le und les zu au/aux bzw. du/des (→ Kapitel 3).

REGEL Die **Präposition à** *(in/auf/nach …)* steht:

- bei **Ortsangaben**: Ce matin, je reste **au** lit. *Heute Morgen bleibe ich im Bett.*
- bei **Städtenamen**: Je pars demain **à** Paris. *Ich fahre morgen nach Paris.*
- bei **maskulinen Ländernamen**: Il vit **au** Japon. *Er lebt in Japan.*
- bei **Uhrzeitangaben**: Le film commence **à** 19 heures. *Der Film beginnt um 19 Uhr.*
- mit der **Bedeutung *bis***: **À** bientôt ! – de 8 heures **à** midi *Bis bald! – von 8 bis 12 Uhr*
- bei **Feiertagen**: **à** Noël – **à** Pâques *an Weihnachten – zu Ostern*
- bei **Entfernungsangaben**: J'habite **à** 3 km du centre. *Ich wohne 3 km vom Zentrum (entfernt).*
- bei Angabe der **Art und Weise**: J'adore le lapin **à** l'ail. *Ich liebe Kaninchen mit Knoblauch.*
- bei **(offenen) Verkehrsmitteln**: Je suis venu **à** vélo. *Ich bin mit dem Fahrrad gekommen.*
- bei **Preisangaben**: un menu **à** 25 euros *ein Menü zu/für 25 Euro*
- bei der Angabe des **indirekten Objekts**: J'envoie ce mail **à** ma sœur. *Ich schicke meiner Schwester diese E-Mail.*
- bei **bestimmten Verben**: s'intéresser **à** – aider **à** *sich interessieren für – helfen*

REGEL Die **Präposition en** *(in/aus)* wird verwendet:

- bei **femininen Ländern und Regionen**: J'habite **en** Autriche. – Je vais **en** Bretagne. *Ich wohne in Österreich. – Ich fahre in die Bretagne.*
- bei **maskulinen Ländern**, die **mit Vokal anfangen**: **en** Iran *im Iran*
- bei **Jahreszahlen**, **Monatsnamen**, **Jahreszeiten**: **en** 2010 – **en** juin – **en** hiver *(im Jahre) 2010 – im Juni – im Winter*
- bei **(geschlossenen) Verkehrsmitteln**: Je suis venu **en** taxi. *Ich bin mit dem Taxi gekommen.*
- zur Angabe des **Materials/Stoffes**: une veste **en** lin *eine Jacke aus Leinen*

REGEL Die **Präposition de** *(von/aus)* wird verwendet:

- zur Angabe der **Herkunft**: Je viens **de** Suisse. *Ich bin aus der Schweiz.*
- bei **Mengenangaben**: un verre/un litre **de** vin *ein Glas/ein Liter Wein*
- bei **bestimmten Verben**: se souvenir **de** – parler **de** *sich erinnnern an – sprechen von*
- zur Bildung von **Komposita**: une table **de** nuit *ein Nachttisch*

1. Verbinden Sie die Elemente rechts und links zu sinnvollen Aussagen.

a. Je me suis acheté une belle veste	1. de ce film.
b. Nous avons fait un grand tour	2. aux États-Unis.
c. Notre maison se trouve au centre ville	3. du train.
d. Je ne me souviens plus	4. à mes parents.
e. Je viens de m'acheter une armoire	5. en bois massif.
f. Nous avons habité cinq ans	6. à cinq minutes de la gare.
g. Il ne s'intéresse pas du tout	7. à vélo.
h. Je n'ai pas encore parlé	8. en coton.
i. Tous les voyageurs sont descendus	9. en hiver.
j. Cette année, je prends mes vacances	10. à la politique.

2. Kreuzen Sie die richtige(n) Antwortmöglichkeit(en) an.

a. Vous habitez où ?	☐ En France.	☐ À la campagne.	☐ Du musée.
b. Vous venez d'où ?	☐ Du Portugal	☐ En Italie.	☐ Au lit.
c. Tu travailles où ?	☐ À la maison.	☐ Du bureau.	☐ En ville.
d. Où allez-vous ?	☐ En Bretagne.	☐ Au Maroc.	☐ En voiture.
e. Où sont vos amis ?	☐ Au cinéma.	☐ À vélo.	☐ À la piscine.
f. Ils rentrent quand ?	☐ À dix heures.	☐ En mai.	☐ Du travail.
g. Ils sont venus comment ?	☐ À pied.	☐ En vélo.	☐ En train.

3. Verbinden Sie die Satzteile mit der jeweils richtigen Präposition.

a. J'ai passé la soirée →		→ la maison.
b. Nous partons demain	**de**	France.
c. Nous nous sommes mariés		juin 2007.
d. Elle vient	**à**	Maroc.
e. Je viendrai chez toi		taxi.
f. J'ai vu un magnifique pull	**du**	laine.
g. Demain, j'aurai besoin		la voiture.
h. Je rentre juste	**en**	bureau.
i. Elle est partie faire un tour		cheval.

4. Verbinden Sie die Wendungen mit ihrer Übersetzung.

a. à la maison	1. *mit fünf Jahren*	g. en voyage	7. *im Augenblick*
b. en voiture	2. *ans/am Telefon*	h. en vacances	8. *auf Reisen*
c. à la campagne	3. *zu Fuß gehen*	i. en ce moment	9. *im Radio*
d. à cinq ans	4. *zu/nach Hause*	j. au travail	10. *zu Weihnachten*
e. aller à pied	5. *auf das/dem Land*	k. à la radio	11. *bei der Arbeit*
f. au téléphone	6. *mit dem Auto*	l. à Noël	12. *in Urlaub*

63 Je retourne chez ma mère.

Ich gehe zu meiner Mutter zurück.

Weitere Präpositionen

Die folgende Tabelle gibt Ihnen einen Überblick über weitere gebräuchliche Präpositionen und deren Grundbedeutungen:

après ≠ avant *nach ≠ vor*	Qu'est-ce que tu fais **après** le cours ? *Was machst du nach dem Kurs?* Je suis arrivée **avant** lui. *Ich bin vor ihm angekommen.*
avec ≠ sans *mit ≠ ohne*	Je bois mon café **sans** sucre. *Ich trinke meinen Kaffee ohne Zucker.* Elle danse **avec** grâce. *Sie tanzt mit Anmut.*
chez *bei/zu*	Je suis allé **chez** le boulanger. *Ich bin zum Bäcker gegangen.*
contre *gegen/an*	Il s'appuie **contre** le mur. *Er lehnt sich gegen die Wand.*
dans *in (den/dem)*	Il aime être **dans** le jardin. *Er ist gern im Garten.* Je serai de retour **dans** une heure. *Ich bin in einer Stunde zurück.*
depuis *seit*	Il ne travaille plus **depuis** deux ans. *Er arbeitet seit zwei Jahren nicht mehr.*
derrière ≠ devant *hinter ≠ vor*	J'habite **derrière** l'église. *Ich wohne hinter der Kirche.* Ne reste pas **devant** la porte. *Bleib nicht vor der Tür stehen.*
entre *zwischen*	La pause, c'est **entre** midi et deux. *Die Pause ist zwischen 12 und 2 Uhr.*
par *per/mit* *durch* *pro*	Je t'envoie tout **par** mail. *Ich schicke dir alles per E-Mail.* Je suis passé **par** la fenêtre. *Ich bin durch das Fenster hereingekommen.* C'est 12 euros **par** personne. *Es kostet 12 Euro pro Person.*
pendant *während*	Il a neigé **pendant** la nuit. *Es hat während der Nacht geschneit.*
pour *für*	Ces fleurs sont **pour** toi. *Diese Blumen sind für dich.*
sous ≠ sur *unter ≠ auf*	Il s'est endormi **sous** un arbre. *Er ist unter einem Baum eingeschlafen.* Pose ton sac **sur** la chaise. *Stell deine Tasche auf den Tisch.*
vers *in Richtung* *gegen*	Ils sont partis **vers** la plage. *Sie sind in Richtung Strand weggegangen.* J'arriverai **vers** 18 heures. *Ich werde gegen 18 Uhr ankommen.*

! **Chez** *(bei/zu)* wird nur bei Personen (auch bei Personennamen als Firmennamen) verwendet:
J'ai travaillé vingt ans chez Renault. *Ich habe 20 Jahre lang bei Renault gearbeitet.*

! **Dans** steht bei maskulinen Namen von Gegenden und bei Gebirgsnamen: dans le Midi – dans les Pyrénées *in den/im Süden – in die/den Pyrenäen*

63 Weitere Präpositionen

1. In dieser Bildbeschreibung sind die Präpositionen vertauscht worden. Berichtigen Sie die Fehler.

a. La scène se passe ~~sur~~ la salle de séjour. → dans
b. L'homme cherche quelque chose dans le tapis. → ____
c. Sous la commode, il y a un vase. → ____
d. Derrière le vase, il y a trois fleurs. → ____
e. Le chien est installé confortablement sur le fauteuil. → ____
f. Devant le chien, il y a un lampadaire. → ____
g. Il y a une plante verte devant le sol. → ____
h. La femme est debout, sous le tapis. → ____

2. Durch welche Präposition können jeweils alle Wörter einer Reihe eingeführt werden?

vers ~~avant~~ dans chez devant sur par avec pour

a. avant	→ le début du film	→ Noël	→ huit heures
b. ____	→ les Alpes	→ la valise	→ le Périgord
c. ____	→ Christine	→ moi	→ Siemens
d. ____	→ une chaise	→ le sable	→ la route
e. ____	→ quinze heures	→ la sortie	→ le sud
f. ____	→ le public	→ tout le monde	→ la maison
g. ____	→ mail	→ la grande porte	→ Paris
h. ____	→ le plaisir	→ toi	→ son anniversaire
i. ____	→ des amis	→ plaisir	→ joie

3. Verbinden Sie die Wendungen mit der jeweiligen Übersetzung. Unterstreichen Sie die Wendungen, in denen die Präpositionen abweichend von ihrer Grundbedeutung verwendet werden.

a. dans le vent	1. *aus diesem Grund*	h. sous la pluie	8. *seit kurzem*
b. par terre	2. *aus Liebe*	i. dans la rue	9. *ein Jahr lang*
c. pour cette raison	3. *in drei Jahren*	j. depuis peu	10. *auf Deutsch*
d. dans l'escalier	4. *in Klammern*	k. devant la télé	11. *im Regen*
e. dans trois ans	5. *im Wind*	l. pendant un an	12. *auf der Straße*
f. entre parenthèses	6. *auf der Treppe*	m. pour la 1ère fois	13. *vor dem Fernseher*
g. par amour	7. *auf dem Boden*	n. en allemand	14. *zum ersten Mal*

64 Elles étaient au fond de la valise.

Sie waren ganz unten im Koffer.

Präpositionalausdrücke mit *à* und *de*

REGEL Präpositionalausdrücke werden mithilfe der Präposition à oder de gebildet.

! Bei allen Ausdrücken verschmelzen à und de mit dem bestimmten Artikel zu au/aux bzw. du/des (→ Kapitel 3).

le soir → **jusqu'au** soir *bis zum Abend*
le cinéma → **à droite du** cinéma *rechts vom Kino*

REGEL Folgende Ausdrücke führen eine Ortsangabe ein:

à côté de *neben*	**à côté du** restaurant *neben dem Restaurant*
à gauche de ≠ à droite de *links ≠ rechts*	**à gauche de** la table et **à droite du** canapé *links vom Tisch und rechts von der Couch*
au milieu de *in der Mitte von*	**au milieu de** la pièce *in der/die Mitte des Raumes*
près de ≠ loin de *in der Nähe von ≠ weit von*	**près de** l'école *neben der Schule* **loin du** centre *weit weg vom Zentrum*
en face de *gegenüber*	**en face de** la gare *gegenüber vom Bahnhof*
le long de *entlang*	**le long du** canal *am Kanal entlang*
au bord de *am/ans (Ufer)*	**au bord d'**un lac *an einem See (am/ans Ufer)*
au-dessus de ≠ au-dessous de *über/oberhalb ≠ unterhalb von*	**au-dessus de** ma chambre *über meinem Zimmer* **au-dessous de** zéro *unter Null*
jusqu'à *bis*	**jusqu'au** jardin *bis zum Garten*
au bout de *am Ende (von)*	**au bout de** la rue *am/ans Ende der Straße*

REGEL Folgende Ausdrücke führen eine Zeitangabe ein:

jusqu'à *bis*	**jusqu'à** la fin *bis zum Schluss*
au bout de *nach*	**au bout** d'une heure *nach einer Stunde*
à partir de *von … an/ab*	**à partir de** demain *ab morgen*

REGEL Die folgenden Ausdrücke führen einen Grund oder die Art und Weise an:

à cause de *wegen*	**à cause du** verglas *wegen Glatteis*
grâce à *dank*	**grâce à toi** *dank dir*

 À cause de ist negativ besetzt und gibt meist an, wer „Schuld“ an einer Sache hat.

1. Welche Ortsangaben passen? Kreuzen Sie alle richtigen Möglichkeiten an.

a. Nous avons marché
- le long de la plage.
- à partir de la plage.
- jusqu'à la plage.

b. Il y avait un magnifique tapis
- au milieu de la pièce.
- loin de la pièce.
- au-dessus de la pièce.

c. J'habite
- en face de la gare.
- au bord de la gare.
- près de la gare.

d. Je l'ai accompagné
- jusqu'à chez lui.
- au-dessus de chez lui.
- au bout de la rue.

e. Je ne connais pas les gens qui habitent
- au-dessus de chez moi.
- au milieu de chez moi.
- en face de chez moi.

f. J'aimerais passer mes prochaines vacances
- au bord de la mer.
- à droite de la mer.
- près de la mer.

2. Ergänzen Sie die Sätze mit dem jeweils passenden Präpositionalausdruck.

à cause de | à partir de | jusqu'à la | au bout d' | grâce à

a. J'arrête de fumer ______________ la semaine prochaine.
b. Nous sommes partis ______________ une heure.
c. Les bateaux sont restés au port ______________ la tempête.
d. J'ai compris cet exercice ______________ ses explications très claires.
e. Pourquoi n'es-tu pas resté ______________ fin ?

3. Ergänzen Sie die fehlenden Präpositionalausdrücke mit den passenden Präpositionen. Achten Sie dabei auf die Form von à oder de.

a.	au bout du fil	*am Apparat (Telefon)*
b.	______________ présent	*bis jetzt*
c.	______________ niveau de la mer	*über dem Meeresspiegel*
d.	______________ monde	*am Ende der Welt*
e.	______________ la nuit	*mitten in der Nacht*
f.	______________ la ceinture	*unterhalb der Gürtellinie*
g.	______________ aujourd'hui	*von heute an*

Wählen Sie die richtige Antwort.

Subjonctif présent

1. Je veux que tu ___ ton travail ce soir.
   a) finis
   b) finisses

2. Il faut que vous ___ tout de suite.
   a) veniez
   b) viendrez

3. Je souhaite qu'il ___ de la chance.
   a) aie
   b) ait

4. J'aimerais qu'elle ___ mieux.
   a) va
   b) aille

5. J'espère qu'elle ___ là pour Noël.
   a) sera
   b) soit

6. Elle dit qu'elle ___ venir demain.
   a) puisse
   b) peut

Konjunktionen

7. Elle a ri bien qu'elle n'___ pas beaucoup d'humour.
   a) a
   b) ait

8. Il passera me voir dès qu'il ___ .
   a) puisse
   b) pourra

9. Réservez avant qu'il ___ trop tard.
   a) soit
   b) est

Hervorhebung

10. C'est ___ qui m'a raconté cette histoire.
    a) lui
    b) il

11. C'est ici ___ j'habite.
    a) qui
    b) que

12. Cette poésie, ___ par cœur.
    a) je la connais
    b) je connais

Gerundium *(gérondif)*

13. Il est arrivé ___ .
    a) en courant
    b) en courir

14. J'ai ri ___ cette histoire.
    a) en entendant
    b) entendant

Indirekte Rede und indirekte Frage

15. Il dit qu'il ___ beau.
    a) fasse
    b) fait

16. Elle a dit qu'elle ___ peur.
    a) a
    b) avait

17. Elle demande ___ vous venez demain.
    a) est-ce qu
    b) si

18. Elle ne sait pas ___ s'est passé.
    a) ce qui
    b) ce que

19. Elle ne sait pas ___ elle veut.
    a) ce qu'
    b) qu'est-ce qu'

Umittelbare Vergangenheit, Verlaufsform und nahe Zukunft

20. Pierre est là ? – Oui, il ___ de rentrer.
    a) va
    b) vient

21. Qu'est-ce que tu fais ? – Je ___ de manger.
    a) suis en train de
    b) vais

22. Le train ___ entrer en gare d'une minute à l'autre.
    a) est en train
    b) va

Das Passiv

23. Ce matin, nous avons été réveillés ___ le téléphone.
    a) avec
    b) par

24. Une tempête ___ annoncée pour ce soir.
    a) est
    b) sera

Präpositionen und Präpositionalausdrücke

25. Il vient ___ Maroc, mais il vit ___ Portugal.
    a) de/à
    b) du/au

26. Nous passons nos vacances ___ France, ___ Alpes.
    a) dans la/en
    b) en/dans les

27. Je suis arrivé ___ toi.
    a) avant
    b) devant

28. Nice est situé ___ de Cannes.
    a) près de
    b) chez

29. L'école se trouve en face ___ jardin public.
    a) de
    b) du

30. J'ai réussi ___ toi.
    a) à cause de
    b) grâce à

Lust auf noch mehr Tests?
Dann ab ins Netz und weitermachen:
https://go.hueber.de/power-grammatik/franzoesisch

Vergleichen Sie nun Ihre Antworten mit den Lösungen auf Seite 161. Dieser Tabelle können Sie entnehmen, auf welches Kapitel sich jede Aufgabe bezieht. Wenn Sie eine Aufgabe nicht richtig gelöst haben, können Sie das entsprechende Kapitel wiederholen.

Aufgabe	Kapitel	Aufgabe	Kapitel	Aufgabe	Kapitel	Aufgabe	Kapitel	Aufgabe	Kapitel
1	53	7	55	13	57	19	59	25	62
2	53	8	55	14	57	20	60	26	62/63
3	53	9	55	15	58	21	60	27	63
4	54	10	56	16	58	22	60	28	64
5	54	11	56	17	59	23	61	29	64
6	54	12	56	18	59	24	61	30	64

Lösungsschlüssel

1

1. a. Français (maskulin); b. mathématicien (nur maskulin); c. boulangère (feminin); d. étudiante (feminin)
2. a. actrice; b. architecte/–; c. journaliste/–; d. vendeur/vendeuse; e. informaticien/informaticienne; f. retraité/retraitée; g. boulanger/boulangère
3. b. le gâteau; c. la liberté; d. le magasin; e. le garage; f. la journée; g. la randonnée; h. le jardin; i. le manteau; j. la soirée; k. la chapelle; l. le bureau
4. -ure: voiture, ceinture; -ence: concurrence, prudence; -rie: boulangerie, mairie; -ée: année, idée, soirée; -ade: promenade, salade

2

1. Singular: Français, Allemande, prix, livre, auto; Plural: tables, Français, prix, maisons, villes, vélos, professeurs
2. a. voisins; b. bus; c. dos; d. voix; e. château; f. porte; g. gaz; h. voitures; i. tapis; j. trou
3. -s: promenade(s), radio(s), pneu(s), bisou(s); -x: cadeau(x), bijou(x), bureau(x), tuyau(x); -aux: travail (-aux), journal (-aux); –: croix, Anglais
4. a. milieu → vœux, jeux, milieux; b. hôpital → travaux, chevaux, canaux, hôpitaux; c. gens; d. bus; e. monsieur → cieux, mesdames, yeux, messieurs

3

1. le: journal, poulet, travail, voyage, frère; la: musique, nature, rue, cassette, culture; l': hôtel, histoire, appartement, ami, école; les: amies, fleurs, gens, vacances, enfants
2. a. la – 5. l'; b. les – 3. les; c. la – 7. le; d. la – 8. l'; e. la – 1. l'; f. les – 4. le; g. l' – 2. le; h. le – 6. la
3. Korrekte Formen: a. à la; b. Les, à l'; c. du; d. la; e. aux; f. au; g. au, les; h. des
4. a. les, les; b. –; c. les, le; d. les, les; e. le; f. L'

4

1. b. un serveur; c. un journal; d. des châteaux; e. un livre; f. une cliente; g. une bouteille; h. une voiture; i. une baguette; j. des amies; k. des clients; l. des sœurs
2. a. une mère / une fille / une tante / ~~des parents~~ (Plural) / une amie; b. un café / ~~une bière~~ (feminin) / un thé / un verre / un jus d'orange; c. un cahier / un stylo / un crayon / ~~une voiture~~ (feminin) / un livre; d. une rue / une ville / une région / ~~un continent~~ (maskulin) / une maison; e. un cousin / ~~des bouteilles~~ (Plural) / un verre / une table / une chaise; f. un pays / un prix / un nez / un tapis / ~~des hommes~~ (nur Plural)
3. maskulin: un chat, un vase, un sac, un coussin, un carton; feminin: une femme, une raquette, une balle, une montre; Plural: des fleurs, des lunettes, des feuilles, des cheveux, des livres
4. a des bananes; b. un vélo/une bicyclette, pas de voiture/pas d'auto; c. un verre, une bouteille, pas de tasses; d. un client; e. une collègue française; f. des amis français

5

1. du: pain, travail, vin, thé; de l': eau, amour, huile, argent; de la: bière, chance, viande, patience; des: fruits, légumes, vacances, gens
2. a. un kilo de tomates/des tomates; b. du sucre; c. un paquet de café/des légumes; d. d'argent; e. de la musique; f. du camping
3. b. des champignons; c. un litre/une bouteille de vin; d. de l'eau minérale; e. des vacances; f. beaucoup d'amour; g. du courage; h. trop de chocolat

4. a. des légumes, des fruits, des fleurs, beaucoup de gens; b. de la natation, des promenades, des photos; c. trop de viande, pas assez de légumes; d. un paquet de café, une bouteille d'huile; e. du café, du thé; f. de la confiture, un peu de miel

6

1. b. un paquet de café; c. un pot de confiture; d. un morceau de fromage; e. un kilo de bananes; f. une tranche de jambon; g. 150 grammes de pâté; h. une boite d'ananas
2. a. du sport, trop de sport; b. des fruits, beaucoup de fruits, des légumes, beaucoup de légumes; c. du lait, un verre de lait; d. une tasse de café; e. pas de cigarettes, pas d'alcool, un petit verre de vin; f. plus de produits bio, moins de produits industriels
3. a. du, des, de la; b. du, de la, de la; c. des, de, de; d. des, des, de; e. de la, de, de; f. de, de, d'
4. b. a des problèmes; c. fait du sport; d. n'a pas beaucoup d'amis; e. a de l'argent; f. a des enfants

7

1. a. suis; b. êtes; c. es; d. sont; e. sommes; f. est; g. est
2. b. Tu as quel âge ? c. On a un rendez-vous important. d. Nous sommes à Paris. e. Vous êtes de Nice. f. Ils ont des amis français. g. Elle est malade. h. Nous avons un problème. i. Elles sont sympathiques. j. Tu es allemand ? k. Vous avez un chien ? l. Il est architecte. m. Je suis optimiste. n. Ils ont deux enfants.
3. a. Vous, nous; b. Ils, ils; c. Elle, Il; d. Tu, J'; e. On, nous; f. Nous, Je; g. Vous, je
4. a. est-6.; b. a-5.; c. avons-4.; d. ont-8.; e. as-1.; f. sommes-7.; g. avez-3.; h. sont-2

8

1. b. tu travailles; c. il parle; d. je parle; e. nous regardons; f. ils aiment
2. a. parlez; b. adorent; c. habitons; d. regardent; e. cherches, cherche; f. travaillez, travaille
3. a. je paie/paye, vous payez; b. envoyer, j'envoie; c. j'appuie, vous appuyez; d. essayer, vous essayez; e. j'emploie, vous employez; f. j'essuie, vous essuyez
4. a. Nous mangeons; b. J'achète/Vous achetez des légumes. c. Il commence/Nous commençons à 9 heures. d. Tu appelles/Nous appelons la police. e. Je préfère/Vous préférez rester à la maison.

9

1. a. finis, finissez; b. partir, part; c. sert, servons; d. réfléchir, réfléchissent; e. réagis, réagissez; f. mentir, mentent; g. obéir, obéit
2. a. dormez; b. Tu sors; c. Nous ne réfléchissons pas, Nous réagissons; d. Elles/Ils partent; e. Je finis; f. Il/Elle ment
3. TIRRÉPONDOBATTENDONSIERDESCENDSVEVENDENTEAUPERDEZCHEATTENDENTSPUPRUPERDSON / b. attendent; c. descends; d. répond; e. attendons; f. perds; g. vendent
4. a. ~~servir~~ (ohne *-iss*-Erweiterung) → réfléchir; b. ~~prendre~~ (unregelmäßig) → perdre; c. ~~grandir~~ (*-iss*-Erweiterung) → dormir; d. ~~mentir~~ (wird nicht wie ein Verb auf *-er* konjugiert) → offrir

10

1. waagrecht: vas, prend, vais, met, faites, faisons, viennent, mettez, dit; senkrecht: vient, allons, mets, prenez, va, font, vont, dis, dites, venez, disent

a. faites, faisons, font; b. prend, prenez; c. vais, vas, va, allons, vont; d. vient, viennent, venez; e. dis, dit, dites, disent; f. mets, met, mettez
2. a.-6. vois; b.-7. fait; c.-3. prenons; d.-4. Lisez; e.-1. écris; f.-2. viennent; g.-5. mets
3. a. ils/elles; b. nous; c. nous; d. vous; e. j'/tu; f. vous; g. nous; h. je/tu; i. il/elle/on; j. ils/elles; k. il/elle/on; l. vous; m. je/tu; n. vous; o. ils/elles
4. a.-3. va; b.-4. fait; c.-5. mets; d.-1. dites; e.-2. prennent

11

1. b. sept → 7; c. onze → 11; d. douze → 12, quatre → 4; e. seize → 16; f. quatre → 4; g. treize → 13; h. deux → 2; i. six → 6; j. dix → 10, deux → 2
2. b. quarante-cinq; c. soixante; d. cinquante-six; e. trente-sept; f. trente-et-un; g. soixante-huit; h. quarante-et-un; i. soixante-et-un; j. vingt-neuf; k. trente-trois; l. cinquante
3. 70 soixante-dix; 71 soixante-et-onze; 72 soixante-douze; 73 soixante-treize; 74 soixante-quatorze; 75 soixante-quinze; 76 soixante-seize; 77 soixante-dix-sept; 78 soixante-dix-huit; 79 soixante-dix-neuf; 80 quatre-vingts; 81 quatre-vingt-un
4. b. soixante-douze 72; c. quatre-vingt-onze 91; d. cent 100; e. cent-trente-neuf 139; f. cinq-cents 500; g. huit-cent-cinquante-six 856; h. mille trois cent un 1301; i. huit-mille 8000; j. neuf-mille-huit-cents 9800

12

1. a.-4. deuxième; b.-5. première; c.-7. cinquième; d.-3. septième; e.-8. treizième; f.-2. troisième; g.-1. vingtième; h.-6. deuxième
2. a. premier/première; b. deuxième/second(e); c. quatre; d. trente et unième; e. cinquième; f. sept; g. neuvième; h. onze; i. quatorzième; j. sixième; k. centième; deux
3. a. onzième → novembre; b. quatrième → jeudi; c. première → le Nouvel An; d. cinquième → Bordeaux; e. centième → centime; f. vingt-sixième → Z; g. septième → cinéma; h. dix-neuvième → Victor Hugo
4. a. vingt et un; b. première; c. trentième; d. premier; e. Trois

13

1. a. dix heures quinze; b. douze heures trente; c. vingt-trois heures dix; d. vingt et une heure trente-cinq; e. vingt-deux heures vingt-cinq; f. seize heures quarante-cinq; g. treize heures cinquante-cinq; h. douze heures
2. a. quatre heures et quart/seize heures quinze; b. 12 heures/midi; c. onze heures et demie/vingt-trois heures trente; d. onze heures moins le quart/dix heures quarante-cinq
3. b. 10h15 – dix heures et quart; c. 12h30 – midi et demi; d. sept heures cinquante – 7h50; e. dix-sept heures quarante – six heures moins vingt; f. 00h – minuit; g. 15h45 – quatre heures moins le quart; h. dix-sept heures trente – 17h30
4. a. ~~À quelle heure~~ → Quelle heure…; b. ~~C'est~~ → Il est …; c. ~~quelle heure~~ → à quelle heure; d. ~~sept heures et demie~~ → six heures et demie; e. ~~du matin~~ → du soir; f. ~~à minuit~~ → à midi; g. ~~une heure~~ → l'heure; h ~~et quart~~ → quinze

TEST 1

1b, 2a, 3b, 4b, 5a, 6b, 7b, 8a, 9b, 10a, 11b, 12a, 13a, 14b, 15a, 16b, 17b, 18a, 19b, 20b, 21a, 22a, 23b, 24a, 25b, 26b, 27a, 28b, 29a, 30b

14

1. b. une montre suisse; c. un pull bleu; d. des films intéressants; e. une table basse; f. des idées géniales; g. un chien méchant
2. a. une robe blanche; b. une vieille femme; c. une bonne journée; d. une bière fraiche; e. un voisin indiscret; f. une table ancienne; g. une jupe longue; h. une alimentation légère
3. a. gris, courts; b. chère, bleue, rapide; c. allemands, fidèles, précieux; d. grand, clair, cher; e. originales, fausses, nouvelles
4. a. des vélos gris; b. un beau manteau; c. des pantalons kaki; d. des enfants nerveux; e. des projets géniaux; f. un vieil homme; g. deux nouveaux hôtels

15

1. a. un pull blanc; b. des chocolats belges; c. un gros pull; d. un bon livre; e. un été chaud; f. un journal anglais; g. une voiture rapide; h. une écharpe orange; i. un mauvais film
2. ABINBLEUPETITVTUFRANÇAISTIA-GROSENBONTROSYMPATHIQUESUIP-BEAURUGRANDASOMAUVAISTIJOLI-VOIVIEUXBER / a. petit; b. vieille; c. bel; d. mauvaise; e. joli; f. gros; g. grand; h. bonne
3. a. une curieuse affaire; b. un pays pauvre; c. un ancien ministre; d. un gros mangeur; e. une seule femme
4. a. Nous avons un nouveau voisin très sympathique. b. La marche nordique est un sport idéal pour les personnes âgées. c. Des guirlandes rouges décorent la rue principale. d. La météo prévoit un été sec et chaud. e. Elle porte une robe verte et des chaussures plates.

16

1. b.-4. J'ai, ma voiture; c.-1. Vous habitez, vos parents; d.-7. Tu vois, tes frères et sœurs; e.-3. Elle fête, son anniversaire; f.-2. Arnaud a parlé, ses projets, ses parents; g.-5. Anne et Paul, leurs clés
2. b. ses enfants; c. leur voiture; d. tes lunettes; e. leurs amis; f. mon pull; g. sa femme; h. son fils; i. votre problème; j. notre idée
3. a. mère; b. fille, fils; c. ami, amie; d. famille, cousine; e. voisines, problèmes; f. adresse, nom, numéro de téléphone; g. lunettes, collègues; h. habitude, collègue
4. a. mon; b. votre; c. ta; d. sa; e. mon; f. mes; g. leur

17

1. b. ces enfants; c. cette maison; d. cette amie; e. ce professeur; f. cet ordinateur; g. cet hiver; h. ce hamac; i. ces gens; j. ce parking; k. cet acteur; l. cet hôpital
2. a. ce livre, ces robes; b. cette fille, ce café, cet homme; c. ce train, ce bus, cet avion; d. ce restaurant, cet hôtel, ce vin; e. ces chaussures, ce modèle, ces fleurs; f. cette couleur, cette actrice, ces animaux
3. a. ces; b. cette → vacances; c. Cette → Paris; d. ce → robe; e. Cet → pastis; f. Cette → Provence; g. Cet → éléphant; h. Ces → bananes; i. ce → boulangerie
4. a. ce soir; b. cette place; c. Ce matin; d. cet hiver

18

1. b. aucun film keinen (einzigen) Film; c. chaque enfant jedes Kind; d. aucune envie gar keine Lust; e. plusieurs fois mehrere Male; f. toute la journée den ganzen Tag; g. quelques amis einige Freunde; h. toutes mes cartes postales alle meine Postkarten
2. a. ~~quelques fois~~ → plusieurs fois; b. ~~plusieurs problèmes~~ → quelques problèmes; c. ~~toute le week-end~~ → tout le week-end; d. ~~aucuns voisins~~ → aucun voisin; e. ~~toute la journée~~ →

chaque jour; f. ~~plusieurs livres~~ → tous mes livres
3. a. toute; b. tous; c. toutes; d. toute, tous; e. tout; f. toute
4. a. plusieurs; b. aucun; c. tout le; d. Plusieurs; e. quelques

19

1. a. C'est; b. C'est; c. Ce sont; d. Ce sont; e. C'est; f. Ce sont; g. C'est
2. a. C'; b. Ça 7.; c. Ce 6.; d. Ça 4.; e. Ça 8.; f. Ce 1.; g. C' 2.; h. Ça 3.
3. a. Il y a; b. Ce sont/Il y a; c. Il y a; d. Il y a; e. C'est; f. Il y a; g. Ce sont/Il y a; h. Il y a
4. a. Quelle heure est-il ? b. Qui est-ce ?/C'est qui ? c. Est-ce qu'il y a/Il y a une banque près d'ici ? d. Ce n'est pas difficile. e. Salut, (comment) ça va ? f. Aujourd'hui, il y a des croissants. g. Il pleut souvent dans cette région. h. Il est interdit de fumer ici.

20

1. a. il doit, nous devons, ils doivent; b. tu veux, nous voulons, vous voulez, elles veulent; c. je peux, tu peux, vous pouvez, ils peuvent; d. tu sais, elle sait, nous savons, vous savez
2. a. ~~sais~~; b. ~~dois~~; c. ~~sais~~; d. ~~Devez-vous~~; e. ~~peux~~; f. ~~veut~~
3. Vous pouvez: b, d, e, f, h, i; Vous savez: a, c, g, j, k, l
4. b. Je peux prendre la voiture demain ? c. Vous ne pouvez pas rester ici. d. Elle sait nager depuis une semaine. e. Je ne veux pas aller au cinéma. f. Nous voulons aller en Autriche cet été./Cet été, nous…; g. Je dois téléphoner à mes parents. h. Vous savez/ Savez-vous conduire une moto ?

21

1. a. nous; b. m'; c. se; d. se; e. vous; f. te; g. me; h. s'
2. a.-4. me / me; b.-7. nous / nous ne nous excusons pas; c.-3. te / tu ne te souviens pas; d.-6. s' / elle ne s'ennuie pas; e.-2. vous / vous ne vous levez pas; f.-1. se / ils ne se baignent pas; g.-5. se / on ne se marie pas
3. a. ils se marient et ils ont trois enfants. b. Il se lève, il se douche et il se rase. c. Elle s'ennuie à la fête, elle rentre à la maison et elle se couche. d. Elle oublie un rendez-vous, elle se souvient, elle téléphone et elle s'excuse.
4. a. Comment vous appelez-vous ?/Vous vous appelez comment ? – Je m'appelle Marie Plantin. b. Tu t'amuses bien ? – Non, je m'ennuie. c. Vous vous levez quand le matin ?/ Quand vous levez-vous le matin ? – Nous nous levons à huit heures./On se lève… d. Il se marie quand ?/Quand est-ce qu'il se marie ? – Je ne me souviens pas.

22

1. a. les; b. te; c. nous; d. m'; e. l'; f. vous; g. le; h. la
2. a. On les presse; b. On le fête → l'anniversaire; c. On le mange → le melon; d. On peut le prendre → le petit-déjeuner; e. On l'ouvre → la bouteille de Champagne; f. On la regarde → la télé; g. On les met → les chaussures
3. b. nous les connaissons; c. je ne t'attends pas; d. je les ai; e. je ne la vois pas souvent; f. nous ne l'écoutons pas souvent; g. je ne les ai pas; h. je t'aime
4. a. Il m'aime, il ne m'aime pas. b. Je le vois souvent mais il ne me voit pas. c. Il la comprend mais elle ne le comprend pas. d. Anne et Johann ? Je les trouve très sympathiques.

23

1. a.-4.; b.-8.; c.-5.; d.-7.; e.-2.; f.-6.; g.-1.; h.-3.
2. b. Je vous envoie la confirmation par mail. c. Elle nous téléphone tous les jours. d. Les voisins nous ont prêté leur voiture. e. Nous lui offrons des fleurs. f. Elle ne lui montre pas ses photos de vacances.
3. a. vous, nous; b. m', lui; c. t', m'; d. lui, lui, me; e. me
4. a. me; b. te; c. nous; d. lui; e. leur

24

1. TUMEMOIILELLELESTOISELENOUS-EUXTEILSVOUSONELLESATLUI
b. Nous; c. Toi; d. Vous; e. Lui; f. Eux; g. Elle; h. Elles
2. a. vous; b. moi; c. Toi; d. elle, lui; e. eux; f. elles; g. nous
3. a. toi; b. lui; c. vous; d. tu; e. J'; f. moi; g. moi; h. elle
4. a. elle; b. nous; c. Lui; d. Moi; e. moi; f. toi; g. moi; h. moi; i. elle

25

1. a.-6. Combien; b.-3. Qu'est-ce que; c.-7. Qui; d.-2. Comment; e.-4. Pourquoi; f.-1. Quand; g.-5. Où
2. b. Quelle idée ? c. Quel nom ? d. Quels problèmes ? e. Quelles fleurs ? f. Quelle adresse ? g. Quelles amies ? h. Quels pays ? i. Quel train ? j. Quelle rue ?
3. a. Laquelle → Marseille; b. Lesquels → parler, travailler; c. Lesquelles → la Moselle, le Rhin; d. Lequel → la Norvège
4. a.-4. À quelle heure est-ce que le film commence ? b.-3. Combien de temps est-ce que vous restez ? c.-1. Pourquoi est-ce que tu es de mauvaise humeur ? d.-2. Où est-ce que vous déjeunez à midi ?

26

1. b. Tu t'appelles comment ?/Vous vous appelez comment ? c. Tu habites où ?/Vous habitez où ? d. Ce pull coute combien ? f. Tu aimes/Vous aimez le sport ? g. Elle parle français ? h. Vous partez demain ?
2. b. Comment est-ce que tu t'appelles/vous vous appelez ? c. Où est-ce que tu habites/vous habitez ? d. Combien est-ce que ce pull coute ? f. Est-ce que tu aimes/vous aimez le sport ? g. Est-ce qu'elle parle français ? h. Est-ce que vous partez demain ?
3. b. À quelle heure avons-nous rendez-vous ? c. Que faites-vous ce week-end ? d. Où allez-vous en vacances ? e. Pourquoi pleures-tu ? f. D'où viennent-ils ?
4. b. Vous arrivez à la gare à quelle heure ? – ~~À quelle heure est-ce que arrivez-vous à la gare ?~~ → À quelle heure est-ce que vous arrivez à la gare ? c. Vous avez compris la fin du film ? – ~~Avez-vous est-ce que compris la fin du film ?~~ → Avez-vous compris la fin du film ? d. Pourquoi est-ce qu'il ne vient pas demain ? – ~~Pourquoi il ne vient pas demain ?~~ → Pourquoi ne vient-il pas demain ? e. Où habite-t-il ? – ~~Où est-ce qu'habite-t-il ?~~ → Où est-ce qu'il habite ?

TEST 2

1a, 2b, 3b, 4a, 5a, 6a, 7a, 8b, 9b, 10a, 11a, 12a, 13b, 14b, 15b, 16a, 17b, 18b, 19a, 20b, 21a, 22b, 23a, 24a, 25b, 26b, 27b, 28a, 29a, 30b

27

1. a.-2.; b.-6.; c.-5.; d.-7.; e.-1.; f.-4.; g.-3.
2. b. Vous n'avez pas beaucoup d'amis. c. Il est toujours de bonne humeur. d. Elles n'aiment pas le cinéma. e. Vous avez beaucoup de temps. f. Pierre, je ne le vois pas souvent. g. Tu ne parles pas très bien anglais. h. Ils ne sont pas venus ensemble.
3. a. ne suis pas professeur. b. ne fait pas beau aujourd'hui. c. ne fais pas de danse. d. n'habitons pas en Suisse. e. n'aime pas le ski. f. ne peux pas m'aider. g. ne parle pas anglais.
4. a. Je n'aime pas les huitres. b. Elle n'a pas d'enfants. c. Je ne prends pas de bière. d. Je ne les connais pas. e. Elle ne se repose pas. f. Je ne voudrais pas partir. g. Je n'ai pas le temps.

28

1. a.-5.; b.-6.; c.-7.; d.-1.; e.-3.; f.-4.; g.-2.
2. b. Il n'a ni frère ni sœur. c. Il n'habite plus chez ses parents. d. Il ne parle pas du tout espagnol. e. Il n'est pas encore marié. f. Il n'est jamais avec ses enfants. g. Il ne connait personne dans son quartier. h. Il n'aime rien.
3. a. pas, plus, pas encore; b. pas, ni … ni, qu'; c. rien, personne, pas du tout, pas encore
4. b. Ils partent seulement ce soir/ce soir seulement. c. Nous n'acceptons que les cartes VISA. d. Je ne l'ai rencontré qu'une fois.

29

1. b. Nous sommes restés à la maison hier soir. c. Elle a téléphoné ce matin. d. J'ai acheté le dernier roman de Fred Vargas. e. Vous êtes partis ce week-end ? g. Ils sont allés au cinéma.
avoir: elle a téléphoné, j'ai acheté
être: nous sommes restés, vous êtes partis, ils sont allés
2. a. partis; b. née; c. –; d. rentré(e)(s); e. –; f. –; g. arrivées
3. b. Ils ont ouvert un nouveau magasin. c. J'ai acheté un cadeau pour ma fille. d. Nous avons visité le musée de la ville. e. Il est allé à la piscine avec des amis.
4. b. Nous n'avons pas dîné au restaurant. c. Vous êtes restés longtemps. d. Je n'ai pas oublié la date de son anniversaire. e. Nous n'avons pas visité le nouveau musée. f. Je suis allé à mon cours de danse. g. Je n'ai pas bien dormi. h. Elle n'est pas allée au lit de bonne heure.

30

1. b. elle a dormi; c. j'ai attendu; d. ils ont téléphoné; e. tu as réparé; f. vous avez fini; g. on a vendu; h. nous avons habité; i. il a répondu; j. elles ont menti
2. ERPRISTEMISATOFAITONVENUREÉT
ÉLVEUMOCVUTIÉCRITLEILUBIREÇUNT
mis ← mettre; fait ← faire; venu ← venir; été; eu; vu ← voir; écrit ← écrire; lu; reçu ← recevoir
3. a. J'ai parlé français. b. As-tu/Tu as lu le journal ? c. Nous avons mangé ensemble. d. Il n'a pas travaillé dans le jardin. e. Elles/Ils ont/Vous avez acheté une nouvelle voiture. f. Qu'est-ce que tu as fait hier ? g. Je ne suis pas allé(e) au cinéma. h. Avez-vous/Vous avez bien dormi ?
4. a.-3. pris; b.-7. rentrés; c.-1. plu, parti; d.-6. été; e.-4. eu; f.-2. pu; g.-5. dit

31

1. a. sont allés; b. suis sorti(e); c. est né; d. suis tombé(e); e. êtes … resté(e)(s); f. sont venus
2. a. Nous avons passé une belle journée. b. Nos amis sont partis hier. c. J'ai grandi en Bavière. d. Elle ne s'est pas beaucoup reposée. e. Il a sauté par-dessus la barrière.

3. a. j'ai rencontré, Nous avons pris, Nous avons parlé, nous avons échangé; b. Il est arrivé, Il a trouvé, il a fait, Ils se sont mariés; c. elle s'est levée, elle a quitté, elle a marché, Elle a attendu, elle est rentrée

32

1. Autrefois, l'école n'était pas mixte. Les grands et les petits étaient ensemble dans une classe, mais ils ne faisaient pas le même travail. Dans la cour de récréation, les filles jouaient d'un côté, les garçons de l'autre. Tous portaient un tablier. Les élèves qui habitaient loin de l'école devaient se lever très tôt, car il n'y avait pas de bus. Les professeurs étaient sévères et punissaient souvent les élèves.
2. b. avoir → elles avaient; c. prendre → tu prenais; d. essayer → nous essayions; e. nager → il nageait; f. commencer → on commençait; g. finir → je finissais; h. faire → vous faisiez
3. a. habitiez, étiez; b. étaient; c. travaillait; d. faisiez; e. Aimiez; f. Aviez; g. s'appelait
4. b. mangeaient; c. habitions; d. faisait; e. aimiez; f. avais

33

1. b. E → je suis arrivé; c. B → était; d. B → j'avais; e. E → a ententu; f. E → j'ai acheté
2. b. … alors je suis parti(e) avant la fin. c. … il était en train de regarder la télé. e. J'ai passé une excellente soirée …
3. b. J'étais souvent malade. c. Ensuite, nous avons pris le train. d. Ils sont arrivés mardi. e. Le lundi, j'avais cours de danse. f. Tout à coup, il a commencé à pleuvoir. g. Cette année, j'ai passé mes vacances en France.
4. Jeanne avait 50 ans quand elle a pris pour la première fois l'avion. Elle a pris un tranquillisant parce qu'elle avait très peur. Le vol s'est bien passé et l'avion a atterri sans problèmes. Jeanne était soulagée quand elle a retrouvé le sol sous ses pieds.

34

1. a.-4.; b.-7.; c.-6.; d.-2.; e.-1.; f.-3.; g.-5.
2. a. tu avais oublié, elles avaient oublié; b. nous étions tombé(e)s, vous étiez tombé(e)(s); c. il avait fini, nous avions fini; d. vous aviez attendu, ils avaient attendu; e. elle avait eu, ils avaient eu
3. a. Elle avait appelé un taxi; b. Ils avaient dîné en amoureux. c. elle n'avait pas dormi de la nuit; d. il n'était pas venu; e. il n'avait pas entendu le réveil; f. elle avait passé trois mois
4. b. avait dû → 1; c. avait gouté → 2; d. était venu → 4; e. (elle) avait rencontré → 5

35

1. a. il travaillera, vous travaillerez; b. je finirai, nous finirons; c. je prendrai, vous prendrez; d. il dormira, nous dormirons; e. je me lèverai, ils se lèveront; f. j'essaierai/essayerai, on essaiera/essayera; g. tu t'ennuieras, nous nous ennuierons; h. il espèrera, elles espèreront; i. j'achèterai, on achètera
2. b. recevra → recevoir; c. ferons → faire; d. pourrez → pouvoir; e. irons → aller; f. aurez → avoir; g. sera → être; h. viendra → venir
3. b. Tu pourras te reposer un peu. c. Ils viendront avec leurs enfants. d. Nous vendrons notre appartement parisien. e. Vous vous marierez avec votre voisine. f. Il recevra le prix Nobel pour sa découverte. g. Elles seront contentes de vous revoir.

36

1. a. allons louer; b. va se lever; c. vas apprendre; d. va aller; e. vont venir; f. va passer; g. vais me reposer; h. allez faire

2. a. vais ... préparer; b. vais téléphoner; c. vais ... écrire; d. vais ... poster; e. va partir; f. vais rentrer; g. va fermer; h. vais réfléchir
3. a. aurai; b. vas renverser (W); c. réussiras (S); d. va rentrer (U); e. aimerai (V); f. n'aurez pas, vivrez (V); g. va pleuvoir (U)

37

1. conditionnel présent: ATTENDRAIS, DORMIRIONS, ATTENDRAIT, PRENDRIEZ, SORTIRAIS, ACHÈTERAIENT, PARLERIONS
b. j'/tu attendrais; c. nous dormirions; d. il/elle/on attendrait; e. vous prendriez; f. je/tu sortirais; g. ils/elles achèteraient; h. nous parlerions
2. a. ... pourriez-vous me dire l'heure, s'il vous plait ? b. Il va pleuvoir ...; c. Nous déménagerons ..., d. Il dormirait encore ...; e. ... tu ferais si tu étais à ma place ? f. Qu'est-ce qu'il fera ...; g. ... nous pourrions aller au cinéma. h. ... nous annulerons notre sortie.
3. a. Si j'étais toi, je ne dirais rien. c. Excusez-moi, pourriez-vous me dire où est la poste, S.V.P. ? e. Vous désirez ? – Je voudrais un pain, S.V.P.
4. a. Pourriez-vous m'aider, s'il vous plait ? b. Tu devrais te reposer. c. J'aimerais bien savoir ...; d. Auriez-vous le temps demain ? e. Ce serait super. f. J'aimerais mieux partir tôt. g. Qu'est-ce que tu ferais/Que ferais-tu à ma place ? h. Je voudrais trois croissants, s'il vous plait.

38

1. b.-7.; c.-6.; d.-1.; e.-5.; f.-8.; g.-2.; h.-3.
2. a. aurait ... rencontré; b. aurait ... épousé; c. aurait été; d. aurait fait; e. se serait... réveillée; f. aurait pu
3. a. il rentrerait; b. aurais été; c. aurions pris; d. n'aurait pas eu; e. ferait; f. j'aurais téléphoné
4. b. J'aurais fait la même chose. c. Cela aurait été si simple ! d. Je serais venu(e) plus tôt. e. J'aurais réagi tout de suite. f. Vous auriez dû y penser plus tôt. g. Qu'est-ce que tu aurais fait à ma place ?

39

1. a.-7.; b.-4.; c.-6.; d.-1.; e.-5.; f.-3.; g.-2.
2. a. j'aurais, j'aurais eu; b. il était, tu aurais été; c. nous faisions, vous feriez; d. tu allais, ils iraient, ils seraient allés; e. on finirait, on aurait fini; f. on attendait, nous aurions attendu
3. a. je voulais rencontrer des gens; b. tu fumais moins; c. elle avait eu des enfants; d. il était plus sportif; e. il avait lu le journal
4. a. Si j'avais beaucoup d'argent ...; c. ... on pourrait aller au cinéma / Si tu avais eu le temps...; d. ... vous iriez plus vite

TEST 3

1a, 2b, 3b, 4a, 5a, 6b, 7a, 8b, 9b, 10b, 11b, 12a, 13a, 14a, 15a, 16b, 17b, 18a, 19b, 20b, 21a, 22b, 23a, 24a, 25b, 26a, 27b, 28b, 29a, 30a

40

1. a. écoutons, écoutez; b. achète, achetez; c. va, allons; d. commençons, commencez; e. sors, sortez; f. attends, attendez
2. b. revenez.-4.; c. réfléchissons.-2.; d. veuillez.-7.; e. n'ayez pas.-8.; f. sois.-1.; g. relisons.-5.; h. ouvre.-6.
3. b. Attendez-moi. c. Va au marché. d. Ne t'assieds pas là. e. Ne m'apportez pas le dossier. f. Levons-nous.
4. a. Entre. b. Asseyez-vous, s'il vous plait. c. Prenez place, s'il vous plait. d. Ne t'énerve

pas. e. Dépêchons-nous. f. Calme-toi. g. Ne sois pas égoïste. h. N'aie pas peur.

41

1. a. des souvenirs; b. de la brosse à dents; c. du jambon; d. un portable; e. des coquillages; f. des cadeaux; g. du sport
2. b. Oui, j'en achète souvent./Non, je n'en achète pas souvent. c. Oui, j'en ai un./Non, je n'en ai pas. d. Oui, j'en bois./Non, je n'en bois pas. e. Oui, j'en mange./Non, je n'en mange pas. f. Oui, j'en achète souvent./Non, je n'en achète pas souvent. g. – (*mögliche Antwort ohne* en*:* Oui, j'aime bien./Non, je n'aime pas trop.); h. Oui, j'en porte./Non, je n'en porte pas.
3. a. je le prends; b. nous avons parlé de lui; c. nous sommes vraiment contents d'elle; d. il en est très fier
4. a. Ich bin ihm böse. b. Wie weit bist du? c. Wir gehen weg. d. Mir reicht's. e. Ich kann nicht mehr. f. Mach dir keine Sorgen.

42

1. a.-5.; b.-8.; c.-7.; d.-9.; e.-6.; f.-1.; g.-3.; h.-2.; i.-10.; j.-4.
2. a. Oui, j'y vais souvent./Non, je n'y vais pas souvent. b. Oui, j'y joue (de temps en temps)./ Non, je n'y joue pas. c. Oui, j'y crois./Non, je n'y crois pas. d. Oui, je pense souvent **à eux**./ Non, je ne pense pas souvent **à eux**. e. Oui, je m'y intéresse./Non, je ne m'y intéresse pas.
3. a. y vas; b. y restons; c. rentrons; d. y avons passé; e. y faire, y mange; f. y retourne
4. a. On y va ? b. Je m'y connais. c. Ça y est. d. J'y tiens. e. Je n'y suis pour rien.

43

1. a.-2.; b.-5.; c.-7.; d.-6.; e.-4.; f.-1.; g.-8.; h.-3.
2. a. le leur; b. leur en; c. me l'; d. te les; e. t'en; f. vous l'; g. lui en; h. le lui
3. b. L'argent, ils ne me l'ont toujours pas rendu. d. Des bonbons, je lui en ai donné trois.
4. b. m'/nous en parle jamais → de ses problèmes; c. les leur confie → les clés; d. lui en offre souvent → des fleurs; e. le leur apportons au lit → le petit-déjeuner; f. m'/nous y invite pas souvent → au restaurant; g. te le prête pas → mon portable

44

1. 1.-d.; 2.-b.; 3.-a.; 4.-c.
2. a.-3.; b.-6.; c.-8.; d.-2.; e.-1.; f.-7.; g.-5.; h.-4.
3. b. ~~les leurs~~ → le nôtre; c. ~~les nôtres~~ → le vôtre; d. ~~le sien~~ → le mien; e. ~~au tien~~ → au mien; f. ~~le leur~~ → le sien; g. ~~la vôtre~~ → les vôtres
4. a. les nôtres; b. le mien; c. les siens; d. la vôtre; e. au mien

45

1. a.-6.; b.-3.; c.-7.; d.-1.; e.-5.; f.-2.; g.-4.
2. a. celle-ci; b. ceux-ci; c. celles-ci; d. celui-ci; e. ceux-ci; f. celui-ci; g. celle-ci; h. celles-ci; i. celui-ci; j. ceux-ci; k. celles-ci; l. celui-ci
3. a. celui; b. celle; c. celles; d. celle; e. celui; f. ceux; g. celui
4. a.-5. ceux; b.-7. Celui; c.-1. ceux; d.-6. ceux; e.-2. Celui; f.-3. celle; g.-4. ceux

46

1. b. quelqu'un/jemand; c. chacun/jeden; d. rien/nichts; e. personne/niemand; f. on/ man; g. personne/niemand; h. tous/alle
2. a. tout; b. rien; c. personne; d. On; e. aucune; f. quelque chose; g. rien; h. toutes
3. a.-6. tout; b.-9. quelque chose, rien; c.-1. Aucune; d.-4. Rien; e.-7. Tout; f.-8. quelqu'un, personne; g.-5. toutes; h.-2. tous; i.-3. On
4. a.-3.; b.-6.; c.-4.; d.-7.; e.-2.; f.-1.; g.-5.

47

1. a. que; b. que; c. qui; d. qui; e. qui; f. à qui
2. a. dont → le tire-bouchon; b. qui → Gustave Eiffel; c. qui → le couscous; d. dont → Les Misérables; e. qui → le VTT; f. qui → francophile; g. dont → la Pologne; h. où → la pâtisserie; i. qu' → la valse; j. où → 2001
3. b. Je n'aime pas les gens qui mangent du chewing-gum. c. Je n'ai pas reçu le SMS que tu m'as envoyé hier. e. C'est un train qui est très confortable.
4. a. ce qu'; b. Ce qui; c. ce qui; d. ce que; e. ce que; f. ce qui

48

1. a.-6.; b.-4.; c.-5.; d.-7.; e.-8.; f.-3.; g.-2.; h.-1.
2. a. laquelle; b. laquelle; c. lesquels; d. lequel; e. lequel; f. laquelle
3. a. laquelle → Marie Curie; b. lequel → le portable; c. lequel → le canapé; d. lesquels → les dictionnaires; e. laquelle → l'hiver; f. lesquelles → les cactus; g. laquelle → Montréal
4. a. avec qui; b. à qui; d. qui; e. avec qui; h. qui

49

1. a. très, très bien; b. vite, bien; c. un peu; d. mal; e. beaucoup, trop, bien; f. toujours; g. souvent, jamais; h. demain
2. b. j'y vois mal; c. il travaille beaucoup; d. je vais souvent; e. s'entendent bien; f. j'ai toujours aimé
3. a. Nous avons passé une très belle soirée. b. Nous passons souvent nos vacances en France. c. Je viendrai volontiers à ton anniversaire. d. Ils sont rentrés (très) tard et ils étaient (très) fatigués. e. Elle a été peu aimable avec nous.
4. a.-4.; b.-6.; c.-7.; d.-1.; e.-5.; f.-2.; g.-3.

50

1. a. lent/lentement; b. rapide/rapidement; c. difficile/difficile; d. heureuse/heureusement; e. discret/discrète; f. actif/activement; g. rare/rarement; h. vrai/vraiment; i. énorme/énorme
2. a. mal; b. calmement; c. suffisamment; d. bien; e. lentement; f. profondément; g. absolument
3. 1. activement → b.; 2. légèrement → d.; 3. récemment → f.; 4. bruyamment → c.; 5. complètement → a.; 6. prudemment → e.
4. a. … elle chante faux. b. … bien, mais trop vite. c. … couramment français, mais mal anglais. d. … facilement et crie très fort. e. … sentent très bon.

51

1. b. … aussi bruyants que nous. c. … moins élégante que Lisa. d. … plus rapide que l'ICE. e. … moins cher que le théâtre. f. … aussi sympa que Léo.
2. a. … est moins violent que la nuit dernière. b. … sont meilleures que les fraises cultivées. c. … est moins longue que le Danube. d. … est pire que le mal. e. … sont aussi confortables que ces fauteuils. f. … est souvent plus facile qu'agir. g. … sont aussi spectaculaires que les gorges du Verdon. h. … est moins populaire que le rugby.
3. a. plus; b. autant de; c. plus; d. plus; e. moins; f. moins; g. moins; h. plus de
4. *mögliche Antworten:* b. L'Hôtel de la Poste a moins de chambres que l'Hôtel de la Gare/autant de chambres que l'Hôtel du Centre. c. Les chambres sont moins chères à l'Hôtel de la Poste qu'à l'Hôtel de la Gare/qu'à l'Hôtel du Centre. d. Le petit-déjeuner est aussi cher à l'Hôtel de la Gare qu'à l'Hôtel du Centre/plus cher à l'Hôtel de la Poste qu'à l'Hôtel de la Gare ou à l'Hôtel du Centre. e. L'Hôtel de la

Gare et l'Hôtel de la Poste ont moins d'étoiles que l'Hôtel du Centre.

52

1. b. la montagne la plus haute/la plus haute montagne → le Mont Everest; c. le fleuve le plus long/le plus long fleuve → le Nil; d. la ville la plus peuplée → Tokyo; e. le train français le plus rapide → le TGV; f. le continent le plus froid → l'Antarctique; g. l'animal le plus grand/le plus grand animal → la baleine bleue
2. a. le magasin le moins cher → *eigene Antwort*; b. le meilleur acteur → *eigene Antwort*; c. le musée le plus prestigieux → *eigene Antwort*; d. la ville la plus romantique → *eigene Antwort*; e. le mois le moins agréable → *eigene Antwort*; f. la ville la plus belle/la plus belle ville → *eigene Antwort*; g. le moyen de transport le moins dangereux → *eigene Antwort*
3. a.-5.; b.-6.; c.-1.; d.-8.; e.-3.; f.-4.; g.-2.; h.-7.
4. a. le meilleur élève; b. la voiture la plus confortable; c. ma meilleure amie; d. le pire ennemi; e. l'hôtel le moins cher; f. le mois le plus chaud; g. mon plus beau voyage; h. nos meilleurs vœux

TEST 4

1b, 2a, 3b, 4b, 5b, 6a, 7a, 8b, 9a, 10a, 11b, 12a, 13b, 14a, 15a, 16a, 17b, 18b, 19a, 20b, 21b, 22a, 23a, 24a, 25a, 26b, 27b, 28a, 29a, 30b

53

1. a. mangions; b. mettes; c. finissions; d. dorment; e. sortions; f. attende; g. lise; h. écriviez
2. a. prenions, prennent; b. reçoive, receviez, reçoivent; c. apprenne, apprenions, appreniez; d. vienne, veniez, viennent; e. appelles, appelions, appeliez; f. voie, voyions, voient; g. doive, deviez, doivent
3. a. ils soient; b. elle ait; c. vous sachiez; d. vous fassiez; e. nous allions; f. elle puisse
4. a. parte; b. boive; c. dises; d. soient; e. prennes; f. regarde; g. fasse

54

1. a. téléphone, arrose, fassent; b. laisse, sorte, fermions; c. partions, disputent, passions
2. a.-3.; b.-5.; c.-7.; d.-6.; e.-4.; f.-2.; g.-1.
3. *Konjunktionen, die den subjonctif erfordern:* bien que, pour que, avant que, jusqu'à ce que, afin que
a. pour qu'/afin qu'; b. avant que; c. afin que/pour que; d. jusqu'à ce qu'; e. bien qu'
4. a. ce soit; b. nous fassions; c. il fera; d. vous ferez; e. va; f. réussissiez; g. ce n'est pas

55

1. a. parce qu'…; b. Dès que …; c. pendant que …; d. depuis que …; e. comme si …; f. Comme …; g. après que …; h. si …
2. a. … sa voiture est en panne. b. … ses enfants fassent des études. c. … je ne sache pas nager. d. … le Mur est tombé. e. … je prépare la sauce. f. … tu veux du dessert. g. … mes invités arrivent. g. … tu es d'accord.
3. b. ~~quand~~ → si; c. ~~depuis que~~ → parce que; d. ~~parce que~~ → quand/dès que; e. ~~dès que~~ → bien que; f. ~~afin que~~ → avant que; g. ~~bien que~~ → depuis que
4. a. avant qu'il soit trop tard; b. à me préparer; c. sans réfléchir; d. pour qu'elle se calme; e. Après m'être levé

56

1. a. que; b. que; c. qui; d. qui; e. qui; f. que; g. que
2. a.-7.; b.-8.; c.-1.; d.-6.; e.-2.; f.-3.; g.-4.; h.-5.

3. b. C'est moi qui décide. c. C'est un sport que je n'ai jamais pratiqué. f. Cette fille, je l'aime beaucoup./Je l'aime beaucoup, cette fille.
4. b. Ce problème, nous l'avons souvent rencontré/rencontré souvent. c. Ce livre, je l'ai lu cinq fois. d. Cette fille, je ne la supporte pas. e. Ces livres, je ne les ai pas lus. f. Cette histoire, je la connais par cœur. g. Ces fleurs, je les ai trouvées au marché.

57

1. a.-6.; b.-5.; c.-1.; d.-3.; e.-4.; f.-7.; g.-2.
2. a. en glissant; b. En prenant; c. En faisant; d. en voulant; e. en sortant; f. En rangeant; g. en passant
3. b. En travaillant plus …; c. … en descendant du train. d. … en rendant la monnaie. e. En attendant mon tour …; f. … en courant trop vite. g. … en allumant une bougie.
4. a. <u>Je</u> fais le ménage et <u>j'</u>écoute la radio. b. <u>J'</u>ai rencontré Marc, <u>il</u> sortait de son bureau. c. <u>J'</u>ai téléphoné dès que <u>je</u> suis arrivé à la maison. d. <u>Il</u> est arrivé en retard et <u>il</u> s'est excusé. e. Quand <u>je</u> suis arrivé à la maison, <u>toute la famille</u> m'attendait.
→ a. Je fais le ménage en écoutant la radio.
→ c. J'ai téléphoné en arrivant à la maison.
→ d. Il est arrivé en retard en s'excusant.

58

1. a. … elle adorait l'école et qu'elle était très bonne élève. b. … il a déjà payé. c. … ils aimeraient beaucoup prolonger leur séjour. d. … la réunion aura lieu demain à 14 heures. e. … elle aimerait faire une croisière en Norvège. f. … il ne sait pas quand il arrivera.
2. a. … qu'il trouve cette fête très réussie. b. … que oui, qu'on s'amuse bien. c. … qu'elle s'ennuie et qu'elle voudrait rentrer. d. … qu'il finit son verre. Qu'elle peut aller chercher son manteau si elle veut. e. … que c'est dommage, qu'elle commençait juste à s'amuser. f. … qu'il a soif et qu'il fait chaud ici. g. … qu'il croit qu'il a trop bu.
3. a. avait fait; b. était médecin; c. viendrait ; d. était parti; e. finirait; f. avaient fait

59

1. b. Avez-vous des enfants ? c. Êtes-vous française ? d. Quand êtes-vous arrivée en France ? e. Que faites-vous dans la vie ? f. … comment vous vous appelez. g. … si vous avez un numéro de portable. h. … d'où vous venez. i. … ce qui s'est passé. j. … si vous pouvez décrire le voleur.
2. a. ce qui; b. ce qu'; c. ce qu'; d. ce qu'; e. ce qui; f. ce qui; g. ce qu'; h. ce qu'
3. a. … s'est très bien passé. b. … qu'ils sont arrivés comme prévu …; c. … qu'ils n'ont eu aucun problème …; d. … que leur hôtel est situé … et qu'ils ont de la chance. e. … que leur chambre a vue sur la mer. f. … comment elle va. g. … si elle peut se reposer un peu …; h. si elle a les résultats de ses examens. i. … ce qu'elle fait de ses journées. j. … quand elle rentre.

60

1. a.-4.; b.-5.; c.-1.; d.-2.; e.-6.; f.-7.; g.-3.
2. b. Le train va arriver. c. Nous allons aller à Barcelone ce week-end. d. Marie est en train de lire le journal dans le salon. e. Je viens d'envoyer le mail. f. Le docteur est en train d'examiner le patient. g. Je viens de finir mon travail.
3. b. … suis en train de travailler. c. … est en train de dormir. d. … vient (juste) de partir. e. … vais le regarder …; f. … est en train de

tondre …; g. … va neiger. h. … suis en train de manger. i. … vient de fermer.
4. b. Je viens juste de comprendre. c. On va bien s'amuser./Nous allons bien nous amuser. d. Il est en train de regarder la télé. e. Je viens juste de téléphoner. f. Elle vient juste d'arriver. g. Il est en train de jouer du piano. h. Je vais réfléchir.

61

1. b. sera → par le maire; c. ont été → par la femme de ménage; d. serait → par le chirurgien; e. étaient → par le jardinier; f. avait été → par la tempête; g. (ne) soit → par le patron
2. a. Tout le gâteau a été mangé par les enfants. c. Le soleil est caché par les nuages. e. Ce restaurant est recommandé par le Guide Michelin.
3. a. Dieser Hund wurde von seinen Herrchen ausgesetzt. b. Der Raum ist in zwei Bereiche geteilt. c. Das Spiel wird heute Abend übertragen. d. Wir sind sehr überrascht von dieser Reaktion.
4. a. seront annulés; b. sont informés; c. a été annoncée; d. était décoré; e. avons été réveillés

62

1. a.-8.; b.-7.; c.-6.; d.-1.; e.-5.; f.-2.; g.-10.; h.-4.; i.-3.; j.-9.
2. a. En France./À la campagne. b. Du Portugal. c. À la maison./En ville. d. En Bretagne./Au Maroc. e. Au cinéma./À la piscine. f. À dix heures./En mai. g. À pied./En train.
3. b. en; c. en; d. du; e. en; f. en; g. de; h. du; i. à
4. a.-4.; b.-6.; c.-5.; d.-1.; e.-3.; f.-2.; g.-8.; h.-12.; i.-7.; j.-11.; k.-9., l.-10.

63

1. b. sous; c. sur; d. dans; e. dans; f. derrière; g. sur; h. sur
2. b. dans; c. chez; d. sur; e. vers; f. devant; g. par; h. pour; i. avec
3. a.-5.; b.-7. par terre (auf); c.-1. pour cette raison (aus); d.-6. dans l'escalier (auf); e.-3.; f.-4. entre parenthèses (in); g.-2. par amour (aus); h.-11. sous la pluie (im); i.-12. dans la rue (auf); j.-8.; k.-13.; l.-9. pendant un an (lang); m.-14. pour la première fois (zum); n.-10. en allemand (auf)

64

1. a. le long de la plage/jusqu'à la plage; b. au milieu de la pièce; c. en face de la gare/près de la gare; d. jusqu'à chez lui/; e. au-dessus de chez moi/en face de chez moi; f. au bord de la mer/près de la mer
2. a. à partir de; b. au bout d'; c. à cause de; d. grâce à; e. jusqu'à la
3. b. jusqu'à; c. au-dessus du; d. au bout du; e. au milieu de; f. au-dessous de; g. à partir d'

TEST 5

1b, 2a, 3b, 4b, 5a, 6b, 7b, 8b, 9a, 10a, 11b, 12a, 13a, 14a, 15b, 16b, 17b, 18a, 19a, 20b, 21a, 22b, 23b, 24a, 25b, 26b, 27a, 28a, 29b, 30b

Verbtabellen

Aus Gründen der besseren Lesbarkeit werden für die 3. Person Singular und Plural nur die maskulinen Pronomen il bzw. ils angegeben.

Infinitiv	Präsens	Passé composé	Imparfait	Conditionnel
Regelmäßige Verben auf -er				
parler *sprechen*	je parle tu parles il parle nous parlons vous parlez ils parlent	j'ai parlé tu as parlé il a parlé nous avons parlé vous avez parlé ils ont parlé	je parlais tu parlais il parlait nous parlions vous parliez ils parlaient	je parlerais tu parlerais il parlerait nous parlerions vous parleriez ils parleraient

! Alle Verben auf -er (außer aller und envoyer) werden nach diesem Muster konjugiert.

! Beispiele für Verben auf -er mit orthografischen Besonderheiten (wie z. B. acheter, payer, …) sind in der alphabetischen Liste der unregelmäßigen Verben aufgeführt (ab Seite 164).

Infinitiv	Präsens	Passé composé	Imparfait	Conditionnel
Regelmäßige Verben auf -ir mit -iss-Erweiterung (→ réfléchir, grandir, …)				
finir *(be)enden*	je finis tu finis il finit nous finissons vous finissez ils finissent	j'ai fini tu as fini il a fini nous avons fini vous avez fini ils ont fini	je finissais tu finissais il finissait nous finissions vous finissiez ils finissaient	je finirais tu finirais il finirait nous finirions vous finiriez ils finiraient

! Verben auf -ir ohne Stammerweiterung (wie z. B. mentir, sentir, sortir, …) finden Sie in der alphabetischen Liste der der unregelmäßigen Verben aufgeführt (ab Seite 164).

Infinitiv	Präsens	Passé composé	Imparfait	Conditionnel
Regelmäßige Verben auf -(d)re (→ répondre, vendre, descendre, …)				
attendre *warten*	j'attends tu attends il attend nous attendons vous attendez ils attendent	j'ai attendu tu as attendu il a attendu nous avons attendu vous avez attendu ils ont attendu	j'attendais tu attendais il attendait nous attendions vous attendiez ils attendaient	j'attendrais tu attendrais il attendrait nous attendrions vous attendriez ils attendraient

Futur	Plus-que-parfait	Subjonctif Präsens	Imperativ	Gérondif
je parlerai	j'avais parlé	que je parle		en parlant
tu parleras	tu avais parlé	que tu parles	parle	
il parlera	il avait parlé	qu'il parle		
nous parlerons	nous avions parlé	que nous parlions	parlons	
vous parlerez	vous aviez parlé	que vous parliez	parlez	
ils parleront	ils avaient parlé	qu'ils parlent		
je finirai	j'avais fini	que je finisse		en finissant
tu finiras	tu avais fini	que tu finisses	finis	
il finira	il avait fini	qu'il finisse		
nous finirons	nous avions fini	que nous finissions	finissons	
vous finirez	vous aviez fini	que vous finissiez	finissez	
ils finiront	ils avaient fini	qu'ils finissent		
j'attendrai	j'avais attendu	que j'attende		en attendant
tu attendras	tu avais attendu	que tu attendes	attends	
il attendra	il avait attendu	qu'il attende		
nous attendrons	nous avions attendu	que nous attendions	attendons	
vous attendrez	vous aviez attendu	que vous attendiez	attendez	
ils attendront	ils avaient attendu	qu'ils attendent		

Wichtige unregelmäßige Verben

! Von den hier angegebenen Formen können Sie alle weiteren Formen ableiten.
Bei Verben, die dasselbe Konjugationsmuster haben, wird auf ein konjugiertes Beispielverb verwiesen: apercevoir → recevoir.

Infinitiv	Präsens	Passé composé	Imparfait	Conditionnel
accueillir *empfangen*	j'accueille nous accueillons ils accueillent	j'ai accueilli	j'accueillais nous accueillions ils accueillaient	j'accueillerais nous accueillerions ils accueilleraient
acheter *kaufen*	j'achète nous achetons ils achètent	j'ai acheté	j'achetais nous achetions ils achetaient	j'achèterais nous achèterions ils achèteraient
aller *(hin)gehen /* *(hin)fahren*	je vais tu vas il va nous allons vous allez ils vont	je suis allé(e) tu es allé(e) il/elle est allé(e) nous sommes allé(e)s vous êtes allé(e)(s) ils/elles sont allé(e)s	j'allais tu allais il allait nous allions vous alliez ils allaient	j'irais tu irais il irait nous irions vous iriez ils iraient
apercevoir *erblicken* → recevoir				
appartenir *gehören* → tenir				
appeler *(an)rufen*	j'appelle nous appelons ils appellent	j'ai appelé	j'appelais nous appelions ils appelaient	j'appellerais nous appellerions ils appelleraient
apprendre *lernen* → prendre				
appuyer *drücken*	j'appuie nous appuyons ils appuient	j'ai appuyé	j'appuyais nous appuyions ils appuyaient	j'appuierais nous appuierions ils appuieraient
s'assoir *sich setzen*	je m'assieds/assois nous nous asseyons/ assoyons ils s'asseyent/ assoient	je me suis assis(e)	je m'asseyais/assoyais nous nous asseyions/ assoyions ils s'asseyaient/ assoyaient	je m'assiérais/ assoirais nous nous assiérions/ assoirions ils s'assiéraient/ assoiraient

Futur	Plus-que-parfait	Subjonctif Präsens	Imperativ	Gérondif
j'accueillerai nous accueillerons ils accueilleront	j'avais accueilli	que j'accueille que nous accueillions qu'ils accueillent	accueille accueillons accueillez	en accueillant
j'achèterai nous achèterons ils achèteront	j'avais acheté	que j'achète que nous achetions qu'ils achètent	achète achetons achetez	en achetant
j'irai tu iras il ira nous irons vous irez ils iront	j'étais allé(e)	que j'aille que tu ailles qu'il aille que nous allions que vous alliez qu'ils aillent	 va allons allez	en allant
j'appellerai nous appellerons ils appelleront	j'avais appelé	que j'appelle que nous appelions qu'ils appellent	appelle appelons appelez	en appelant
j'appuierai nous appuierons ils appuieront	j'avais appuyé	que j'appuie que nous appuyions qu'ils appuient	appuie appuyons appuyez	en appuyant
je m'assiérai/assoirai nous nous assiérons/ assoirons ils s'assiéront/ assoiront	je m'était assis(e)	que je m'asseye/assoie que nous nous asseyions/ assoyions qu'ils asseyent/s'assoient	assieds-/ assois-toi asseyons-/ assoyons-nous asseyez-/ assoyes-vous	en s'asseyant/ assoyant

Infinitiv	Präsens	Passé composé	Imparfait	Conditionnel
avoir *haben*	j'ai tu as il a nous avons vous avez ils ont	j'ai eu tu as eu il a eu nous avons eu vous avez eu ils ont eu	j'avais tu avais il avait nous avions vous aviez ils avaient	j'aurais tu aurais il aurait nous aurions vous auriez ils auraient
battre *schlagen*	je bats nous battons ils battent	j'ai battu	je battais nous battions ils battaient	je battrais nous battrions ils battraient
commencer *beginnen*	je commence nous commençons ils commencent	j'ai commencé	je commençais nous commencions ils commençaient	je commencerais nous commencerions ils commenceraient
comprendre *verstehen* → prendre				
conclure *schließen / schlussfolgern*	je conclus nous concluons ils concluent	j'ai conclu	je concluais nous concluions ils concluaient	je conclurais nous conclurions ils concluraient
conduire *fahren*	je conduis nous conduisons ils conduisent	j'ai conduit	je conduisais nous conduisions ils conduisaient	je conduirais nous conduirions ils conduiraient
connaitre *kennen*	je connais il connait ils connaissent	j'ai connu	je connaissais nous connaissions ils connaissaient	je connaitrais nous connaitrions ils connaitraient
construire *bauen* → conduire				
contenir *enthalten* → tenir				
! contredire *widersprechen* → dire [im Präsens: vous contredisez]				
! convenir *(gut) passen* → venir [im passé composé bzw. plus-que-parfait: j'ai / j'avais convenu]				
courir *rennen*	je cours nous courons ils courent	j'ai couru	je courais nous courions ils couraient	je courrais nous courrions ils courraient
craindre *befürchten*	je crains nous craignons ils craignent	j'ai craint	je craignais nous craignions ils craignaient	je craindrais nous craindrions ils craindraient

Futur	Plus-que-parfait	Subjonctif Präsens	Imperativ	Gérondif
j'aurai tu auras il aura nous aurons vous aurez ils auront	j'avais eu	que j'aie que tu aies qu'il ait que nous ayons que vous ayez qu'ils aient	 aie ayons ayez	en ayant
je battrai nous battrons ils battront	j'avais battu	que je batte que nous battions qu'ils battent	bats battons battez	en battant
je commencerai nous commencerons ils commenceront	j'avais commencé	que je commence que nous commencions qu'ils commencent	commence commençons commencez	en commençant
je conclurai nous conclurons ils concluront	j'avais conclu	que je conclue que nous concluions qu'ils concluent	conclus concluons concluez	en concluant
je conduirai nous conduirions ils conduiront	j'avais conduit	que je conduise que nous conduisions qu'ils conduisent	conduis conduisons conduisez	en conduisant
je connaitrai nous connaitrons ils connaitront	j'avais connu	que je connaisse que nous connaissions qu'ils connaissent		en connaissant
je courrai nous courrons ils courront	j'avais couru	que je coure que nous courions qu'ils courent	cours courons courez	en courant
je craindrai nous craindrons ils craindront	j'avais craint	que je craigne que nous craignions qu'ils craignent	crains craignons craignez	en craignant

Infinitiv	Präsens	Passé composé	Imparfait	Conditionnel
croire *glauben*	je crois nous croyons ils croient	j'ai cru	je croyais nous croyions ils croyaient	je croirais nous croirions ils croiraient
décevoir *enttäuschen* → recevoir				
découvrir *entdecken* → ouvrir				
décrire *beschreiben* → écrire				
devenir *werden* → venir				
devoir *müssen,* *sollen*	je dois nous devons ils doivent	j'ai dû	je devais nous devions ils devaient	je devrais nous devrions ils devraient
dire *sagen*	je dis nous disons vous dites ils disent	j'ai dit	je disais nous disions vous disiez ils disaient	je dirais nous dirions ils diraient
dormir *schlafen*	je dors nous dormons ils dorment	j'ai dormi	je dormais nous dormions ils dormaient	je dormirais nous dormirions ils dormiraient
écrire *schreiben*	j'écris nous écrivons ils écrivent	j'ai écrit	j'écrivais nous écrivions ils écrivaient	j'écrirais nous écririons ils écriraient
envoyer *schicken*	j'envoie nous envoyons ils envoient	j'ai envoyé	j'envoyais nous envoyions ils envoyaient	j'enverrais nous enverrions ils enverraient
essayer *versuchen*	j'essaie/essaye nous essayons ils essaient/essayent	j'ai essayé	j'essayais nous essayions ils essayaient	j'essaierais/essayerais nous essaierions/essayerions ils essaieraient/essayeraient
éteindre *ausschalten /* *löschen*	j'éteins nous éteignons ils éteignent	j'ai éteint	j'éteignais nous éteignions ils éteignaient	j'éteindrais nous éteindrions ils éteindraient

Futur	Plus-que-parfait	Subjonctif Präsens	Imperativ	Gérondif
je croirai nous croirons ils croiront	j'avais cru	que je croie que nous croyions qu'ils croient	crois croyons croyez	en croyant
je devrai nous devrons ils devront	j'avais dû	que je doive que nous devions qu'ils doivent		en devant
je dirai nous dirons vous direz ils diront	j'avais dit	que je dise que nous disions que vous disiez qu'ils disent	dis disons dites	en disant
je dormirai nous dormirons ils dormiront	j'avais dormi	que je dorme que nous dormions qu'ils dorment	dors dormons dormez	en dormant
j'écrirai nous écrirons ils écriront	j'avais écrit	que j'écrive que nous écrivions qu'ils écrivent	écris écrivons écrivez	en écrivant
j'enverrai nous enverrons ils enverront	j'avais envoyé	que j'envoie que nous envoyions qu'ils envoient	envoie envoyons envoyez	en envoyant
j'essaierai/ essayerai nous essaierons/ essayerons ils essaieront/ essayeront	j'avais essayé	que j'essaie/essaye que nous essayions qu'ils essaient/ essayent	essaie/essaye essayons essayez	en essayant
j'éteindrai nous éteindrons ils éteindront	j'avais éteint	que j'éteigne que nous éteignions qu'ils éteignent	éteins éteignons éteignez	en éteignant

Infinitiv	Präsens	Passé composé	Imparfait	Conditionnel
être *sein*	je suis tu es il est nous sommes vous êtes ils sont	j'ai été tu as été il a été nous avons été vous avez été ils ont été	j'étais tu étais il était nous étions vous étiez ils étaient	je serais tu serais il serait nous serions vous seriez ils seraient
faire *machen*	je fais nous faisons vous faites ils font	j'ai fait	je faisais nous faisions vous faisiez ils faisaient	je ferais nous ferions vous feriez ils feraient
falloir *müssen*	il faut	il a fallu	il fallait	il faudrait
! interdire *verbieten* → dire [im Präsens: vous interdisez]				
interrompre *unterbrechen*	j'interromps nous interrompons ils interrompent	j'ai interrompu	j'interrompais nous interrompions ils interrompaient	j'interromprais nous interromprions ils interrompraient
jeter *wegwerfen*	je jette nous jetons ils jettent	j'ai jeté	je jetais nous jetions ils jetaient	je jetterais nous jetterions ils jetteraient
lire *lesen*	je lis nous lisons ils lisent	j'ai lu	je lisais nous lisions ils lisaient	je lirais nous lirions ils liraient
manger *essen*	je mange nous mangeons ils mangent	j'ai mangé	je mangeais nous mangions ils mangeaient	je mangerais nous mangerions ils mangeraient
mentir *lügen*	je mens nous mentons ils mentent	j'ai menti	je mentais nous mentions ils mentaient	je mentirais nous mentirions ils mentiraient
mettre *setzen / legen / stellen*	je mets nous mettons ils mettent	j'ai mis	je mettais nous mettions ils mettaient	je mettrais nous mettrions ils mettraient

Futur	Plus-que-parfait	Subjonctif Präsens	Imperativ	Gérondif
je serai tu seras il sera nous serons vous serez ils seront	j'avais été tu avais été il avait été nous avions été vous aviez été ils avaient été	que je sois que tu sois qu'il soit que nous soyons que vous soyez qu'ils soient	sois soyons soyez	en étant
je ferai nous ferons vous ferez ils feront	j'avais fait	que je fasse que nous fassions que vous fassiez qu'ils fassent	fais faisons faites	en faisant
il faudra	il avait fallu	qu'il faille		
j'interromprai nous interromprons ils interrompront	j'avais interrompu	que j'interrompe que nous interrompions qu'ils interrompent	interromps interrompons interrompez	en interrompant
je jetterai nous jetterons ils jetteront	j'avais jeté	que je jette que nous jetions qu'ils jettent	jette jetons jetez	en jetant
je lirai nous lirons ils liront	j'avais lu	que je lise que nous lisions qu'ils lisent	lis lisons lisez	en lisant
je mangerai nous mangerons ils mangeront	j'avais mangé	que je mange que nous mangions qu'ils mangent	mange mangeons mangez	en mangeant
je mentirai nous mentirons ils mentiront	j'avais menti	que je mente que nous mentions qu'ils mentent	mens mentons mentez	en mentant
je mettrai nous mettrons ils mettront	j'avais mis	que je mette que nous mettions qu'ils mettent	mets mettons mettez	en mettant

Infinitiv	Präsens	Passé composé	Imparfait	Conditionnel
mourir *sterben*	je meurs nous mourons ils meurent	je suis mort(e)	je mourais nous mourions ils mouraient	je mourrais nous mourrions ils mourraient
naitre *geboren werden*	je nais il nait nous naissons ils naissent	je suis né(e)	je naissais il naissait nous naissions ils naissaient	je naitrais il naitrait nous naitrions ils naitraient
obtenir *bekommen / erhalten* → tenir				
offrir *schenken*	j'offre nous offrons ils offrent	j'ai offert	j'offrais nous offrions ils offraient	j'offrirais nous offririons ils offriraient
ouvrir *öffnen*	j'ouvre nous ouvrons ils ouvrent	j'ai ouvert	j'ouvrais nous ouvrions ils ouvraient	j'ouvrirais nous ouvririons ils ouvriraient
paraitre *(er)scheinen*	je parais il parait nous paraissons ils paraissent	j'ai paru	je paraissais il paraissait nous paraissions ils paraissaient	je paraitrais il paraitrait nous paraitrions ils paraitraient
partir *weggehen / wegfahren*	je pars nous partons ils partent	je suis parti(e)	je partais nous partions ils partaient	je partirais nous partirions ils partiraient
permettre *erlauben / ermöglichen* → mettre				
se plaindre *klagen / sich beschweren*	je me plains nous nous plaignons ils se plaignent	je me suis plaint(e)	je me plaignais nous nous plaignions ils se plaignaient	je me plaindrais nous nous plaindrion ils se plaindraient
plaire *gefallen*	je plais il plait nous plaisons ils plaisent	j'ai plu	je plaisais il plaisait nous plaisions ils plaisaient	je plairais il plairait nous plairions ils plairaient

Futur	Plus-que-parfait	Subjonctif Präsens	Imperativ	Gérondif
je mourrai nous mourrons ils mourront	j'étais mort(e)	que je meure que nous mourions qu'ils meurent	meurs mourons mourez	en mourant
je naitrai il naitra nous naitrons ils naitront	j'étais né(e)	que je naisse qu'il naisse que nous naissions qu'ils naissent		en naissant
j'offrirai nous offrirons ils offriront	j'avais offert	que j'offre que nous offrions qu'ils offrent	offre offrons offrez	en offrant
j'ouvrirai nous ouvrirons ils ouvriront	j'avais ouvert	que j'ouvre que nous ouvrions qu'ils ouvrent	ouvre ouvrons ouvrez	en ouvrant
je paraitrai il paraitra nous paraitrons ils paraitront	j'avais paru	que je paraisse qu'il paraisse que nous paraissions qu'ils paraissent	parais paraissons paraissez	en paraissant
je partirai nous partirons ils partiront	j'étais parti(e)	que je parte que nous partions qu'ils partent	pars partons partez	en partant
je me plaindrai nous nous plaindrons ils se plaindront	je m'étais plaint(e)	que je me plaigne que nous nous plaignions qu'ils se plaignent	plains-toi plaignons-nous plaignez-vous	en se plaignant
je plairai il plaira nous plairons ils plairont	j'avais plu	que je plaise qu'il plaise que nous plaisions qu'ils plaisent	plais plaisons plaisez	en plaisant

Infinitiv	Präsens	Passé composé	Imparfait	Conditionnel
pleuvoir *regnen*	il pleut	il a plu	il pleuvait	il pleuvrait
pouvoir *können / dürfen*	je peux il peut nous pouvons ils peuvent	j'ai pu	je pouvais il pouvait nous pouvions ils pouvaient	je pourrais il pourrait nous pourrions ils pourraient
préférer *bevorzugen*	je préfère nous préférons ils préfèrent	j'ai préféré	je préférais nous préférions ils préféraient	je préfèrerais nous préfèrerions ils préfèreraient
prendre *nehmen*	je prends nous prenons ils prennent	j'ai pris	je prenais nous prenions ils prenaient	je prendrais nous prendrions ils prendraient
prescrire *verschreiben* → écrire				
prévenir *benachrichtigen* → venir [im passé composé: j'ai prévenu]				
prévoir *voraussehen* → voir [im conditionnel und Futur: je prévoirais / je prévoirai]				
produire *herstellen / erstellen* → conduire				
promettre *versprechen* → mettre				
provenir *rühren von / herkommen* → venir				
recevoir *bekommen / erhalten*	je reçois nous recevons ils reçoivent	j'ai reçu	je recevais nous recevions ils recevaient	je recevrais nous recevrions ils recevraient
recouvrir *zudecken / bedecken* → ouvrir				
recueillir *empfangen / aufnehmen* → accueillir				
ressentir *fühlen / empfinden* → sentir				
rire *lachen*	je ris nous rions ils rient	j'ai ri	je riais nous riions ils riaient	je rirais nous ririons ils riraient

Futur	Plus-que-parfait	Subjonctif Präsens	Imperativ	Gérondif
il pleuvra	il avait plu	qu'il pleuve		
je pourrai il pourra nous pourrons ils pourront	j'avais pu	que je puisse qu'il puisse que nous puissions qu'ils puissent		en pouvant
je préfèrerai nous préfèrerons ils préfèreront	j'avais préféré	que je préfère que nous préférions qu'ils préfèrent	préfère préférons préférez	en préférant
je prendrai nous prendrons ils prendront	j'avais pris	que je prenne que nous prenions qu'ils prennent	prends prenons prenez	en prenant
je recevrai nous recevrons ils recevront	j'avais reçu	que je reçoive que nous recevions qu'ils reçoivent	reçois recevons recevez	en recevant
je rirai nous rirons ils riront	j'avais ri	que je rie que nous riions qu'ils rient	ris rions riez	en riant

Infinitiv	Präsens	Passé composé	Imparfait	Conditionnel
savoir *wissen*	je sais nous savons ils savent	j'ai su	je savais nous savions ils savaient	je saurais nous saurions ils sauraient
sentir *riechen*	je sens nous sentons ils sentent	j'ai senti	je sentais nous sentions ils sentaient	je sentirais nous sentirions ils sentiraient
servir *nutzen, bedienen*	je sers nous servons ils servent	j'ai servi	je servais nous servions ils servaient	je servirais nous servirions ils serviraient
sortir *ausgehen*	je sors nous sortons ils sortent	je suis sorti(e)	je sortais nous sortions ils sortaient	je sortirais nous sortirions ils sortiraient
sourire *lächeln* → rire				
soutenir *behaupten* → tenir				
se souvenir *sich erinnern* → venir				
suivre *folgen*	je suis nous suivons ils suivent	j'ai suivi	je suivais nous suivions ils suivaient	je suivrais nous suivrions ils suivraient
surprendre *erstaunen / überraschen* → prendre				
tenir *halten*	je tiens nous tenons ils tiennent	j'ai tenu	je tenais nous tenions ils tenaient	je tiendrais nous tiendrions ils tiendraient
traduire *übersetzen* → conduire				
valoir *wert sein*	je vaux nous valons ils valent	j'ai valu	je valais nous valions ils valaient	je vaudrais nous vaudrions ils vaudraient
venir *kommen*	je viens nous venons ils viennent	je suis venu(e)	je venais nous venions ils venaient	je viendrais nous viendrions ils viendraient
vivre *leben*	je vis nous vivons ils vivent	j'ai vécu	je vivais nous vivions ils vivaient	je vivrais nous vivrions ils vivraient

Futur	Plus-que-parfait	Subjonctif Präsens	Imperativ	Gérondif
je saurai nous saurons ils sauront	j'avais su	que je sache que nous sachions qu'ils sachent	sache sachons sachez	en sachant
je sentirai nous sentirons ils sentiront	j'avais senti	que je sente que nous sentions qu'ils sentent	sens sentons sentez	en sentant
je servirai nous servirons ils serviront	j'avais servi	que je serve que nous servions qu'ils servent	sers servons servez	en servant
je sortirai nous sortirons ils sortiront	j'étais sorti(e)	que je sorte que nous sortions qu'ils sortent	sors sortons sortez	en sortant
je suivrai nous suivrons ils suivront	j'avais suivi	que je suive que nous suivions qu'ils suivent	suis suivons suivez	en suivant
je tiendrai nous tiendrons ils tiendront	j'avais tenu	que je tienne que nous tenions qu'ils tiennent	tiens tenons tenez	en tenant
je vaudrai nous vaudrons ils vaudront	j'avais valu	que je vaille que nous valions qu'ils vaillent		en valant
je viendrai nous viendrons ils viendront	j'étais venu(e)	que je vienne que nous venions qu'ils viennent	viens venons venez	en venant
je vivrai nous vivrons ils vivront	j'avais vécu	que je vive que nous vivions qu'ils vivent	vis vivons vivez	en vivant

Infinitiv	Präsens	Passé composé	Imparfait	Conditionnel
voir *sehen*	je vois nous voyons ils voient	j'ai vu	je voyais nous voyions ils voyaient	je verrais nous verrions ils verraient
vouloir *wollen*	je veux nous voulons ils veulent	j'ai voulu	je voulais nous voulions ils voulaient	je voudrais nous voudrions ils voudraient

Futur	Plus-que-parfait	Subjonctif Präsens	Imperativ	Gérondif
je verrai nous verrons ils verront	j'avais vu	que je voie que nous voyions qu'ils voient	vois voyons voyez	en voyant
je voudrai nous voudrons ils voudront	j'avais voulu	que je veuille que nous voulions qu'ils veuillent	veuille (veux) veuillons (voulons) veuillez (voulez)	en voulant

Register

Die Zahlen verweisen auf das entsprechende Kapitel. Die in Großbuchstaben geschriebenen Begriffe beziehen sich auf die im Buch behandelten Grammatikthemen.

In dieser Vokabelliste finden Sie die Übersetzungen der auf den Übungsseiten vorkommenden französischen Wörter. Die deutschen Übersetzungen entsprechen dem Kontext, in dem die Wörter in den Übungen verwendet werden. Bei einigen Wörtern mit Mehrfachbedeutung ist die entsprechende Fundstelle in Klammern angegeben, z. B. (**61** 4), wobei die fett gedruckte Zahl auf das jeweilige Kapitel verweist und die darauf folgende Ziffer die Übungsnummer angibt. Außerdem werden folgende Abkürzungen und Symbole verwendet:

→	siehe	~	Ersatz für den Hauptbegriff
Adv.	Adverb	*etw.*	etwas
f.	feminin	*fam.*	familiäres Register
frz.	französisch	*jdm*	jemandem
jdn	jemanden	*K*	Kapitel
m.	maskulin	*Pl.*	Plural
qc	quelque chose	*qn*	quelqu'un
S.	Seite	*Sg.*	Singular
T	Test		

A

à *(→ K 62)*	in; um; auf; zu; an; *Angabe des indirekten Objekts*
abandonner	aussetzen
aboyer	bellen
abricot *(m.)*	Aprikose
absent	abwesend
absolu(e)	absolut
absolument *(Adv.)*	absolut
accepter	annehmen
accident *(m.)*	Unfall
accompagner	begleiten
acheter *(→ S. 164)*	kaufen
acteur	Schauspieler
actif (active)	aktiv
activement *(Adv.)*	aktiv
actrice	Schauspielerin
admiration *(f.)*	Bewunderung
adorable	süß, sehr lieb
adorer	lieben, sehr gern haben
adresse *(f.)*	Adresse
adresser (la parole à qn)	(das Wort an jdn) richten
affaire *(f.)*	Geschichte, Angelegenheit
affection *(f.)*	Zuneigung
affirmer	behaupten
afin que *(+ subjonctif)*	damit
âge *(m.)*	Alter
Tu as quel âge ?	Wie alt bist du?
âgé(e)	alt
agir	handeln
agréable	angenehm
agréablement *(Adv.)*	angenehm
ah	ach
aide *(f.)*	Hilfe
aider	helfen
aimable	freundlich
aimer	lieben, mögen
air *(m.)*	Aussehen
avoir l'air	aussehen, scheinen
alcool *(m.)*	Alkohol
alimentation *(f.)*	Ernährung
Allemagne *(f.)*	Deutschland
allemand *(m.)*	Deutsch *(Sprache)*
Allemand(e)	Deutscher, Deutsche
allemand(e)	deutsch
aller *(→ K 10, S. 164)*	gehen; fahren
aller *(+ Infinitiv)* *(→ K 36, 60)*	werden *(nahe Zukunft)*
aller bien	gut stehen *(Kleidung)*
aller chercher	holen
Ça va ?	Wie geht's?
On y va.	Los, gehen wir!
s'en aller	weggehen

allumer	einschalten (**55** 3); anzünden (**57** 3)
alors *(Adv.)*	also (**33** 2)
alors, … ?	und, …?
ou alors	oder
Alpes *(f. Pl.)*	Alpen
alphabet *(m.)*	Alphabet
Alsace *(f.)*	Elsass
ami(e)	Freund(in)
amitié *(f.)*	Freundschaft
amour *(m.)*	Liebe
par amour	aus Liebe
amoureux (amoureuse)	verliebt
en amoureux	romantisch
amuser	unterhalten, amüsieren
s'amuser	sich amüsieren, sich vergnügen
an *(m.)*	Jahr
à 30 ans	mit 30 Jahren
j'ai 32 ans	ich bin 32 Jahre alt
Nouvel An *(m.)*	Neujahr
ananas *(m.)*	Ananas
ancien(ne)	(antiquarisch) alt (**14** 2); ehemalig (**15** 3, **31** 3)
Anglais(e)	Engländer(in)
anglais *(m.)*	Englisch *(Sprache)*
anglais(e)	englisch
animal *(m.)*	Tier
anis *(m.)*	Anis
année *(f.)*	Jahr
anniversaire *(m.)*	Geburtstag
anniversaire de mariage	Hochzeitstag
annoncer	ankündigen
annuler	absagen; annullieren (**61** 4)
Antarctique *(f.)*	Antarktis
Antilles *(f. Pl.)*	Antillen *(Inselgruppe der Karibik)*
aout *(m.)*	August
apéritif *(m.)*	Aperitif
appareil *(m.)*	Apparat (Telefon); Gerät (**48** 1, **48** 3)
appartement *(m.)*	Wohnung
appartenir à *(→ S. 164)*	gehören
appeler *(→ S. 164)*	rufen (T1, **34** 3), anrufen (8 4); nennen (T3)
s'appeler	heißen
apporter	bringen
apprendre *(→ S. 164)*	lernen; erfahren (**34** 1, **57** 1)
appuyer *(→ S. 164)*	drücken
après	nach
après que	nachdem
après-midi *(m. + f.)*	Nachmittag
arbre *(m.)*	Baum
architecte *(m. + f.)*	Architekt(in)
argent *(m.)*	Geld
armoire *(f.)*	Schrank
arrêt *(m.)*	Unterbrechung
arrêt de bus *(m.)*	Bushaltestelle
arrêter (de)	aufhören (zu)
arriver	ankommen; passieren, vorkommen, geschehen (**19** 2, **23** 4, **59** 2)
il m'est arrivé	mir ist … passiert
arroser	gießen
art *(m.)*	Kunst
artichaut *(m.)*	Artischocke
artiste *(m. + f.)*	Künstler(in)
aspirine *(f.)*	Aspirin
assoir	setzen
être assis(e)	sitzen
s'assoir *(→ S. 164)*	sich setzen
assez *(Adv.)*	genug
astrologie *(f.)*	Astrologie
attendre *(→ S. 162)*	warten (auf)
attention *(f.)*	Vorsicht
faire attention	aufpassen, achtgeben
atterrir	landen
aucun(e) *(→ K 18, 46)*	kein(e), kein(e) einzige(r)
au-dessous de	unter, unterhalb von
au-dessus de	über, oberhalb von
augmenter	(an)steigen
aujourd'hui *(Adv.)*	heute
aussi *(Adv.)*	auch
aussi (… que) *(→ K 51)*	genauso (… wie) (Vergleich)
aussitôt *(Adv.)*	sofort
autant (de) *(Adv.)*	genauso viel(e)
auteur(e)	Autor(in)
auto *(f.)*	Auto
autoritaire	autoritär
autoroute *(f.)*	Autobahn

autre	anderer, andere, anderes
autrefois *(Adv.)*	früher
Autriche *(f.)*	Österreich
autrichien(ne)	österreichisch
Auvergne *(f.)*	Auvergne *(frz. Region)*
avance	Vorsprung
en avance	früh, zu früh
avant (de)	vor *(zeitlich)*; bevor
avant que *(+ subjonctif)*	bevor
avant-hier *(Adv.)*	vorgestern
avec	mit
avenir *(m.)*	Zukunft
avion *(m.)*	Flugzeug
avis *(m.)*	Meinung
à mon avis	meiner Meinung nach
avoir *(→ K 7, S. 166)*	haben
avoir besoin de qc	etw. brauchen
avoir fini	fertig sein

B

bague *(f.)*	Ring
baguette *(f.)*	*frz. Stangenweißbrot*
baigner	baden
se baigner	baden
bal *(m.)*	Ball *(Tanzveranstaltung)*
baleine *(f.)*	Wal
balle *(f.)*	Ball
banane *(f.)*	Banane
bancal(e)	wackelig
banque *(f.)*	Bank *(Geldinstitut)*
Barcelone	Barcelona
barrière *(f.)*	Zaun
bas(se)	niedrig
bateau *(m.)*	Schiff, Boot
Bavière *(f.)*	Bayern
beau (belle)	schön
il fait beau	es ist schön *(Wetter)*
beaucoup (de) *(Adv.)*	sehr; viel
belge	belgisch
belle-mère	Stiefmutter
berger (bergère)	Schäfer(in)
besoin *(m.)*	Bedarf
avoir besoin de qc	etw. brauchen
bibliothèque *(f.)*	Bibliothek, Bücherei
bicyclette *(f.)*	Fahrrad
bien *(Adv.)*	gut; gern (**37** 4)
bien que *(+ subjonctif)*	obwohl
bien sûr *(Adv.)*	natürlich
bientôt	bald
bière *(f.)*	Bier
bijou *(m.)*	Schmuck(stück)
billet *(m.)*	Fahrkarte, Ticket
bise *(f.)*	Kuss
grosses bises	liebe Grüße
bisou *(m.)*	Küsschen
bizarre	merkwürdig, komisch
blanc (blanche)	weiß
Blanche-Neige	Schneewittchen
blesser	verletzen
se blesser	sich verletzen
bleu(e)	blau
blond(e)	blond
boire *(→ K 30, 53)*	trinken
bois *(m.)*	Wald; Holz (**62** 1)
Belle au bois dormant (La ~)	Dornröschen
boite *(f.)*	Dose
bon(ne)	gut
Ah bon ?	Ach ja?
bon *(Ausruf, Füllwort)*	also
bon marché	günstig, billig
c'est bon	es schmeckt
bonbon *(m.)*	Bonbon
bonheur *(m.)*	Glück
bonjour	guten Tag
dire un petit bonjour	kurz grüßen; Hallo sagen
bord *(m.)*	Ufer
au bord de la mer	am/ans Meer
bouchon *(m.)*	Stau
bougie *(f.)*	Kerze
boulanger (boulangère)	Bäcker(in)
boulangerie *(f.)*	Bäckerei
boulot *(m., fam.)*	Arbeit
bout *(m.)*	Ende
au bout de	am/ans Ende von *(räumlich)*; nach *(zeitlich)*
au bout du fil	am Apparat *(Telefon)*
bouteille *(f.)*	Flasche

bras *(m.)*	Arm
Bretagne *(f.)*	*frz. Region*
bridge *(m.)*	Bridge *(Spiel)*
briller	scheinen *(Sonne)*
brosse à dents *(f.)*	Zahnbürste
brouillard *(m.)*	Nebel
bruit *(m.)*	Geräusch
faire du bruit	Lärm machen
brûler qc	etw. verbrennen
se brûler	sich verbrennen
bruyamment *(Adv.)*	laut
bruyant(e)	laut
bureau *(m.)*	Büro
bus *(m.)*	Bus

C

ça *(→ K 19)*	es; das
Ça va ?	Wie geht's?
cacher	verdecken
cactus *(m.)*	Kaktus
cadeau *(m.)*	Geschenk
café *(m.)*	Kaffee; Café (**17** 2, **36** 2)
cahier *(m.)*	Heft
calme	ruhig
calmer qn	jdn beruhigen
se calmer	sich beruhigen
camarade *(m. + f.)*	Kamerad(in)
camarade de classe	Klassenkamerad(in)
cambrioleur (cambrioleuse)	Einbrecher(in)
campagne *(f.)*	Land
à la campagne	auf dem Land
camping (cambrio-leuse)	Camping (**5** 2); Campingplatz (**19** 3)
Canada *(m.)*	Kanada
canal *(m.)*	Kanal
canapé *(m.)*	Sofa, Couch
capitale *(f.)*	Hauptstadt
car	denn
carte *(f.)*	Karte; Kreditkarte (**28** 4); Spielkarte (**42** 1)
carte postale	Postkarte
carton *(m.)*	Karton
casser	(zer)brechen, kaputt machen
cassette *(f.)*	Schatulle
cause *(f.)*	Grund, Ursache
à cause de	wegen, aufgrund
CD *(m.)*	CD
ce *(→ K 17)*	dieser, diese, dieses
ce (c') *(→ K 19)*	das
ce que (qu') *(→ K 47)*	(das,) was *(Objekt)*
ce qui *(→ K 47)*	(das,) was *(Subjekt)*
ce sont	das sind
c'est …	das ist …
ceinture *(f.)*	Gürtel; Gürtellinie (**64** 3)
cela	das; es
célèbre	berühmt
célibataire	ledig
celle(s)(-ci/-là) *(→ K 45)*	diese (hier/da)
celui(-ci/-là) *(→ K 45)*	dieser (hier/da)
Cendrillon *(f.)*	Aschenputtel
cent	hundert
centime *(m.)*	Cent
centre *(m.)*	Zentrum
centre-ville *(m.)*	Stadtzentrum
certainement *(Adv.)*	sicherlich
ces *(→ K 17)*	diese
cette *(→ K 17)*	diese
ceux(-ci/-là) *(→ K 45)*	diese (hier/da)
chacun(e) *(→ K 46)*	jeder, jede, jedes
chaise *(f.)*	Stuhl
chambre *(f.)*	Schlafzimmer
Champagne *(m.)*	Champagner
champignon *(m.)*	Pilz
chance *(f.)*	Glück
avoir de la chance	Glück haben
avoir la chance de *(+ Infinitiv)*	das Glück haben
changer	sich (ver)ändern
chanson *(f.)*	Lied, Chanson
chanter	singen
chanter faux	falsch singen
chapeau *(m.)*	Hut
chapelle *(f.)*	Kapelle
chaque *(→ K 18)*	jeder, jede, jedes
charcuterie *(f.)*	Metzgerei *(nur Schweinefleisch und Geflügel)*
chat *(m.)*	Katze
château *(m.)*	Schloss
chatter	chatten
chaud(e)	warm

chauffage *(m.)*	Heizung
chaussure *(f.)*	Schuh
chemise *(f.)*	Hemd
cher (chère)	teuer; lieb (**16** 4)
chercher	suchen
aller chercher	holen
venir chercher	abholen
chéri(e)	Liebling
cheval *(m.)*	Pferd
cheveu *(m.)*	Haar
chewing-gum *(m.)*	Kaugummi
chez *(→ K 63)*	bei, zu
chez nous	bei uns (zu Hause)
chien *(m.)*	Hund
chinois *(m.)*	Chinesisch *(Sprache)*
chirurgien *(m.)*	Chirurg
chocolat *(m.)*	Schokolade
chocolat chaud	heiße Schokolade
chocolats *(m. Pl.)*	Pralinen
choix *(m.)*	Wahl
chose *(f.)*	Sache
la même chose	dasselbe
ciel *(m.)*	Himmel
cigale *(f.)*	Zikade (*hier:* Grille)
cigarette *(f.)*	Zigarette
cinéma *(m.)*	Kino
cinq	fünf
cinquante	fünfzig
ciseaux *(m. Pl.)*	Schere
clair(e)	hell (**14** 3); klar (**64** 2)
classe *(f.)*	Klasse
première classe	erste Klasse
clé *(f.)*	Schlüssel
client(e)	Kunde, Kundin
cœur *(m.)*	Herz
par cœur	auswendig
coiffeur (coiffeuse)	Friseur(in)
collègue	Kollege, Kollegin
colocation *(f.)*	Wohngemeinschaft
combien (de) ?	wie viel?
combien de temps ?	wie lange?
comme	da
comme entrée	als Vorspeise
comme si	als ob
commencer *(→ S. 166)*	beginnen, anfangen
comment ?	wie?
Comment allez-vous ?	Wie geht es euch/Ihnen?
commode *(f.)*	Kommode
commun(e)	gemeinsam
complet (complète)	voll; vollständig ausgebucht (**34** 1)
complètement *(Adv.)*	ganz, gänzlich
compliqué(e)	kompliziert, schwierig
comprendre *(→ S. 166)*	verstehen
concert *(m.)*	Konzert
concurrence *(f.)*	Konkurrenz
conduire *(→ S. 166)*	(Auto) fahren
confier qc à qn	jdm etw. anvertrauen
confirmation *(f.)*	Bestätigung
confiture *(f.)*	Marmelade, Konfitüre
confortable	komfortabel, bequem
confortablement *(Adv.)*	bequem
connaissance *(f.)*	Bekanntschaft
faire la connaissance	kennenlernen
connaitre *(→ S. 166)*	kennen
Je m'y connais.	Damit kenne ich mich aus.
connu(e)	bekannt
conseil *(m.)*	Rat
consommer	verbrauchen
construire *(→ S. 166)*	bauen
contacter	kontaktieren
content(e)	froh
content(e) de	zufrieden mit
continent *(m.)*	Kontinent
contourner	herumführen um
contre	gegen
copine	Freundin
coq *(m.)*	Hahn
coquillage *(m.)*	Muschel
corbeau *(m.)*	Rabe
correctement *(Adv.)*	korrekt, richtig
corriger	korrigieren
côté *(m.)*	Seite *(räumlich)*
d'un côté	auf einer Seite
coton *(m.)*	Baumwolle
coucher	schlafen
se coucher	ins Bett gehen, sich hinlegen
couler	fließen
couleur *(f.)*	Farbe
couper	schneiden

cour *(f.)*	Innenhof
cour de récréation	Pausenhof
courage *(m.)*	Mut
couramment *(Adv.)*	fließend
courant *(m.)*	Strom; Strömung
être au courant	auf dem Laufenden sein
courir *(→ S. 166)*	rennen, laufen
courrier *(m.)*	Post
aller au courrier	die Post holen
cours *(m.)*	Unterricht, Kurs
course *(f.)*	Einkauf
faire des/les courses	einkaufen
court(e)	kurz
couru (→ courir)	gerannt
couscous *(m.)*	Couscous
cousin(e)	Cousin(e)
coussin *(m.)*	Kissen
couteau *(m.)*	Messer
couter	kosten
crayon *(m.)*	Stift
créer	schaffen
se créer	*hier:* schließen, finden
crier	schreien
croire (à) *(→ S. 168)*	glauben (an)
croisière *(f.)*	Kreuzfahrt
croissant *(m.)*	Croissant, Hörnchen
croix *(f.)*	Kreuz
cultivé(e)	gezüchtet
culture *(f.)*	Kultur
curieux (curieuse)	merkwürdig

D

d'accord	einverstanden
danger *(m.)*	Gefahr
dangereux (dangereuse)	gefährlich
dans	in
danse *(f.)*	Tanz
faire de la danse	tanzen
danser	tanzen
Danube *(m.)*	Donau
date *(f.)*	Datum
de *(→ K 5, 62)*	von; aus; an
débarrasser	ausräumen
se débarrasser de qc	etw. loswerden
déboucher	entkorken
debout *(Adv.)*	stehend
être debout	stehen
début *(m.)*	Beginn
décembre *(m.)*	Dezember
décevant(e)	enttäuschend
décider	entscheiden
se décider	sich entscheiden
décorer	schmücken
découverte *(f.)*	Entdeckung
décrire *(→ S. 168)*	beschreiben
déçu(e)	enttäuscht
dehors *(Adv.)*	außer Haus
déjà *(Adv.)*	schon
déjeuner *(m.)*	Mittagessen
déjeuner	zu Mittag essen
demain *(Adv.)*	morgen
pour demain	bis morgen
demander	fragen; fordern (**45** 4)
déménager	umziehen
demi(e)	halb *(Uhrzeit)*
midi et demi	halb eins
dent *(f.)*	Zahn
dentiste	Zahnarzt, Zahnärztin
se dépêcher	sich beeilen
depuis	seit; seitdem (**32** 1)
depuis longtemps	schon lange, seit Langem
depuis peu	seit Kurzem
depuis que	seit
déranger	stören
dernier (dernière)	letzter, letzte, letztes
derrière	hinter
des *(→ K 4)*	*Plural des unbestimmten Artikels (unübersetzt)*
dès que	sobald
descendre (de)	aussteigen (aus)
désirer	wünschen
désolé(e)	untröstlich
je suis désolé(e)	es tut mir leid
dessert *(m.)*	Nachtisch, Dessert
en dessert	zum/als Dessert
détester	hassen
deux	zwei
à deux	zu zweit
deuxième	zweite(r); zweitgrößte(r) (**25** 3)
devant	vor *(räumlich)*
devenir *(→ S. 168)*	werden

devoir *(m.)*	Hausaufgabe; Klassenarbeit (**23** 3)
devoir *(→ K 20, S. 168)*	müssen; sollen
dictionnaire *(m.)*	Wörterbuch
différent(e)	verschieden
difficile	schwierig, schwer
difficilement *(Adv.)*	schwer
difficulté *(f.)*	Schwierigkeit
dimanche *(m.)*	Sonntag
le dimanche	sonntags
dimension *(f.)*	Dimension
diner *(m.)*	Abendessen
diner	zu Abend essen
dire *(→ S. 168)*	sagen
dire l'heure	die Uhrzeit sagen
directeur (directrice)	Direktor(in), Leiter(in)
discret (discrète)	dezent (**14** 2); diskret (**47** 1)
discrètement *(Adv.)*	diskret
dispute *(f.)*	Streit
disputer	streiten
se disputer	sich streiten
dit (→ dire)	gesagt
diviser	teilen
dix	zehn
docteur(e)	Doktor, Arzt (Ärztin)
doigt *(m.)*	Finger
dommage	schade
donner	geben
donner sur	(hinaus)gehen zu *(Zimmer)*
dont *(→ K 47)*	dessen, deren
dormir *(→ S. 168)*	schlafen
dos *(m.)*	Rücken
dossier *(m.)*	Akte
d'où ?	woher?
douche *(f.)*	Dusche
prendre une douche	duschen
doucher	(ab)duschen
se doucher	(sich) duschen
douter	(be)zweifeln
douze	zwölf
droit(e)	gerade; rechter, rechte, rechtes
à droite (de) *(Adv.)*	rechts (von)
drôle	merkwürdig, komisch; lustig (**52** 3)

dû (→ devoir)	gemusst
dur(e)	hart
DVD *(m.)*	DVD

E

eau *(f.)*	Wasser
eau minérale	Mineralwasser
échanger	austauschen
écharpe *(f.)*	Schal
échelle *(f.)*	Leiter
école *(f.)*	Schule
école maternelle	Vorschule
économies *(f. Pl.)*	Ersparnisse
faire des économies	sparen
économique	sparsam
écouter	(zu)hören
écrire *(→ S. 168)*	schreiben
écrit (→ écrire)	geschrieben
écrivain(e)	Schriftsteller(in)
efficace	wirksam
égaler	gleich sein
égalité *(f.)*	Gleichheit
égoïste	egoistisch
élégance *(f.)*	Eleganz
élégant(e)	elegant
éléphant *(m.)*	Elefant
élève	Schüler(in)
elle *(→ K 7, 24)*	sie; ihr *(+ Präposition)*
elles *(→ K 7, 24)*	sie; ihnen *(+ Präposition)*
embrasser	küssen (**38** 2); umarmen (**49** 4)
emploi *(m.)*	Arbeitsstelle
emploi du temps	Stundenplan
employer	benutzen
empoisonné(e)	vergiftet
emporter	fortreißen
en *(Präposition / → K 62)*	in; nach; aus
en dessert	zum/als Dessert
en *(Pronomen / → K 41)*	davon, daraus, darüber
J'en ai marre.	Mir reicht's.
encore	(immer) noch
(ne …) pas encore	noch nicht
énerver	auf die Nerven gehen
s'énerver	sich aufregen

enfant *(m. + f.)*	Kind; als Kind (**37** 3)
enlever	ausziehen
ennemi *(m.)*	Feind
ennuyer	stören; langweilen
s'ennuyer	sich langweilen
ennuyeux (ennuyeuse)	langweilig
énorme	enorm; riesig (**17** 3)
énormément *(Adv.)*	enorm, gewaltig
enregistrer	aufnehmen
ensemble	zusammen
ensuite	danach
entendre	hören
s'entendre (avec qn)	sich (mit jdm) verstehen
entre	zwischen
entrée *(f.)*	Vorspeise
comme entrée	als Vorspeise
entreprise *(f.)*	Unternehmen
entrer	eintreten, hereinkommen; einfahren (T5)
envie *(f.)*	Lust
avoir envie (de)	Lust haben (auf/zu)
environ	ungefähr
envoyer *(→ S. 168)*	schicken, senden
épouser qn	jdn heiraten
équipe *(f.)*	Mannschaft, Team
erreur *(f.)*	Irrtum, Fehler
escalier *(m.)*	Treppe
espagnol *(m.)*	Spanisch *(Sprache)*
espérer	hoffen
essayer *(→ S. 168)*	versuchen, (aus)probieren
essuyer	abwischen, abtrocknen
et	und
étagère *(f.)*	Regal
États-Unis *(m. Pl.)*	Vereinigte Staaten
été *(m.)*	Sommer
été (→ être)	gewesen
éteindre *(→ S. 168)*	ausschalten
étoile *(f.)*	Stern
étonnant(e)	überraschend, verwunderlich
étonner	wundern, erstaunen
s'étonner	sich wundern
étranger *(m.)*	Ausland
à l'étranger	im/ins Ausland
être *(→ K 7, S. 170)*	sein
être d'accord	einverstanden sein
être en train de faire qc *(→ K 60)*	gerade dabei sein, etw. zu tun
étreindre	fest in den Armen halten
études *(f. Pl.)*	Studium
faire des études	studieren
étudiant(e)	Student(in)
eu (→ avoir)	gehabt
euro *(m.)*	Euro
eux *(→ K 24)*	sie; Ihnen *(+ Präposition)*
événement *(m.)*	Ereignis
examen *(m.)*	Prüfung
examiner	untersuchen
excellent(e)	hervorragend
exceptionnel(le)	außerordentlich
excès *(m.)*	Exzesse
excuser	entschuldigen
s'excuser	sich entschuldigen
exercice *(m.)*	Übung
explication *(f.)*	Erklärung
expliquer	erklären
exposition *(f.)*	Ausstellung

F

face *(f.)*	Vorderseite
en face de	gegenüber
facile	leicht, einfach
facilement *(Adv.)*	leicht
faible	schwach
faim *(f.)*	Hunger
faire *(→ K 10, S. 170)*	machen, tun
faire des/les courses	einkaufen
il fait chaud/froid	es ist warm/kalt
se faire mal	sich wehtun, sich verletzen
fait (→ faire)	gemacht
fait *(m.)*	Tatsache
en fait	eigentlich
falloir *(→ S. 170)*	müssen
il faut (faire qc)	man muss (etw. tun)
il faut qc	man braucht etw.
il faut que je … *(+ subjonctif)*	ich muss …
famille *(f.)*	Familie
fatigué(e)	müde
faute *(f.)*	Fehler
c'est de sa faute	es ist seine/ihre Schuld

fauteuil *(m.)*	Sessel
faux (fausse)	falsch
femme *(f.)*	Frau
femme de ménage	Putzfrau
fenêtre *(f.)*	Fenster
fermé(e)	geschlossen
fermer	schließen
fête *(f.)*	Feier; Feiertag (**12** 3)
fêter	feiern
feu *(m.)*	Ampel
feuille *(f.)*	Blatt
février *(m.)*	Februar
fiche *(f.)*	Zettel, Karteikarte
fidèle	treu
fier (fière) de	stolz auf
fil *(m.)*	Leitung *(Telefon)*
fille *(f.)*	Mädchen (**17** 2, **24** 2, **32** 1, **56** 3, **56** 4); Tochter (**16** 3, **19** 1, **29** 3, T4)
film *(m.)*	Film
fils *(m.)*	Sohn
fin *(f.)*	Ende
finir *(→ S. 162)*	(be)enden
avoir fini	fertig sein
finir par se savoir	schließlich bekannt werden
Finlande *(f.)*	Finnland
fleur *(f.)*	Blume
fleuve *(m.)*	Strom
fois *(f.)*	Mal
pour la première fois	zum ersten Mal
une fois par an	einmal im Jahr
folie *(f.)*	Wahnsinn, Verrücktheit
foot *(m., fam.)*	Fußball
forme *(f.)*	Form, Verfassung
en forme	fit
fort	stark (**51** 3, **52** 3); laut (**50** 4, **54** 3)
fragile	zart, zerbrechlich
frais (fraiche)	kühl, frisch
fraise *(f.)*	Erdbeere
fraise des bois	Walderdbeere
Français(e)	Franzose (Französin)
français *(m.)*	Französisch *(Sprache)*
français(e)	französisch
France *(f.)*	Frankreich
francophile	frankreichfreundlich, frankophil
Fred Vargas	*frz. Autorin*
frère *(m.)*	Bruder
frères et sœurs *(m. Pl.)*	Geschwister
frigo *(m., fam.)*	Kühlschrank
froid(e)	kalt
fromage *(m.)*	Käse
fruits *(m. Pl.)*	Obst
fumer	rauchen
furieux (furieuse)	wütend
futur(e)	zukünftig

G

gagner	gewinnen
gai(e)	fröhlich
garage *(m.)*	Garage
garçon	Junge
gare *(f.)*	Bahnhof
gâteau *(m.)*	Kuchen
gauche	linker, linke, linkes
à gauche (de) *(Adv.)*	links (von)
gaz *(m.)*	Gas
gazon *(m.)*	Rasen
génial(e)	genial
genou *(m.)*	Knie
genre *(m.)*	Stil, Art
ce n'est pas mon genre	es ist nicht meine Art
gens *(m. Pl.)*	Leute
gentil(le)	freundlich, nett
géographie *(f.)*	Geografie
gite rural *(m.)*	Ferienwohnung/-haus auf dem Land
glissant	rutschig, glatt
glisser	ausrutschen
gorges *(f. Pl.)*	Schlucht
gout *(m.)*	Geschmack
gouter	kosten *(Essen)*
grâce à	dank
gramme *(m.)*	Gramm
grand(e)	groß; bedeutend *(S. 40)*
grandir	(auf)wachsen
grand-mère *(f.)*	Großmutter
gras(se)	fett

grave	schlimm
grève *(f.)*	Streik
gris(e)	grau
gros(se)	dick
guérir	genesen
guirlande *(f.)*	Girlande

H

habiter	wohnen
habitude *(f.)*	Gewohnheit
halte *(f.)*	Pause, Halt
hamac *(m.)*	Hängematte
heure *(f.)*	Stunde; Uhrzeit (**37** 2)
à … heure(s)	um … Uhr
À quelle heure ?	Um wie viel Uhr?
dans une heure	in einer Stunde
de bonne heure	früh
il est … heure(s)	es ist … Uhr
Il est quelle heure ?	Wie spät ist es?
Quelle heure est-il ?	Wie spät ist es?
heureusement *(Adv.)*	glücklicherweise
heureux (heureuse)	glücklich
hier *(Adv.)*	gestern
histoire *(f.)*	Geschichte
hiver *(m.)*	Winter
homme *(m.)*	Mann
hôpital *(m.)*	Krankenhaus
hors-d'œuvre *(m.)*	Vorspeise
hôtel *(m.)*	Hotel
huile *(f.)*	Öl
huit	acht
huitre *(f.)*	Auster
humeur *(f.)*	Laune
être de bonne/ mauvaise humeur	gut/schlecht gelaunt sein
humour *(m.)*	Humor

I

ici *(Adv.)*	hier
idéal(e)	ideal
idée *(f.)*	Idee; Ahnung (**46** 4)
idiot(e)	idiotisch, blöd
il *(→ K 7, 19)*	er; es
il y a	es gibt, da ist/sind
il n'y en a plus	es gibt nichts mehr (davon)
il y a *(+ Zeitangabe)*	vor *(zeitlich)*
il y a deux ans	vor zwei Jahren
ile *(f.)*	Insel
ils *(→ K 7)*	sie
immense	riesig
important(e)	wichtig
impossible	unmöglich
imprudemment *(Adv.)*	unvorsichtig
inaugurer	einweihen
incomplet (incomplète)	unvollständig
indiscret (indiscrète)	indiskret
industriel(le)	industriell
informaticien(ne)	Informatiker(in)
informé(e)	informiert
informer	informieren
ingénieur(e)	Ingenieur(in)
injuste	ungerecht
inscrits *(m. Pl.)*	Anmeldungen
installer	einrichten, installieren
s'installer	sich setzen, Platz nehmen
insupportable	unerträglich
intelligent	klug, intelligent
interdit(e)	verboten
intéressant(e)	interessant
intéressé(e)	interessiert
intéresser	interessieren
s'intéresser (à)	sich interessieren (für)
invité(e)	Gast
inviter	einladen
isolé(e)	abgelegen, einsam gelegen
Italie *(f.)*	Italien
Italien	Italiener
italien(ne)	italienisch

J

jaloux (jalouse)	eifersüchtig
jamais *(Adv.)*	nie
jambon *(m.)*	Schinken
janvier *(m.)*	Januar
jardin *(m.)*	Garten
jardin public *(m.)*	öffentlicher Park
jardinier (jardinière)	Gärtner(in)
jazz *(m.)*	Jazz
je (j') *(→ K 7)*	ich

jeter *(→ S. 170)*	wegwerfen
jeu *(m.)*	Spiel
jeu vidéo	Videospiel
jeudi *(m.)*	Donnerstag
jeune	jung
joie *(f.)*	Freude
joignable	erreichbar
joli(e)	hübsch
jouer	spielen
jouer au bridge	Bridge spielen
joueur *(m.)*	Spieler
jour *(m.)*	Tag
faire jour	Tag/hell werden
jour férié	Feiertag
par jour	pro Tag, täglich
tous les jours	jeden Tag
journal *(m.)*	Zeitung
journaliste	Journalist(in)
journée *(f.)*	Tag
juillet *(m.)*	Juli
juin *(m.)*	Juni
jupe *(f.)*	Rock
jus *(m.)*	Saft
jus d'orange	Orangensaft
jusqu'à	bis
jusqu'à ce que *(+ subjonctif)*	bis
jusqu'à présent	bis jetzt
juste *(Adv.)*	gerade (eben); nur (**5** 4)

K

kaki	kakifarben
kilo *(m.)*	Kilo

L

la (l') *(→ K 3, 22)*	die; sie
là *(Adv.)*	hier, da
là-bas *(Adv.)*	dort
lac *(m.)*	See
laine *(f.)*	Wolle
laisser	lassen
lait *(m.)*	Milch
lampadaire *(m.)*	Stehlampe
land *(m.)*	Bundesland
laquelle *(→ K 48)*	welche
laquelle ? *(→ K 25)*	welche?
laver	waschen
le (l') *(→ K 3, 22)*	der; ihn
lecture *(f.)*	Lesen
léger (légère)	leicht
légèrement *(Adv.)*	leicht
légumes *(m. Pl.)*	Gemüse
lent(e)	langsam
lentement *(Adv.)*	langsam
lequel *(→ K 48)*	welcher
lequel ? *(→ K 25)*	welcher?
les *(→ K 3, 22)*	die; sie
lettre *(f.)*	Brief; Buchstabe (**12** 3)
leur *(→ K 16, 23)*	ihr, ihre; ihnen
leur (le/la ~) *(→ K 44)*	ihre(r)
leurs *(→ K 16)*	ihre
lever	(hoch)heben
se lever	aufstehen
liberté *(f.)*	Freiheit
libre	frei
licencier	entlassen
lieu *(m.)*	Ort
avoir lieu	stattfinden
lin *(m.)*	Leinen
lire *(→ S. 170)*	lesen
lit *(m.)*	Bett
litre *(m.)*	Liter
livre *(m.)*	Buch
livre *(f.)*	Pfund
loin (de) *(Adv.)*	weit (von), weit weg (von)
Loire *(f.)*	*frz. Fluss*
long(ue)	lang
le long de	entlang
longtemps *(Adv.)*	lange (Zeit)
depuis longtemps	schon lange, seit Langem
Ça fait longtemps.	Es ist lange her.
lorsque	wenn
loto *(m.)*	Lotto
louer	mieten
loup *(m.)*	Wolf
lourd(e)	schwer
loyer *(m.)*	Miete
lu (→ lire)	gelesen
lui *(→ K 23, 24)*	ihm, ihr; er; ihn; ihm
lundi *(m.)*	Montag
lunettes *(f. Pl.)*	Brille
luxueux (luxueuse)	luxuriös
lycée *(m.)*	Gymnasium

M

ma *(→ K 16)*	meine
machine *(f.)*	Maschine
machine à café	Kaffeemaschine
machine à laver	Waschmaschine
madame *(f.)*	Frau
magasin *(m.)*	Geschäft
magnifique	wunderschön
mai *(m.)*	Mai
mail *(m.)*	E-Mail
main *(f.)*	Hand
maire *(m.)*	Bürgermeister
mairie *(f.)*	Rathaus
mais	aber
maison *(f.)*	Haus
à la maison	zu/nach Hause
maitre (maitresse)	Herrchen / Frauchen
mal *(m.)*	Schmerzen
avoir mal à la tête	Kopfschmerzen haben
mal *(Adv.)*	schlecht
malade	krank
malheur *(m.)*	Unglück
mamie	Oma
manger *(→ S. 170)*	essen
mangeur *(m.)*	Esser
un gros mangeur	ein starker Esser
manquer	fehlen
manteau *(m.)*	Mantel
marché *(m.)*	Markt
au marché	auf dem/den Markt
bon marché	günstig, billig
meilleur marché	billiger, günstiger
marche nordique	Nordic Walking
marcher	funktionieren (T2, **30** 4); (zu Fuß) gehen, laufen (**31** 1, **31** 3, **64** 1)
mardi *(m.)*	Dienstag
mari *(m.)*	(Ehe-)Mann
mariage *(m.)*	Ehe, Hochzeit
marié(e)	verheiratet
marier	trauen
se marier	heiraten
marmotte *(f.)*	Murmeltier
Maroc *(m.)*	Marokko
mars *(m.)*	März
Martinique *(f.)*	*frz. Karibikinsel*
massif (massive)	massiv
match *(m.)*	Spiel, Match
mathématicien	Mathematiker
matin *(m.)*	Morgen, Vormittag
du matin	am Morgen
le matin	morgens, vormittags, am Morgen/Vormittag
matinée *(f.)*	Vormittag
toute la matinée	den ganzen Vormittag
mauvais(e)	schlecht, schlimm *(→ K 51)*
me (m') *(→ K 21, 22, 23)*	mich; mir
méchant(e)	böse, gefährlich
chien méchant	bissiger Hund
médecin *(m.)*	Arzt
médicament *(m.)*	Medikament
meilleur(e) *(→ K 51, 52)*	besser *(Komparativ)*; bester, beste, bestes *(Superlativ)*
melon *(m.)*	Melone
même *(Adv.)*	sogar
même pas	nicht mal
même si	auch wenn
même (le ~)	derselbe, dasselbe; das Gleiche
la même chose	dasselbe
le même jour	am selben Tag
ménage *(m.)*	Haushalt
faire le ménage	putzen, sauber machen
mener	führen
mensonge *(m.)*	Lüge
mentir *(→ S. 170)*	(an)lügen
mer *(f.)*	Meer
Mercure *(m.)*	Merkur
mère *(f.)*	Mutter
mes *(→ K 16)*	meine
météo *(f.)*	Wetterbericht
mètre *(m.)*	Meter
mettre *(→ S. 170)*	stellen, (auf)setzen, legen, hineintun; anziehen
mettre la table	den Tisch decken
se mettre à qc	mit etw. beginnen
meuble *(m.)*	Möbel(stück)
midi *(m.)*	Mittag, 12 Uhr
midi et demi	halb eins
miel *(m.)*	Honig

mien (le ~) *(→ K 44)*	meiner
mienne (la ~) *(→ K 44)*	meine
mieux *(Adv.)*	besser
le mieux	am besten
milieu *(m.)*	Mitte
au milieu de	mitten in
ministre	Minister(in)
minuit *(f.)*	Mitternacht, 0 Uhr
minute *(f.)*	Minute
d'une minute à l'autre	gleich
mis (→ mettre)	gesetzt, gelegt, gestellt
mi-temps	halbtags
mixte	gemischt
mode *(f.)*	Mode
modèle *(m.)*	Modell
moderne	modern
moi *(→ K 24)*	ich; mich; mir *(+ Präposition)*
À moi !	Hilfe!
moi non plus	ich auch nicht
moins (de) *(Adv.)*	weniger
moins … que *(→ K 51)*	weniger … als *(Vergleich)*
moins grand que	kleiner
moins le quart	Viertel vor
mois *(m.)*	Monat; Monatsgehalt (**12** 1)
moment *(m.)*	Moment, Augenblick
en ce moment	im Augenblick, jetzt
mon *(→ K 16)*	mein, meine
monde *(m.)*	Welt
tout le monde	alle, jeder
monnaie *(f.)*	Geld
monsieur *(m.)*	Herr
mont *(m.)*	Berg
montagne *(f.)*	Berg, Gebirge
monter	hinaufgehen
montre *(f.)*	Armbanduhr
montrer	zeigen
morceau *(m.)*	Stück
Moselle *(f.)*	Mosel *(Fluss)*
mot *(m.)*	Wort
moto *(f.)*	Motorrad
moyen *(m.)* de transport	Verkehrsmittel
mur *(m.)*	Mauer
musée *(m.)*	Museum
musicien *(m.)* des rues	Straßenmusikant
musique *(f.)*	Musik

N

nager	schwimmen
naïf (naïve)	naiv
naitre *(→ S. 172)*	geboren werden
Napoléon	*frz. Kaiser*
natation *(f.)*	Schwimmen
nature *(f.)*	Natur
ne *(→ K 27, 28)*	*Verneinungspartikel*
ne … aucun(e)	kein(e) einzige(r)
ne … jamais	niemals
ne … ni … ni	weder … noch
ne … pas	nicht
ne … pas du tout	überhaupt nicht, gar nicht
ne … pas encore	noch nicht
ne … personne	niemand
ne … plus	nicht mehr
ne … que	nur
ne … rien	nichts
né(e) (→ naitre)	geboren
neige *(f.)*	Schnee
neiger	schneien
nerveux (nerveuse)	nervös
neuf	neun
nez *(m.)*	Nase
Nice	Nizza
niveau *(m.)*	Stand
niveau de la mer	Meeresspiegel
Noël *(m.)*	Weihnachten
pour Noël	zu Weihnachten
noir(e)	schwarz
nom *(m.)*	Name
nombre *(m.)*	Zahl
non	nein
non plus	auch nicht
Norvège *(f.)*	Norwegen
nos *(→ K 16)*	unsere
note *(f.)*	Note
notre *(→ K 16)*	unser, unsere
nôtre (le/la ~) *(→ K 44)*	unserer, unsere, unseres
nous *(→ K 7, 21, 22, 23, 24)*	wir; uns
nouveau (nouvelle)	neu

de nouveau	wieder
nouvelle *(f.)*	Nachricht, Neuigkeit
novembre *(m.)*	November
nuage *(m.)*	Wolke
nuit *(f.)*	Nacht
nul(le) *(fam.)*	blöd, saudoof
numéro *(m.)*	Nummer
numéro de téléphone	Telefonnummer

O

obéir	gehorchen
objet *(m.)*	Gegenstand
occasion *(f.)*	Anlass, Gelegenheit
œuf *(m.)*	Ei
œil *(m., Pl.* yeux*)*	Auge
offert (→ offrir)	geschenkt; angeboten (**46** 3)
office de tourisme *(m.)*	Tourismusbüro, Fremdenverkehrsbüro
offre *(f.)*	Angebot
offrir *(→ S. 172)*	schenken; anbieten (**46** 2, **46** 3)
olive *(f.)*	Olive
on *(→ K 7)*	wir; man
onze	elf
opérer	operieren
opticien	Optiker
optimiste	optimistisch
orange *(f.)*	Orange, Apfelsine
orange	orange(farben)
ordinateur *(m.)*	Computer
originaire de	aus (… stammend)
original(e)	originell
ou	oder
où *(→ K 47)*	wo
où ?	wo?, wohin?
d'où ?	woher?
oublier	vergessen
oui	ja
ouvert(e) (→ ouvrir)	offen, geöffnet
ouvrir *(→ S. 172)*	öffnen; eröffnen (**29** 2)

P

pain *(m.)*	Brot
panne *(f.)*	Panne; Defekt (**44** 3)
être en panne	eine Panne haben
pantalon *(m.)*	Hose
papiers *(m. Pl.)*	Papiere
avoir ses papiers sur soi	seine Papiere bei sich haben
paquet *(m.)*	Päckchen
par *(→ K 61, 63)*	durch, mit, per, pro; von *(Passiv)*
par amour	aus Liebe
par cœur	auswendig
par jour	pro Tag, täglich
une fois par an	einmal im Jahr
paraitre *(→ S. 172)*	(er)scheinen
parce que	weil
par-dessus	über
parenthèse *(f.)*	Klammer
entre parenthèses	in Klammern
parents *(m. Pl.)*	Eltern
parisien(ne)	*hier:* von Paris
parking *(m.)*	Parkplatz
parler *(→ S. 162)*	sprechen, reden
parler de	erzählen von
parmi	unter
parole *(f.)*	Wort
participer	mitmachen, teilnehmen
partie *(f.)*	Teil; Bereich (**61** 3)
faire partie	gehören zu
partir *(→ S. 172)*	(ab)fahren; (weg)gehen
à partir de	von … an
partout *(Adv.)*	überall
pas	nicht
pas assez *(Adv.)*	nicht genug
pas de/d' *(→ K 4, 27)*	kein, keine
pas du tout	überhaupt nicht, gar nicht
passager (passagère)	Passagier(in)
passer	verbringen; vorbeifahren/-gehen (**40** 2, **57** 2); vorbeikommen (**24** 3); umschalten (**55** 1)
passer voir qn	kurz bei jdm vorbeikommen
se passer	passieren, sich ereignen
se passer bien/mal	gut/schlecht (ver)laufen
pastis *(m.)*	*frz. Schnaps aus Anis*
pâté *(m.)*	Pastete

patience *(f.)*	Geduld
patient(e)	Patient(in)
pâtisserie *(f.)*	Konditorei
patron	Chef
pause *(f.)*	Pause
pauvre	arm
payer	(be)zahlen
pays *(m.)*	Land
peau *(f.)*	Haut; Schale (**57** 2)
Peau d'Âne	Allerleirauh *(Märchen)*
pendant	während
pendant que	während, solange
pendant trois ans	drei Jahre lang
penser (à)	denken (an)
penser de	halten von
Qu'en pensez-vous ?	Wie denken Sie darüber?
perdre	verlieren
perdre son argent au jeu	sein Geld verspielen
perdre son temps	seine Zeit verschwenden
père	Vater
période *(f.)*	Zeitraum
personne *(f.)*	Person, Mensch
personnes âgées *(f. Pl.)*	ältere Menschen
personne	niemand
petit(e)	klein
Petit Chaperon Rouge (Le ~)	Rotkäppchen
petit-déjeuner *(m.)*	Frühstück
peu *(Adv.)*	wenig
un peu (de)	ein wenig, ein bisschen
peuplé(e)	bevölkerungsreich
peur *(f.)*	Angst
avoir peur	Angst haben
peureux (peureuse)	ängstlich
peut-être *(Adv.)*	vielleicht
pharmacie *(f.)*	Apotheke
photo *(f.)*	Foto
piano *(m.)*	Klavier
pièce *(f.)*	Zimmer
pied *(m.)*	Fuß
à pied	zu Fuß
piquenique *(m.)*	Picknick
piquer	stechen
se piquer	sich stechen
pire *(→ K 51, 52)*	schlimmer *(Komparativ);* schlimmster, schlimmste, schlimmstes *(Superlativ)*
piscine *(f.)*	Schwimmbad
place *(f.)*	Stelle; Platz (**17** 4, **19** 3, **40** 4)
à ma/ta place	an meiner/deiner Stelle
plage *(f.)*	Strand
sur la plage	am Strand
plaire *(→ S. 172)*	gefallen
s'il te/vous plait	bitte
plaisir *(m.)*	Vergnügen
planète *(f.)*	Planet
plante *(f.)*	Pflanze
plante verte	Grünpflanze
planter	pflanzen
plat *(m.)*	Gericht *(Speise)*
plat(e)	flach
plein(e)	voll
pleurer	weinen
pleuvoir *(→ S. 174)*	regnen
plu (→ plaire)	gefallen
pluie *(f.)*	Regen
plus (de) *(Adv.)*	mehr
en plus	zusätzlich
non plus	auch nicht
plus … que	mehr … als *(Vergleich)*
plus grand que	größer als
plusieurs	mehrere
plutôt *(Adv.)*	eher
pneu *(m.)*	Reifen
poésie *(f.)*	Gedicht
point *(m.)*	Punkt
point commun	Gemeinsamkeit
point de rencontre	Treffpunkt
police *(f.)*	Polizei
politique *(f.)*	Politik
Pologne *(f.)*	Polen
pomme *(m.)*	Apfel
populaire	beliebt
port *(m.)*	Hafen
portable *(m.)*	Handy
porte *(f.)*	Tür
porter	tragen
Portugal *(m.)*	Portugal
poser	aufwerfen

possibilité *(f.)*	Möglichkeit
possible	möglich
poste *(f.)*	Post *(Filiale)*
poste *(m.)*	(Arbeits-)Stelle
poster	aufgeben *(Post)*
postuler	sich bewerben
pot *(m.)*	*hier:* Glas
pot de confiture *(m.)*	Marmeladenglas
poubelle *(f.)*	Mülleimer
sortir les poubelles	den Müll rausbringen
poulet *(m.)*	Hähnchen
pour *(mit Infinitiv)*	um … zu
pour	für
pour demain	bis morgen
pour le moment	im Augenblick
pour que *(+ subjonctif)*	damit
pourquoi ?	warum?
c'est pourquoi	deshalb, aus diesem Grund
pourtant *(Adv.)*	trotzdem
et pourtant	dabei
pousser	wachsen
pouvoir *(→ K 20, S. 174)*	können; dürfen
Je n'en peux plus.	Ich kann nicht mehr.
pratiquer	ausüben, machen
précieux (précieuse)	kostbar
préféré(e)	Lieblings-
préférer *(→ S. 174)*	lieber mögen, vorziehen, bevorzugen
premier (première)	erster, erste, erstes
prendre *(→ K 10, S. 174)*	nehmen
prénom *(m.)*	Vorname
préparer	vorbereiten; zubereiten (**36** 3, **47** 3, **55** 2, **55** 4)
se préparer	sich zurechtmachen
près (de) *(Adv.)*	nahe, in der Nähe (von)
près d'ici	in der Nähe
présence *(f.)*	Anwesenheit
présent *(m.)*	Gegenwart
jusqu'à présent	bis jetzt
présenter	vorstellen
presque *(Adv.)*	fast
presser	(aus)pressen
prestigieux (prestigieuse)	angesehen, namhaft
prêt(e)	fertig
prétendre	behaupten
prêter	(aus)leihen
prévenir *(→ S. 174)*	Bescheid sagen, benachrichtigen
prévoir *(→ S. 174)*	vor(her)sehen; denken an (**35** 2)
comme prévu	wie geplant
prince *(m.)*	Prinz
principal(e)	Haupt-, wichtigster, wichtigste, wichtigstes
pris (→ prendre)	genommen
prix *(m.)*	Preis
prix Nobel	Nobelpreis
problème *(m.)*	Problem
prochain(e)	nächster, nächste, nächstes
produit *(m.)*	Produkt
produit bio *(m.)*	Bioprodukt
professeur(e)	Lehrer(in)
profiter	profitieren
profond(e)	tief
profondément *(Adv.)*	tief
projet *(m.)*	Projekt
prolonger	verlängern
promenade *(f.)*	Spaziergang
promener	spazieren führen
se promener	spazieren gehen
promettre *(→ S. 174)*	versprechen
proposition *(f.)*	Vorschlag
protester	protestieren
prudemment *(Adv.)*	vorsichtig
prudence *(f.)*	Vorsicht
prudent(e)	vorsichtig
pu (→ pouvoir)	gekonnt
public *(m.)*	Publikum
public (publique)	öffentlich
puis *(Adv.)*	dann
puissant(e)	mit starkem Motor, leistungsfähig
pull *(m., fam.)*	Pulli
punir	bestrafen

Q

quand	als; wenn
quand ?	wann?
quarante	vierzig

quart *(m.)*	Viertel
et quart	Viertel nach
moins le quart	Viertel vor
quartier *(m.)*	(Stadt-)Viertel
quatorze	vierzehn
quatre	vier
quatre-vingts	achtzig
quatre-vingt-dix	neunzig
que (qu') *(Konjunktion)*	dass
que (qu') *(bei Vergleichen)*	als; wie
que (qu') *(→ K 47)*	den, die, das
que ? (qu' ?)	was?
qu'est-ce que ?	was? *(Objekt)*
qu'est-ce qui ?	was? *(Subjekt)*
Qu'est-ce qui ne va pas ?	Was fehlt dir/Ihnen/euch?
quel(le) … ! *(Ausruf)*	Was für ein(e) …!
quel(le) ? *(→ K 25)*	welcher?, welche?, welches?
Quelle heure est-il ?	Wie spät ist es?
quelque chose	etwas
quelques	einige
quelqu'un	jemand
question *(f.)*	Frage
qui *(→ K 47)*	der, die, das
qui ?	wer?
à qui ?	wem?
À qui est … ?	Wem gehört …?
quinze	fünfzehn
quitter	verlassen
se quitter	auseinandergehen, sich trennen
quoi *(fam.)*	was

R

raconter	erzählen
radio *(f.)*	Radio
raison *(f.)*	Grund
avoir raison	recht haben
raisonnable	vernünftig
râler	meckern
ramener	zurückbringen *(bei Personen)*
randonnée *(f.)*	Wanderung
ranger	aufräumen, einräumen
rap *(m.)*	Rap
rapide	schnell
rapidement *(Adv.)*	schnell
rappeler	zurückrufen *(Telefon)*
rapporter	mitbringen
raquette *(f.)*	Schläger *(Sportgerät)*
rare	selten
rarement *(Adv.)*	selten
raser	rasieren
se raser	sich rasieren
raté(e)	misslungen
rater	nicht bestehen (**37** 2); vermasseln (**57** 2)
réaction *(f.)*	Reaktion
réagir	reagieren
réalisateur *(m.)*	Filmemacher
récemment *(Adv.)*	vor Kurzem, neulich
récent(e)	neu
recevoir *(→ S. 174)*	bekommen, erhalten
recommander	empfehlen
récréation *(f.)*	Pause
reçu (→ recevoir)	bekommen, erhalten
refermer	wieder schließen, wieder zumachen
réfléchir (à)	nachdenken (über), überlegen
réfrigérateur *(m.)*	Kühlschrank
refuser	ablehnen
regarder	(an)schauen, betrachten
regarder la télé	fernsehen
région *(f.)*	Gegend, Region
régulièrement *(Adv.)*	regelmäßig
relire	noch einmal lesen
remercier qn	jdm danken
rempli(e)	ausgefüllt
remplir	füllen
rencontre *(f.)*	Begegnung, Treffen
rencontrer	treffen, begegnen; kennenlernen (**39** 3, **55** 1)
se rencontrer	sich treffen; sich kennenlernen (**21** 3)
rendez-vous *(m.)*	Termin, Verabredung; Treffpunkt (**35** 2)
rendre	zurückgeben
rendre visite	besuchen
renseigner	Auskunft geben

rentrer	nach Hause fahren/gehen/ kommen, zurückkommen
renverser	verschütten
réparer	reparieren
repartir	(wieder) zurückkehren (**38** 1), (wieder) wegfahren (**46** 3); wieder losfahren (**55** 1)
repasser	bügeln
repenser	zurückdenken
répéter	wiederholen
répondre	antworten
réponse *(f.)*	Antwort
reposer	ruhen
se reposer	sich ausruhen, sich erholen
réserve *(f.)*	Vorrat
réserver	reservieren
ressortir	wieder hinausgehen
restaurant *(m.)*	Restaurant
reste *(m.)*	Rest
dans le reste de la France	im übrigen Frankreich
rester	bleiben
résultat *(m.)*	Ergebnis
retard *(m.)*	Verspätung
en retard	zu spät
retour *(m.)*	Rückkehr
déjà de retour	schon zurück
retourner	zurückgehen, zurückkehren; wieder hinfahren (**42** 3)
retraite *(f.)*	Ruhestand, Rente
retraité(e)	Rentner(in)
retransmettre	übertragen
retrouver	wiederfinden, wiedererlangen
réunion *(f.)*	Sitzung
réussi(e)	gelungen
réussir	schaffen, Erfolg haben
réveil *(m.)*	Wecker
réveiller	(auf)wecken
se réveiller	aufwachen
revenir	wiederkommen
rêver	träumen
revoir	wiedersehen
Rhin *(m.)*	Rhein
ri (→ rire)	gelacht
riche	reich
rien	nichts
rien du tout	(rein) gar nichts
rire *(→ S. 174)*	lachen
risque *(m.)*	Risiko
prendre un risque	ein Risiko eingehen
risquer	drohen, Gefahr laufen
il risque de … *(+ Infinitiv)*	es könnte …
rivière *(f.)*	Fluss
robe *(f.)*	Kleid
roman *(m.)*	Roman
romantique	romantisch
rose *(f.)*	Rose
rouge	rot
rouler	fahren
rouler vite	schnell fahren
route *(f.)*	Straße *(außerhalb der Stadt)*
routine *(f.)*	Routine
rue *(f.)*	Straße
rue principale	Hauptstraße
rugby *(m.)*	Rugby

S

sa *(→ K 16)*	seine; ihre
sable *(m.)*	Sand
sac *(m.)*	Tasche
sage	weise
saigner	bluten
saison *(f.)*	Jahreszeit
salade *(f.)*	Salat
salle *(f.)* de bain	Badezimmer
salle *(f.)* de séjour	Wohnzimmer
salon *(m.)*	Wohnzimmer
salut	hallo; tschüss
samedi *(m.)*	Samstag
sandwich *(m.)*	Sandwich
sans	ohne
santé *(f.)*	Gesundheit
à votre santé	zum Wohl
sapin *(m.)*	Tannenbaum
satisfait(e)	zufrieden
sauce *(f.)*	Soße

sauter springen
savoir *(→ K 20, S. 176)* können; wissen
  finir par se savoir schließlich bekannt werden
sec (sèche) trocken
scène *(f.)* Szene
se (s') *(→ K 21)* sich
séchoir *(m.)* Haartrockner
seize sechzehn
séjour *(m.)* Aufenthalt
semaine *(f.)* Woche
semestre *(m.)* Semester
sentir *(→ S. 176)* fühlen; riechen (**50** 4, T4)
  sentir bon gut riechen, duften
  se sentir sich fühlen
sept sieben
septembre *(m.)* September
sérieux (sérieuse) ernst
serveur (serveuse) Kellner(in)
service *(m.)* Service
servir *(→ S. 176)* (be)dienen; von Nutzen sein (**38** 1)
  servir à rien nichts nutzen
  se servir de qc etw. benutzen
ses *(→ K 16)* seine, ihre
seul(e) einziger, einzige, einziges; allein (**49** 4)
seulement *(Adv.)* nur
sévère streng
si *(Adv.)* so
si (s') *(→ K 55)* wenn, falls; ob
siècle *(m.)* Jahrhundert
sien (le ~) *(→ K 44)* seiner; ihrer
sienne (la ~) *(→ K 44)* seine; ihre
sieste *(f.)* Mittagsschlaf
signe *(m.)* Zeichen
signifier bedeuten
s'il te plait bitte *(Du-Form)*
s'il vous plait bitte *(Sie-Form)*
silence *(m.)* Stille
simple einfach
situé(e) gelegen
six sechs
ski *(m.)* Ski; Skifahren (**27** 3)
  faire du ski Ski fahren
SMS *(m.)* SMS
sœur *(f.)* Schwester

soif *(f.)* Durst
soigneusement *(Adv.)* sorgfältig
soir *(m.)* Abend
  ce soir heute Abend
soirée *(f.)* Abend
soixante sechzig
soixante-dix siebzig
sol *(m.)* Boden
soleil *(m.)* Sonne
solide fest, stabil
somnifère *(m.)* Schlafmittel
son *(→ K 16)* sein; ihr
sonner klingeln
sortie *(f.)* Ausflug; Ausgang (**63** 2)
sortir *(→ S. 176)* ausgehen; hinaustragen (**54** 1)
souhaiter wünschen
soulagé(e) erleichtert
soulier *(m.)* Schuh
soupe *(f.)* Suppe
sourire *(→ S. 176)* lächeln
souris *(f.)* Maus
sous unter
souvenir *(m.)* Souvenir, Mitbringsel
se souvenir (de) *(→ S. 176)* sich erinnern (an)
souvent *(Adv.)* oft
spectaculaire spektakulär
sport *(m.)* Sport
sportif (sportive) sportlich
station *(f.)* Haltestelle
stylo *(m.)* Kugelschreiber
su (→ savoir) gewusst
sucre *(m.)* Zucker
sud *(m.)* Süden
Suède *(f.)* Schweden
suffire reichen, genügen
suffisamment *(Adv.)* ausreichend, genügend
suffisant(e) ausreichend, genügend
suisse schweizerisch
suivant(e) (darauf)folgend
suivre *(→ S. 176)* (be)folgen
  suivre un cours einen Kurs besuchen
supporter ertragen
sur auf
sûr(e) sicher
surprenant(e) erstaunlich, überraschend

surpris(e)	überrascht
sympa(thique)	sympathisch, nett

T

ta *(→ K 16)*	deine
table *(f.)*	Tisch
tablier *(m.)*	Schürze
tante *(f.)*	Tante
tapis *(m.)*	Teppich
tard	spät
au plus tard	spätestens
Tarn *(m.)*	*frz. Fluss*
tasse *(f.)*	Tasse
taxi *(m.)*	Taxi
te (t') *(→ K 21, 22, 23)*	dich; dir
télé *(f., fam.)*	Fernsehen; Fernseher (**38** 1, **55** 3, **60** 1, **63** 3)
à la télé	im Fernsehen
regarder la télé	fernsehen
télécharger	downloaden, herunterladen
téléphone *(m.)*	Telefon
téléphoner (à qn)	(jdn) anrufen
tellement *(Adv.)*	so sehr
tempête *(f.)*	Sturm
temps *(m.)*	Zeit; Wetter (**47** 4)
à trois temps	im Dreivierteltakt
avoir le temps	Zeit haben
de temps en temps	von Zeit zu Zeit, ab und zu
tenir *(→ S. 176)*	halten
J'y tiens.	Ich bestehe darauf.
terminer	beenden
terrasse *(f.)*	Terrasse
terre *(f.)*	Erde
par terre	auf dem/den Boden
tes *(→ K 16)*	deine
tête *(f.)*	Kopf
texte *(m.)*	Text
TGV (train à grande vitesse) *(m.)*	*frz. Hochgeschwindigkeitszug*
thé *(m.)*	Tee
théâtre *(m.)*	Theater
ticket *(m.)*	Eintrittskarte
tien (le ~) *(→ K 44)*	deiner
tienne (la ~) *(→ K 44)*	deine
tire-bouchon *(m.)*	Korkenzieher
tiroir *(m.)*	Schublade
toi *(→ K 24)*	du; dich; dir *(+ Präposition)*
toilettes *(f. Pl.)*	Toilette
toit *(m.)*	Dach
tomate *(f.)*	Tomate
tomber	stürzen, hinfallen; fallen (**55** 2, **61** 2); hinunterfallen (**3** 1)
ton *(→ K 16)*	dein
tondre	mähen
tôt *(Adv.)*	früh
plus tôt	früher
toujours *(Adv.)*	immer
toujours pas	immer noch nicht
tour *(f.)*	Turm
tour *(m.)*	Reihe; Ausflug, Tour (**62** 1, **62** 3)
attendre son tour	warten, dass man an die Reihe kommt
c'est leur tour	sie sind an der Reihe
touriste	Tourist(in)
tous *(→ K 18, 46)*	alle
tous les jours	jeden Tag
tousser	husten
tout *(→ K 46)*	alles
tout(e) *(mit Begleiter / → K 18)*	ganz
toutes *(mit Begleiter / → K 18)*	alle
tout à coup	plötzlich, auf einmal
tout à l'heure	gleich
tout de suite	sofort
tout le monde	alle, jeder
toute la journée	den ganzen Tag
toutes les deux heures	alle zwei Stunden
trafic *(m.)*	Verkehr
train *(m.)*	Zug
tram *(m.) (fam.)*	Straßenbahn
tranche *(f.)*	Scheibe
tranquille	ruhig
tranquillisant *(m.)*	Beruhigungsmittel
travail *(m.)*	Arbeit
travailler	arbeiten
treize	dreizehn

trente	dreißig
très *(Adv.)*	sehr
tricoter	stricken
triste	traurig
trois	drei
tromper	täuschen
se tromper	sich irren
trop (de) *(Adv.)*	zu (viel)
trou *(m.)*	Loch
trouver	finden
se trouver	sich befinden
tu *(→ K 7)*	du
tuyau *(m.)*	Rohr, Röhre

U

U.E. (Union européenne) *(f.)*	EU (Europäische Union)
U.P. (Université populaire) *(f.)*	VHS (Volkshochschule)
un *(→ K 4)*	ein
un peu (de)	ein wenig, ein bisschen
une *(→ K 4)*	eine
usine *(f.)*	Fabrik
utile	nützlich

V

vacances *(f. Pl.)*	Ferien, Urlaub
vaisselle *(f.)*	Geschirr
faire la vaisselle	Geschirr spülen, abwaschen
valise *(f.)*	Koffer
valoir *(→ S. 176)*	wert sein
valoir mieux	besser sein
valse *(f.)*	Walzer
Varsovie	Warschau
vase *(m.)*	Vase
vas-y	los, mach schon
vécu (→ vivre)	gelebt
vélo *(m.)*	Fahrrad
vendeur (vendeuse)	Verkäufer(in)
vendre	verkaufen
vendredi *(m.)*	Freitag
venir *(→ S. 176)*	kommen
venir de *(+ Infinitiv)* *(→ K 60)*	etw. gerade getan haben
venir voir	besuchen
vent *(m.)*	Wind
venu (→ venir)	gekommen
verbe *(m.)*	Verb, Zeitwort
Verdon *(m.)*	*frz. Fluss*
verglas *(m.)*	Glatteis
vérité *(f.)*	Wahrheit
verre *(m.)*	Glas *(Gefäß)*
vers	gegen *(zeitlich);* in Richtung, zu … hin
vers la fin	gegen Ende
vers sept heures	gegen sieben Uhr
vert(e)	grün
veste *(f.)*	Jacke
vêtement *(m.)*	Kleidungsstück
viande *(f.)*	Fleisch
vie *(f.)*	Leben
vieux (vieille)	alt
ville *(f.)*	Stadt
vin *(m.)*	Wein
vingt	zwanzig
violent(e)	heftig
visite *(f.)*	Besuch
rendre visite	besuchen
visiter	besichtigen
vite *(Adv.)*	schnell
vivre *(→ S. 176)*	leben
vœu *(m.)*	Wunsch
voici	hier ist
voilà	da kommt (**4** 4); hier (T2)
voir *(→ S. 178)*	sehen
venir voir	besuchen
voisin(e)	Nachbar(in)
voiture *(f.)*	Auto
en voiture	mit dem Auto
voix *(f.)*	Stimme
vol *(m.)*	Flug
voler	stehlen
volet *(m.)*	Fensterladen
voleur *(m.)*	Dieb
volontiers *(Adv.)*	gern
vos *(→ K 16)*	eure; Ihre
votre *(→ K 16)*	euer, eure; Ihr, Ihre
vôtre (le/la ~) *(→ K 44)*	eure(r); Ihre(r)
vouloir *(→ K 20, S. 178)*	wollen
en vouloir à qn	jdm böse sein
je voudrais	ich möchte

vous *(→ K 7, 21, 22, 23, 24)*	ihr, Sie; euch, sich; euch, Sie; euch, Ihnen *(+ Präposition)*
voyage *(m.)*	Reise
voyager	reisen
voyageur *(m.)*	Reisender
vrai(e)	wahr
vraiment *(Adv.)*	wirklich
VTT (vélo tout-terrain) *(m.)*	Mountainbike
vu (→ voir)	gesehen
vue *(f.)*	Blick, Aussicht
vue sur la cour	Blick auf den Innenhof

W

weekend *(m.)*	Wochenende

Y

y *(→ K 42)*	daran, darauf, dafür, dazu, dort(hin)
Ça y est.	Das wär's.
yeux *(m. Pl., Sg.* œil*)*	Augen